中国文学故事80篇
Eighty Chinese Literary Stories

陈晓兰　阚怀未　主编
Edited by Chen Xiaolan & Kan Huaiwei

文汇出版社

编委会

主编

陈晓兰　阚怀未

编委

朱焱炜　朱纪权　杨　斐
许锦娥　杨位俭　张　珊
王夏阳　杨光照　杨　婧
　　[泰] 宋中杰

前　言

汉语作为第二语言的教与学，有着悠久的历史，汉朝时已有外国人来中国学习汉语。汉语作为第二语言的接受史，也一直与中外政治和文化关系的历史交相辉映。汉语作为文化交流的媒介，在增进中外的相互交流、相互理解中发挥了重要作用。20世纪80年代以来，随着中国国际影响力的日益提升，在全球范围内掀起了汉语学习的热潮，来华的留学生人数日益增长。这些学生中的大部分在中国大学的国际教育学院和教育机构开启汉语学习的历程，部分已具有一定汉语基础的学生进入中国各大学继续专业深造，毕业后从事与中国相关的工作，在不同的领域，以不同的方式，在中外关系中发挥着程度不同的作用。这种作用的大小及其正负能量，取决于他们对于中国人及中国文化的理解程度。

正如美国语言学家爱德华·萨丕尔（Edward Sapir）所说："语言背后是有东西的，语言不能离开文化而存在。所谓文化就是社会遗传下来的习俗和信仰的总和，由它可以决定我们的生活组织。"中国语言学家罗常培也说："社会的现象，由经济生活到全部社会意识，都沉淀在语言里面。语言不是孤立的，而是和多方面联系的，而这多方面又是互相联系的。语言，像文化一样，是由不同年代的各种因素组合而成的，有些因素可以追溯到历史起源之初，有些则是现代社会的产物。文化的变迁会影响到语言，甚至直接体现在语言的表达上。"

如何将语言教学与文化教学相融合？如何实现国际中文教育的近期目标与长期目标和终极目的？如何在掌握语言基础知识和交际技能的基础上，深度了解中华文明、中国文化，并在跨文化交流与沟通中发挥作用，促进不同民族间的相互了解、相互合作？将文学经典的精读与泛读相结合是重要的途径，古今中外第二语言学习的成功事例已经证明了它的有效性。

正是基于语言学习与文化学习深度融合的理念，也为适应21世纪全球中文学习的热潮和中外文化接触日益密切的现实需要，满足国内外中文教学机构中国文学教学的需求，使广大来华留学生通过中文经典著作的阅读，体会中国语言文字的魅力，领略中国文学经典的艺术精粹，深度了解中国文化的内涵，增强语言学习的趣味性、艺术性、思想性，特编选《中国文学故事80篇》。

《中国文学故事80篇》是特别奉献给将汉语作为第二语言的学习者的一部文化大餐。也许你已经或者正在学习汉语，或者即将学习汉语，那么你已经或即将拥有的汉语知识和词汇，将在这些文学名篇中不断重现。你将处在文学世界里活生生的语言现场，感悟中国人的交流方式，文雅与粗俗的语言表达，不同阶层的人、不同年龄的人如何对话。你将体会不同历史时期，中国人的日常生活、情感体验与社会现实。你将通过这些名篇的阅读，走近中国古代的先哲圣贤，除了孔子，你还将认识老子、庄子、孟子和墨子；你将知道端午节的由来和酒文化的意义，理解屈原的愤怒和绝望，感悟陶渊明的回归自然、李白的豪放、杜甫和白居易的悲悯，体会李煜和李清照的婉约、陆游和辛弃疾的激越。除了世界名著《三国演义》《红楼梦》《西游记》，你将走进司马迁、关汉卿、汤显祖、冯梦龙、蒲松龄、鲁迅、郭沫若、巴金、老舍、徐志摩、朱自清、戴望舒、郑振铎、夏衍、林语堂、冯至、师陀、叶圣陶、丰子恺、傅雷、汪曾祺、史铁生、张承志等古代与现当代名家的艺术世界，你还将认识中国杰出的女作家：李清照、萧红、冰心、林徽因。这里不仅有诗、散文、小说、寓言，还有悲、喜剧，有书信交往，有日记，有警世语录、生活格言。你将认识公元前5世纪至公元20世纪中国最具代表性和影响力的六十多位作家，通过他们的代表作品，你将体验中国语言的魅力，理解中国人的日常生活和精神世界，体会中国文化从古代到现代的变迁。

《中国文学故事80篇》分8个单元：

（一）中国智慧：通过这个单元的阅读，认识孔子、老子、墨子、庄子、孟子这些先贤，感悟他们的智慧和人格魅力，初步领略儒家、道家、墨家的思想精粹。

（二）诗性气质：中国是世界上当之无愧的诗之国度，通过这个单元的学习，认识中国历史上最具影响力的诗人——屈原、陶渊明、李白、杜甫、白居易、陆游、苏轼、李煜、李清照、辛弃疾，通过这些诗人的代表诗作的学习，感受中国古代诗歌的韵味。

（三）情感世界：家国情怀、交友之道、父子深情、伟大的母爱，是人类共通的情感体验，通过阅读本单元的史传、戏剧、小说、民间传说、散文、书信、诗歌，体会古代与现代中国人丰富的情感生活与精神世界，了解中国不同历史时期的政治制度、社会现实、人伦道德。

（四）爱情婚姻：本单元以爱情婚姻为主题的作品，包括古代和现代最著名的诗歌、民间传说、小说、经典戏剧故事，展现了传统中国与现代中国的爱情、婚姻观念以及家庭生活的风貌。

（五）社会与人生：精选了元、明、清至当代最具代表性的作家的作品，从中可以感悟中国古代与现代作家对于人生意义、人与命运、人与自然、人与社会等问题的思考，体会中国社会从传统到现代的转型与变革。

（六）城市与乡村：阅读本单元以大城市、小城镇和乡村生活为主题的作品，从中可以领略中国古代城市的商业生活，体会中国现代作家对于中国转型时期的乡村社会、大城市和小城镇的批判性再现、对于中国现代性问题的深刻思考。

（七）生活情趣：本单元的作品以自然、休闲、日常生活、审美情趣为主题，展现了不同处境、不同年龄阶段的中国人的日常生活，表现了不同时代的著名作家对于美好生活的理解。

（八）异国情调：本单元的作品体裁多样，有故事、小说、书信、日记、采访和诗歌，通过这些作品的阅读，可以了解中外文化交流的故事、中国人的异域行游、中国人在异国的生活乃至中国与世界的关系。

《中国文学故事80篇》展现了不同历史时期中国人的家庭生活和公共生活，其中包含着丰富的政治、历史、哲学、经济、社会、道德、风俗、审美、艺术、情感信息。来自不同文化背景的读者，阅读这些作品，不仅可以体会中国社会生活中鲜活的语言，感悟中国文学的艺术技巧和中国智慧的博大精深，而且会产生感同身受的联想，发现本民族文化同中国文化之间的相同与相异之处。

《中国文学故事80篇》的目标读者是已经具有一定词汇量的汉语学习者，为便于学习和阅读，除经典语录选段和古典诗词、现代诗歌附有英译文外，其他大部分作品，均以原作为底本进行了程度不同的简写，避免因生词、知识点过多而影响阅读，对于必要的生词和知识点则注以拼音和英文解释。简写力求保持故事、思想的完整性并呈现作家的语言风格。

　　《中国文学故事80篇》的适用对象：已经掌握了基本的语音、词汇、语法知识的国际中文学习者和教师，可作为中国文学的泛读教材、普及读物，亦可作为中文国际教育专业、孔子学院和孔子课堂中国古代文学和现代文学的精读教材，对于国内外中文爱好者而言，也是一部内容丰富的中文普及读物。

　　《中国文学故事80篇》的编写和出版受到上海大学国际部孔子学院办公室、土耳其海峡大学孔子学院的资助。感谢上海大学外国语学院副院长、上海大学国际部孔院办前任主任阚怀未副教授的大力支持，并对于教材的英文注释做了校勘。感谢上海大学文学院王晓明教授对于本教材选篇提出的宝贵意见。感谢上海大学国际教育学院朱焱炜副教授对于古代诗歌部分的贡献。感谢上海大学外国语学院赵彦春教授慷慨允诺本教材使用他的诗歌英译文。感谢兰州大学文学院魏宏远教授的协助。感谢土耳其海峡大学孔子学院杨斐老师、上海大学文学院杨位俭教授、张珊老师、景春雨老师及研究生朱纪权、许锦娥、王夏阳、杨光照、杨婧、宋中杰（泰）诸君的参与。感谢上海视觉艺术学院孙晶博士的支持，感谢文汇出版社社长周伯军先生的鼎力支持，使本教材得以面世，感谢编辑陈屹女士的辛勤工作。最后，特别感谢现当代作家作品的著作权人慷慨允诺版权并提出宝贵意见。

　　呈现在读者面前的这部《中国文学故事80篇》，寄托了编者对于中外文化交流的美好期望。这只是一次初步的尝试，一定还有诸多不尽如人意之处乃至错漏之处，我们深知要做到尽善尽美，还有很长的路，期望专家、学者和读者不吝批评指正。

陈晓兰

2023年春上海

目　录

❦

二 诗性气质

三 情感世界

四　爱情与婚姻

五　社会与人生

六　城市与乡村

七　生活情趣

八　异国情调

一

中国智慧

1. 孔子的故事[①]

The Story of Confucius

⁓⁓⁓❦⁓⁓⁓

　　孔子（公元前551年—前479年），生活于春秋时代[②]末期。孔子不仅是中国历史上第一位伟大的教育家，开创了私人教授学生的新的教育制度[③]，而且也是一位伟大的思想家，儒家学说[④]的创始人，对于中国文化影响深远。

　　孔子的祖先曾经是宋国[⑤]的公族，但到了孔子前三四代，从宋国到了鲁国[⑥]定居。关于孔子的父亲，我们知道的很少，只知道他曾经是鲁国的一个武士[⑦]，职位不高。孔子的父亲与母亲希望得到一个儿子，他们曾经到曲阜[⑧]东南的尼丘山祷告[⑨]。公元前551年，孔

[①] 本文参考司马迁《史记·孔子世家》、李长之《孔子的故事》简写。

　　司马迁：Sima Qian（前145—？），汉代（前202—220）历史学家、思想家、文学家。

　　李长之：Li Changzhi（1910—1978），中国现代著名作家、诗人、翻译家、文学评论家、文学史家。

[②] 春秋时代（前770—前476）：The Spring and Autumn Period

[③] 制度（zhì dù）：system

[④] 儒家学说（rú jiā xué shuō）：Confucianism

[⑤] 宋国（sòng guó）：the State of Song

[⑥] 鲁国（lǔ guó）：the State of Lu

[⑦] 武士（wǔ shì）：warrior

[⑧] 曲阜（qū fù）：Capital of the State of Lu

[⑨] 祷告（dǎo gào）：to pray

子诞生了。孔子刚生下时，头顶中间是凹下的，所以就给他取名"丘"，字"仲尼"①，仲是老二的意思，因为孔子是他们的第二个儿子。人们称孔丘为孔子，表示对他的敬重。

孔子三岁时，父亲便亡故了。孔子与母亲移居②到鲁国的国都曲阜生活。孔子小时候常常做的游戏是摆上小盘小碗，模仿③大人们祭祀④时的礼仪。孔子慢慢长大，他身体健壮，精力充沛⑤，有志气⑥。孔子十七岁时，死了母亲。孔子这时还是没有经验的青年，他小心谨慎⑦，道德修养⑧和各种才能，一天比一天进步，虽然年轻，却已出了名。他在十九岁时结了婚，二十岁得了一个儿子。鲁国的国君⑨送了一条鲤鱼⑩，孔子为纪念⑪这件事，便给孩子取名"鲤"，号伯鱼。伯是老大的意思，因为这是孔子的第一个儿子，孔子也只有这一个儿子。

孔子逐渐成了博学多能⑫的人。孔子后来告诉他的门徒⑬说："我往日没有从政⑭的机会，可是，我因此有了学会各种本领的

---

① 仲尼（zhòng ní）：中国古人有一个习俗，一个人有一个正式的名字，用于书信、官方的文书上签名。另外，有一个字，友人称呼常常用字，对一个人礼貌称呼时，也常常用字，加上先生二字。

② 移居（yí jū）：to move

③ 模仿（mó fǎng）：to imitate

④ 祭祀（jì sì）：to offer sacrifices to gods or ancestors

⑤ 充沛（chōng pèi）：energetic

⑥ 志气（zhì qì）：ambition

⑦ 谨慎（jǐn shèn）：cautious

⑧ 道德修养（dào dé xiū yǎng）：moral cultivation

⑨ 国君（guó jūn）：king of a state

⑩ 鲤鱼（lǐ yú）：carp

⑪ 纪念（jì niàn）：to commemorate

⑫ 博学（bó xué）多能：great learning and brilliant capability

⑬ 门徒（mén tú）：disciple

⑭ 从政（cóng zhèng）：to enter into politics

工夫①。"

孔子早年生活，既穷苦又没有地位，成年后，曾做过仓库管理员，管理钱粮账目准确清楚；也担任过管理牧场的小职务，他使牧场中的牲口肥壮而且数量增多。他在青年时期，工作就是这样负责②的。

孔子博学的名气越来越大，很多人把孩子送来做他的门徒。孔子三十岁左右时，有了第一批③弟子。

在中国历史上，孔子是第一个把贵族垄断④的文化教育普及给一般人的人。来他这里读书的学生，只要送一束⑤干肉，就可以作为学费了。孔子主张"有教无类"⑥，意思是不管富人还是穷人，是贵族还是穷人的孩子，都有受教育的权利。

孔子的教育思想和教育方法对于后世影响很大。孔子主张"因材施教⑦"，不同的对象要有不同的教育方法。孔子善于启发⑧学生思考，尊重⑨学生的个性。在他的弟子中间，因为各人爱好不同，了解事物的程度不同，孔子和他们谈话的时候，总是尊重他们的意见。有一次，孔子对弟子们说："各人说说各人的志愿好么？"

子路说："我愿意自己有好车、好马、好皮袄⑩，和朋友们一块

① 工夫（gōng fū）：time
② 负责（fù zé）：responsible
③ 一批（pī）：a group of, a number of
④ 垄断（lǒng duàn）：to monopolize
⑤ 一束（yī shù）：a bundle of
⑥ 有教无类：teaching without regard to classes
⑦ 因材施教（yīn cái shī jiào）：to teach in line with the student's ability and aspiration
⑧ 启发（qǐ fā）：to inspire, to enlighten
⑨ 尊重（zūn zhòng）：to respect
⑩ 皮袄（pí ǎo）：fur jacket

儿享用，就是他们用坏了，我也不抱怨①。"

颜渊说："我愿意自己有长处②不自满③，有功劳④也不夸耀⑤。"

子路对孔子说："想听听您的志愿。"

孔子说："我的志愿是，老者安逸⑥，朋友信任，年轻人怀念⑦。"

孔子非常注重培养学生的德行，孔子用《诗》《书》《礼》《乐》做教材。古代流传下来的诗原有三千多篇，到了孔子，把重复的去掉，选取可用来配合礼仪教化的部分，经孔子整理的中国古代最早的诗歌总集《诗经》⑧便流传了下来。孔子不但经常通过对历史人物的品评教育弟子，而且他还编写了历史著作《春秋》⑨，这是中国保存下来的最早的一部编年史⑩。礼、乐也是孔子教育学生的重要内容。孔子经常教导学生要知行合一，生活上要身体力行，在日常生活中养成良好的习惯。为人处世要忠诚尽心，待人接物要诚实不欺。孔子教导弟子做人的原则：仁⑪、义⑫、礼⑬、智⑭、信⑮。"仁"，就

---

① 抱怨（bào yuàn）：to complain
② 长处（cháng chù）：merit, advantage
③ 自满（zì mǎn）：complacent
④ 功劳（gōng láo）：contribution
⑤ 夸耀（kuā yào）：to show off
⑥ 老者安逸（ān yì）：repose in old age
⑦ 怀念（huái niàn）：to miss
⑧ 诗经（shī jīng）：*The Book of Songs*，在中国文学史上占有重要地位，共收录公元前11世纪至公元前6世纪五百多年的诗歌305篇。《诗经》反映了当时中国的社会生活，内容包括先祖创业、宗教祭祀、贵族的日常生活、各地的民情风俗、普通人的农业劳动、恋爱、婚姻、怀乡、反战、反抗压迫等等。中国的历代诗人都深受《诗经》的影响。
⑨ 春秋：*Spring and Autumn*
⑩ 编年史（biān nián shǐ）：chronicle
⑪ 仁（rén）：benevolence
⑫ 义（yì）：loyalty, righteousness
⑬ 礼（lǐ）：propriety
⑭ 智（zhì）：wisdom
⑮ 信：faithfulness and sincerity

是爱人的意思。仁者爱人，就是孔子的道德哲学①。

孔子的学生遍及各诸侯国，孔子也因此很有名望。有些诸侯国的国君就想聘请孔子，孔子也很想实践②自己的政治主张。公元前517年，孔子到了齐国，这是孔子生平第一次有记录的政治活动。齐国，疆土③在现在的山东中部和东部一带，土地肥沃④，农业、渔业发达，是当时的大国，而孔子自己的国家鲁国则处于混乱⑤的状态。因此，孔子从鲁国到齐国，希望在齐国有一番作为。然而，孔子在齐国的政治活动失败⑥了，因为孔子的政治主张与齐国执政者⑦的主张相冲突⑧，与齐国贵族的利益⑨相矛盾⑩。孔子在齐国受到排斥，转到宋国、卫国、陈国、蔡国。孔子离开鲁国，一共经过了十四年的时间才又回到了鲁国。鲁国依然很混乱，孔子仍然没有实现自己的政治主张的机会，于是，孔子继续从事教育事业。

---

① 道德哲学：moral philosophy
② 实践（shí jiàn）：to practice, to fulfill
③ 疆土（jiāng tǔ）：territory
④ 肥沃（féi wò）：fertile
⑤ 混乱（hùn luàn）：chaos
⑥ 失败（shī bài）：to fail
⑦ 执政者（zhí zhèng zhě）：ruler
⑧ 冲突（chōng tū）：to conflict
⑨ 利益（lì yì）：benefit
⑩ 矛盾（máo dùn）：to contradict

2. 君子与小人
——《论语》选篇①

Virtuous Men and Common Men:

Selections from The Analects of Confucius

孔子说:"学了,然后按时去实践它,不也高兴吗?有朋友从远方来,不也快乐吗?别人不了解我,我却不怨恨,不也是君子吗?"

〔子曰②:学而时③习④之,不亦⑤说⑥乎?有朋自远方来,不亦乐乎?人不知而不愠⑦,不亦君子⑧乎?(学而第一)〕

The Master said: "Is it not pleasant to learn with a constant

---

① 本篇节选自《论语》(*The Analects of Confucius*)。《论语》是由孔子的弟子编纂而成的对话体、语录体著作,记载孔子的言语和行事,大概成书于战国(前475—前221)初期。白话译文参考杨伯峻《论语译注》(中华书局,1980),英译文参考 *Confucian Analects, the Chinese Classic*, Trans. James Legge(辽宁人民出版社,2016),英文注释参考 *The Analects of Confucius: A Philosophical Translation* by Roger T. Ames and Henry Rosemont(The Ballantine Publishing Group, 1998)。

② 曰(yuē):说

③ 时:经常,按时

④ 习:to apply, to practice

⑤ 亦(yì):也

⑥ 说(yuè):高兴,快乐

⑦ 愠(yùn):生气,怨恨

⑧ 君子(jūn zǐ):a virtuous person

perseverance and application? Is it not pleasant to have friends coming from distant quarters? Is he not a man of complete virtue, who feels no discomposure though men may take no note of him?"

曾子①说："我每天反省自己——为别人办事是否忠心？与朋友交往是否诚实？老师教的学业，有没有做到？"

〔曾子曰："吾②日三省③吾身——为人谋而不忠④乎？与朋友交而不信⑤乎？传⑥不习乎？"（学而第四）〕

Master Zeng said, "I daily examined myself on three points: whether, in transacting business for others, I may have been not faithful; whether, in intercourse with friends, I may have been not sincere; whether I may have not mastered and practiced the instructions of my teacher."

孔子说："君子，吃食不要求饱足，居住不要求舒适，做事勤恳，说话谨慎，到有德的人那里去匡正自己，这样，就可以说是好学了。"

〔子曰："君子食无求饱，居无求安，敏⑦于事而慎⑧于言，就有道而正焉，可谓⑨好学也已。"（学而十四）〕

The Master said, "He who aims to be a man of complete virtue in

---

① 曾子：孔子的学生
② 吾（wú）：我
③ 省（xǐng）：to examine oneself
④ 忠（zhōng）：faithful，loyal
⑤ 信（xìn）：to be honest，to be sincere
⑥ 传（chuán）：the instructions of one's teacher
⑦ 敏（mǐn）：diligent, earnest
⑧ 慎（shèn）：cautious
⑨ 可谓（wèi）：to be supposed

his food does not seek to gratify his appetite, nor in his dwelling-place does he seek the appliances of ease; he is earnest in what he is doing, and careful in his speech; he frequents the company of men of principle that he may be rectified: such a person may be said indeed to love to learn."

子贡说:"贫穷却不巴结奉承,富贵却不骄傲自大,怎么样?"孔子说:"可以了;但是还不如贫穷却乐于求道,富贵却谦虚好礼。"

〔子贡曰:"贫而无谄①,富而无骄②,何如?"子曰:"可也;未若③贫而乐,富而好礼者也。"(学而十五)〕

Tsze-kung said, "What do you pronounce concerning the poor man who yet does not flatter, and the rich man who is not proud?" The Master replied, "They will do; but they are not equal to him, who, though poor, is yet cheerful, and to him, who, though rich, loves the rules of propriety."

孔子说:"君子不像器皿④一般(有一定的用途)。"

〔子曰:"君子不器。"(为政十二)〕

The Master said, "The accomplished scholar is not a utensil."

子贡问怎样才能做一个君子。孔子说:"对于你要说的话,要先做,再说出来。"

〔子贡问君子。子曰:"先行其言而后从之。"(为政十三)〕

---

① 谄(chán): to flatter
② 骄(jiāo): proud, arrogant
③ 未若(wèi ruò): 不如
④ 器皿(qì mǐn): utensil

Tsze-kung asked what constituted the superior man. The Master said, "He acts before he speaks, and afterwards speaks according to his actions."

孔子说："君子团结，而不勾结^①。小人勾结，而不团结。"

〔子曰："君子周^②而不比^③，小人比而不周。"（为政十四）〕

The Master said, "The superior man is catholic and not partisan. The small man is partisan and not catholic."

孔子说："只是读书，却不思考，就会受骗；只是空想，却不读书，就会缺乏信心。"

〔子曰："学而不思则罔^④，思而不学则殆^⑤。"（为政十五）〕

The Master said, " Learning without thought is labour lost; thought without learning is perilous."

孔子说："君子对于天下的事情，没规定要怎么干，也没规定不要怎么干，只要怎样干合理恰当，就怎样干。"

〔子曰："君子之于天下也，无适也，无莫也，义之与比。"（里仁十）〕

The Master said, "The superior man, in the world, does not set his mind either for anything, or against anything; what is right he will follow."

孔子说："君子怀念道德，小人怀念田土；君子关心法度，小

---

① 勾结（gōu jié）：to collude with
② 周（zhōu）：to unite through righteousness
③ 比（bì）：勾结
④ 罔（wǎng）：to be fooled，to be deceived
⑤ 殆（dài）：perilous

人关心恩惠。"

〔子曰："君子怀德，小人怀土；君子怀刑，小人怀惠。"（里仁十一）〕

The Master said, "The superior man thinks of virtue, the small man thinks of comfort. The superior man thinks of the sanctions of law; the small man thinks of favors which he may receive."

孔子说："君子懂得义，小人懂得利"。

〔子曰："君子喻①于义，小人喻于利。"（里仁十六）〕

The Master said, "The mind of the superior man is conversant with righteousness ;the mind of the small man is conversant with gain."

---

① 喻（yù）: to understand

3. 老子之"道"①

The Way of Laotse

~~~~~~~~~~~~~~~~~~~~~~

在孔子的名声远播②西方之前，西方少数的批评家③和学者，早已研究过老子，并且对他非常推崇④。其实，我敢说，在这些了解东方的学者中，致力于老子研究的，超过研究孔子的。《道德经》是中文书中外文翻译⑤最多的书。《道德经》已有12种英译本，9种德译本⑥。

西方读者认为，孔子属于"仁"的典型⑦人物，道家"圣者"⑧——老子，则是"聪明⑨、渊博⑩、才智"⑪的代表。

---

① 本文根据林语堂《老子的智慧》简写，中译文参考黄嘉德译《老子的智慧》（群言出版社，2010）。英文注释参考林语堂 *The Wisdom of Laotse*（Toronto: Random House, INC., 1948）。林语堂：Lin Yutang（1895—1976），中国现代著名作家，翻译家，学者。
② 远播（yuǎn bō）：popularly known
③ 批评家（pī píng jiā）：critic
④ 推崇（tuī chóng）：to admire
⑤ 翻译（fān yì）：to translate
⑥ 本文写于20世纪40年代末。
⑦ 典型（diǎn xíng）：typical
⑧ 道家圣者（dào jiā shèng zhě）：the Taoist sage
⑨ 聪明（cōng míng）：wit, wisdom
⑩ 渊博（yuān bó）：depth
⑪ 才智（cái zhì）：brilliance

儒道两家最大的差异点：儒家崇尚理性与修身①，道家却相反，偏好自然与直觉②。

在《庄子》这本书里，庄子虚构③了孔子和老子的会谈。据说，孔子西行到周朝④，想把他的书藏在周朝的图书馆。于是，他去见老子，可是老子却不答应。孔子就向他展示了十二经⑤并解释他所做的事。还没有说完，老子就打断⑥他的话，说："你说得太复杂了，还是告诉我一些简要的思想吧"。

孔子说："最简要的就是仁义⑦。"

老子问："请问仁义是不是人的本性？"

孔子说："是的，君子如果不仁，便成不了德，不义就没有正当的生活方式，仁义实在是人的本性。"

老子又问："请问什么叫仁义？"

孔子说："心中坦诚⑧欢乐，博爱无所偏爱⑨，便是仁义的本质⑩。"

老子说："说到博爱，所谓无所偏爱，本身就包含着偏爱。为何不顺着人的自然本性和天道⑪而行？要知道，天地本来有一定的

---

① 崇尚理性与修身（chóng shàng lǐ xìng yǔ xiū shēn）：having high esteem for rationality and character building
② 偏好自然与直觉（piān hào zì rán yǔ zhí jué）：in favor of nature and intuition
③ 虚构（xū gòu）：to fiction
④ 周朝（zhōu cháo）：the Zhou Dynasty（前1046—前256）
⑤ 十二经（shí èr jīng）：Twelve Classics
⑥ 打断（dǎ duàn）：to interrupt
⑦ 仁义（rén yì）：benevolence and righteousness, humanity and justice
⑧ 坦诚（tǎn chéng）：to be honest
⑨ 博爱无所偏爱（bó ài wú suǒ piān ài）：to love all mankind without partiality
⑩ 本质（běn zhì）：essence
⑪ 天道（tiān dào）：Laws of Heaven

常道^①，日月、星辰也自有光明和行列，禽兽本有群类^②，树木各自生长。"

孔子五十一岁那年，去拜访老子。老子见到孔子，说："听说你是北方的贤人^③，是不是已经发现大道了？"

孔子说："还没有。"

老子又问："你怎么去寻求的？"

孔子说："我从制度^④上寻求，已经有五年了，可是到现在还没有得到。"

老子又问："那么，你是如何寻求真理^⑤的？"

孔子答道："我从阴阳的道理^⑥中寻求，已经十二年了，仍未得到。"

老子说："不错，假如道是可以像礼物一样赠送的，那么，人人都可以把它当作礼物送给国君，人人都可以把它拿去送给双亲。假如道可以言，那么，人们早就告诉自己的弟兄了。假如道是可以继承^⑦的，人们也早就传给了自己的子孙。但是，直到现在，没有一个人这样做。为什么呢？因为本心没有，所以不可能得到道。如果别人本心没有道，道就不会被他领受^⑧。一个人本心不能从外部领受道，圣人也不可与他谈道。"

---

① 常道（cháng dào）：constant law
② 禽兽本有群类（qín shòu běn yǒu qún lèi）：The fowl of the air and the beasts of the earth already thrive in flocks and herds.
③ 贤人（xián rén）：wise man
④ 制度（zhì dù）：governmental systems and institutions
⑤ 真理（zhēn lǐ）：the truth
⑥ 阴阳（yīn yáng）：the principles of *yin* and *yang*
⑦ 继承（jì chéng）：to inherit
⑧ 领受（lǐng shòu）：to receive

　　关于老子的事迹①，我们几乎一无所知，仅知他生于公元前571年的楚国②，和孔子生活在同一时代，年龄比孔子长二十岁，出身世家③，曾经做过周朝守藏史④，中年退隐⑤，活了相当大的岁数（可能超过九十岁），子孙繁多⑥。

　　老子教人的原则在谦恭⑦，他再三重复柔和⑧、忍让⑨、争论之无益⑩、不敢为天下先⑪、柔弱的力量⑫、就低位的优势⑬等思想。老子认为水是万物中最柔弱⑭和寻向低处⑮的象征⑯。

　　为什么老子那么强调柔弱的力量、居下的优势和对成功的警戒⑰呢？答案是：宇宙周而复始的学说⑱——所谓生命，是一种不断变迁、如同白天和黑夜交替那样，交互兴盛和腐败的现象⑲。当一

---

① 事迹（shì jì）：deeds
② 楚国（chǔ guó）：the State of Chu
③ 世家（shì jiā）：cultured family
④ 守藏史（shǒu cáng shǐ）：a keeper of the Imperial Archives
⑤ 退隐（tuì yǐn）：to retire and disappear
⑥ 子孙繁多（zǐ sūn fán duō）：many children and grandchildren
⑦ 谦恭（qiān gōng）：humility
⑧ 柔和（róu hé）：gentleness
⑨ 忍让（rěn ràng）：resignation
⑩ 争论之无益（zhēng lùn zhī wú yì）：the futility of contentions
⑪ 不敢为天下先（bù gǎn wéi tiān xià xiān）：never to be the first of the world
⑫ 柔弱的力量（róu ruò de lì liàng）：the strength of weakness
⑬ 就低位的优势（jiù dī wèi de yōu shì）：the advantage of lying low
⑭ 万物中最柔弱（wàn wù zhōng zuì róu ruò）：the softest of all substances
⑮ 寻向低处（xún xiàng dī chù）：to seek lowly places
⑯ 象征（xiàng zhēng）：symbol
⑰ 成功的警戒（chéng gōng de jǐng jiè）：warning against overweening success
⑱ 宇宙周而复始的学说（yǔ zhòu zhōu ér fù shǐ de xué shuō）：doctrine of universal reversion of eternal cycles
⑲ 交互兴盛和腐败（jiāo hù xīng shèng hé fǔ bài）：rise and decay alternate like day and night

个人的生命达到巅峰①时，也正象征着走下坡②了，就像潮水，潮涨后潮退，之后又开始涨潮。

老子认为世间的一切事物都是相对的③。天下人都知道美之所以为美，丑的观念④就产生了；都知道善之所以为善，不善的观念也就产生了。没有"有"就没有"无"，"有无"相待而生⑤；没有"难"就没有"易"，"难易"相待而成⑥；没有"长"就没有"短"，"长短"相待而显⑦；没有"高"就没有"下"，"高下"相待而倾依⑧；没有声就没有音，声音相待而产生和谐⑨；没有"前"就没有"后"，"前后"相待而形成顺序⑩。

老子说：天地无所偏爱，任万物自然生长，既不有所作为，也不刻意创造。天地长久。天地所以能长久存在，是因为它不是为了自己的生存而自然地运行。圣人明白这个道理，所以将自己置于度外⑪，反而能成就他的伟大⑫。正是因为他的无私，所以能成就他自身。

最善的人好像水一样，水滋润万物⑬而不与万物相争⑭，处在大

①　达到巅峰（dá dào diān fēng）：to reach the prime
②　走下坡（zǒu xià pō）：to decline
③　相对的（xiāng duì de）：relative
④　观念（guān niàn）：concept, notion
⑤　"有无"相待而生（xiāng dài ér shēng）：Being and non-being interdepend in growth.
⑥　"难易"相待而成：Difficult and easy interdepend in completion.
⑦　长短相待而显（xiǎn）：Long and short interdepend in contrast.
⑧　高下相待而倾依（qīng yī）High and low interdepend in position.
⑨　声音相待而产生和谐（hé xié）：Tones and voice interdepend in harmony.
⑩　"前后"相待而形成顺序：Front and behind interdepend in company.
⑪　置于度外（zhì yú dù wài）：The Sage does not live for Self(Being without private interests).
⑫　成就他的伟大（chéng jiù tā de wěi dà）：This is the reason why the Sage is able to accomplish his great achievements.
⑬　滋润万物（zī rùn wàn wù）：to benefit all things
⑭　相争（xiāng zhēng）：to compete with (struggle with)

家所厌恶①的卑下的地方②,所以最接近于"道"③。最善的人,最善于选择居处,心胸沉静,待人真诚、友爱、无私、守信。水生长万物,并不据为己有,成就万物,但不自居其功④。天地有大美,然而却不言语;四时季节变换,却不议论;万物有生成的道理,却不言说。同样,圣人效法天地之道,顺应自然,崇尚无为⑤,任万物自然生长,让百姓随天性发展,不加干预⑥。

在天地存在以前,就有一个东西浑然而成⑦,它无形、无声,既看不见,又听不到。它寂静而空虚⑧,独立长存,永不改变⑨,周行天下而不怠⑩,无所不在。世上的一切事物,无不靠它生生不息。它是万物之母。这样的东西,我不知道它的名字,只好勉强把它叫做"道"。如果要勉强给它起个名字,也只能称它为"大"。它无处不在,运行不息,而称得起远,虽然远,却能自远而返⑪。所以说,道大、天大、地大,人也大。宇宙间有四大⑫,而人居其中之一。人取法地⑬,地取法天,天取法"道",而道效法⑭自然。"道"是万物生

① 厌恶(yàn wù):to disdain
② 卑下(bēi xià)的地方:the lowly place
③ 最接近于道:to come near to Tao
④ 自居其功(zì jū qí gōng):to claim possession of these acomplishments
⑤ 无为(wú wéi):inaction, non-interference
⑥ 干预(gān yù):interference
⑦ 浑然而成(hún rán ér chéng):nebulous
⑧ 寂静而空虚(jì jìng ér kōng xū):still and void
⑨ 独立长存(dú lì cháng cún)、永不改变:It stands alone and does not change.
⑩ 周行天下而不怠(dài):eternally revolving without fail
⑪ 自远而返:It gets far means it returns to its own eternal nature.
⑫ 宇宙间有四大:In the Beyond there are four Great Ones.
⑬ 取法地(qǔ fǎ dì):to take the Earth as model
⑭ 效法(xiào fǎ):to pattern oneself after

化的本源①，"道"演变②出世间万物。"道生一，一生二，二生三，三生万物。"③而"道"，不可名④，不可言，不可谈。可以说出来的道，便不是经常不变的道；可以叫得出来的"名"，也不是经常不变的"名"。"无名"，天地之始⑤。"有名"，万物之母⑥。

---

① 本源（běn yuán）：origin
② 演变（yǎn biàn）：to evolve
③ 道生一，一生二，二生三，三生万物：Out of Tao, One is born. Out of One, Two. Out of Two, Three. Out of Three, the created Universe.（The Way generates the One. The One generates the Two. The Two generates the Three. The Three generates the ten thousand entities.）
④ 名（míng）：to name
⑤ 无名，天地之始：The Nameless is the origin of Heaven and Earth.
⑥ 有名，万物之母：The Named is the Mother of All Things.

4. 戒 用 兵①

Warning Against the Use of Force

❦

　　依照"道"的原则辅佐②君主的人，不会用兵力逞强③于天下。用兵这种事一定会得到还报④。军队所到的地方，荆棘⑤丛生，大战之后，一定会出现荒年⑥。

　　〔以道佐⑦人主⑧者，不以兵强天下。其事好还⑨。师⑩之所处，荆棘生焉。大军之后，必有凶年⑪。〕

　　He who by Tao purposes to help the rulers of men

---

① 本篇选自老子《道德经》（*The Tao Teh King*）第三十章、三十一章。白话译文及注释参考陈鼓应《老子注译及评介》（修订增补本，中华书局，2009），英译文和注释参考林语堂《老子的智慧》英文版 *The Wisdom of Laotse*（Toronto: Random House, INC., 1948）。

② 辅佐（fǔ zuǒ）：to help, to support

③ 逞强（chěng qiáng）：to impose violence

④ 还报（huán bào）：retribution

⑤ 荆棘（jīng jí）：thorns and brambles

⑥ 荒年（huāng nián）：a year of famine

⑦ 佐（zuǒ）：to support

⑧ 人主：the lord of men, the ruler of men

⑨ 好还（hào huán）：wont to rebound

⑩ 师：army

⑪ 凶（xiōng）年：year of dearth

Will oppose all conquest by force of arms.

For such things are wont to rebound.

Where armies are, thorns and brambles grow.

The raising of a great host

Is followedby a year of dearth.

善于用兵的人，只要达到用兵的目的就可以了，并不以兵力强大而逞强好斗^①。达到目的了却不夸耀^②，达到目的了也不骄傲，达到目的了也不要自以为是，达到目的却出于不得已，达到目的却不逞强。

〔善有果^③而已，不敢以取强。果而勿^④矜^⑤，果而勿伐^⑥，果而勿骄，果而不得已，果而勿强。〕

Therefore a good general effects his purpose and stops.

He dares not rely upon the strength of arms;

Effects his purpose and does not glory in it;

Effects his purpose and does not boast of it;

Effects his purpose and does not take pride in it;

Effects his purpose as a regrettable necessity;

Effects his purpose and does not love violence.

---

① 好斗（hào dòu）：warlike, aggressive
② 夸耀（kuā yào）：to show off
③ 果（guǒ）：effect
④ 勿（wù）：not to
⑤ 矜（jīn）：to glory in
⑥ 伐（fá）：to boast of

事物过于强大就会走向衰朽①，这就说明它不符合"道"，不符合"道"的，就会很快消亡。

〔物壮②则老③，是谓不道④，不道早已⑤。〕

(For) things age after reaching their prime.

That (violence) would be against the Tao.

And he who is against the Tao perishes young.

兵器，是不祥的东西，人们都厌恶它，所以有"道"的人不使用它。

〔夫兵者，不祥⑥之器，物或恶⑦之，故有道者不处。〕

Of all things, soldiers are instruments of evil,

Hated by men.

Therefore the religious man（possessed of Tao）avoids them.

君子平时居处以左边为贵，而用兵打仗时则以右边为贵。兵器这个不祥的东西，不是君子所使用的东西。万不得已而使用它，最好淡然处之，胜利了也不要自鸣得意。如果自以为了不起，那就是喜欢杀人。凡是喜欢杀人的人，就不可能得志于天下。

〔君子居则贵左，用兵则贵右。兵者，不祥之器，非君子之器。不得已而用之，恬淡⑧为上，胜而不美。而美之者，是乐杀人。夫

---

① 衰朽（shuāi xiǔ）：to decline
② 壮（zhuàng）：mighty, prime
③ 老（lǎo）：to decline, to age
④ 不道：against the Tao
⑤ 早已：to perish young
⑥ 不祥（bù xiáng）：evil
⑦ 恶（wù）：to disgust, to hate
⑧ 恬淡（tián dàn）：tranquility

乐杀人者，则不可以得志于天下矣。〕

The gentleman favors the left in civilian life,

But on military occasions favors the right.

Soldiers are weapons of evil.

They are not the weapons of the gentleman.

When the use of soldiers cannot be helped,

The best policy is calm restraint.

Even in victory, there is no beauty,

And who calls it beautiful

Is one who delights in slaughter.

He who delights in slaughter

Will not succeed in his ambition to rule the world.

吉庆的事情以左边为上，凶丧的事情以右边为上。偏将军居于左边，上将军居于右边。这就是说出兵打仗用丧礼的仪式来处理。杀人众多，带着哀痛的心情去对待，打了胜仗，也要用丧礼的仪式去处理。

〔吉^①事尚左，凶^②事尚右。偏将军居左，上将军居右。言以丧礼处之。杀人之众，以悲哀泣之，战胜以丧礼处之。〕

The things of good omen favor the left.

The things of ill omen favor the right.

The lieutenant general stands on the left,

The general stands on the right.

---

① 吉（jí）: good omen

② 凶（xiōng）: ill omen

That is to say, it is celebrated as a Funeral Rite.

The slaying of multitudes should be mourned with sorrow.

A victory should be celebrated with the Funeral Rite.

5. 兼爱与公输①

Universal Love and Craftsman Gongshu

兼　爱

墨子说：圣人以治理②天下为事业，必须知道乱③从何而来，才能治理天下；如果不知道乱从何来，就不能治理。就像医生给病人治病，必须知道病从哪里来，才能治疗；如果不知道病从哪里来，则不能治疗。治理天下的混乱也是这样，必须知道混乱的起因，否则，就不能治理。

我曾经尝试考察天下混乱的起源，源在不相爱。儿子只自爱，而不爱父亲，所以损害④父亲而自利⑤；弟弟只自爱，而不爱兄长，

---

① 本文节选自《墨子·兼爱》《墨子·公输》并简写，白话文参考梅季、林金保校译《白话墨子》（岳麓书社，1991）。
墨子：Mozi，生卒年月不详，大约生活于春秋末期、战国（前475—前221）初期，鲁国人。墨子早年学习儒学，后来大胆批评儒学，创立墨家学派（Moism），他的著作《墨子》，共七十一篇，记录墨子的言行与思想。
② 治理（zhì lǐ）：to govern
③ 乱（luàn）：chaos
④ 损害（sǔn hài）：to harm
⑤ 自利（lì）：to benefit oneself

所以损害兄长而自利；臣下^①只自爱，而不爱君主，所以损害君主而自利。这就是天下所说的乱。反过来，父亲不慈爱儿子，兄长不慈爱弟弟，君主不慈爱臣下，这也是天下所说的乱。天下做贼做强盗的，也是这样。盗贼只爱自家，不爱别家，只爱自己，不爱别人，所以盗窃别家、损害别人而自利。诸侯只爱自己的国家，于是，攻打别国以利自己的国家。天下之乱，都源于不相爱。

如果天下兼爱，爱人如己，就不会有不慈不孝，也不会有窃贼强盗。对待别家如自家，对待别人的国家如自己的国家。家族之间不互相倾轧，国与国之间不互相攻打。天下就不会生乱，天下就能太平。

现在，天下最大的害，就是大国攻打小国，大家族倾轧小家族，强大的欺负弱小的，人多的暴虐^②人少的，狡猾^③的欺骗愚钝^④的，尊贵的傲视^⑤卑贱的。君主不仁，臣下不忠，父不慈，子不孝。仁人^⑥务必兴^⑦天下之利，除^⑧天下之害^⑨。

公 输

公输盘^⑩为楚国制作一种叫云梯的攻城^⑪武器，即将用它来进

---

① 臣下（chén xià）：liegeman
② 暴虐（bào nüè）：brutal abuse
③ 狡猾（jiǎo huá）：cunning
④ 愚钝（yú dùn）：slow-witted
⑤ 傲视（ào shì）：to turn up one's nose at
⑥ 仁人：benevolent people
⑦ 兴：to encourage and develop
⑧ 除（chú）：to get rid of
⑨ 害（hài）：harms
⑩ 公输盘（gōng shū bān）：a famous skillful craftsman
⑪ 攻城（gōng chéng）：to attack a city

攻宋国。墨子听到这个消息后，立刻从齐国动身，走了十天十夜，到了楚国的国都，见到了公输盘。

公输盘问道："先生有什么见教^①？"

墨子答："北方有一个侮辱^②我的人，我想借助你把他杀了。"

公输盘很不高兴。

墨子说："我愿意送您金子。"

公输盘回答说："我奉行道义^③，绝不去杀人。"

墨子站了起来，对公输盘拜^④了又拜，说："请允许我和您讲讲这个道义。我在北方听说你制作了云梯，将用它来攻打宋国。宋国有什么罪呢？楚国土地有余而人口不足。牺牲^⑤不足的人口，去争夺多余的土地，不算明智^⑥。再说，宋国无罪却去攻打它，不仁。明白这个道理，却不去劝谏^⑦楚王，不能算忠。你说奉行道义，不杀一个人，却要帮助楚国杀更多的人。你知小却不知大，不能算是明智。"

公输盘被墨子说服^⑧了。

墨子说："那为什么还不停止攻打宋国呢？"

公输盘说："不行啊，我已经答应了楚王。"

墨子说："为何不引我去见楚王？"

公输盘说："可以。"

---

① 见教（jiàn jiào）：to give advice or comments
② 侮辱（wǔ rǔ）：to insult
③ 奉行道义（fèng xíng dào yì）：to pursue morality and justice
④ 拜（bài）：to bow
⑤ 牺牲（xī shēng）：to sacrifice
⑥ 明智（míng zhì）：wise
⑦ 劝谏（quàn jiàn）：to admonish
⑧ 说服（shuì fú）：to be persuaded

墨子见到了楚王，他对楚王说："现在有这样一个人，他舍弃自己的彩车，却想去偷邻居的破车，舍弃自己的锦①衣，却想去偷邻居的粗布②衣服，舍弃自己的好饭肉食，却想去偷邻居的糟糠③。这是一个怎么样的人呢？"

楚王回答说："他一定有偷盗病！"

墨子说："楚国土地五千里，宋国土地五百里，正如富人的彩车与邻居的破车。楚国是天下最富饶④的地方，有各种珍奇⑤动物，宋国连野鸡、野兔、小鱼都不出产，这就像富人的好饭肉食与邻居的糟糠。楚国有各种高大名贵的树木，宋国却连一棵大树都没有，这就好比锦衣与邻居的布衣。大王，您要去攻打宋国，那么您和那个有盗窃病的人是同类啊。"

楚王说："你说得好，但是，公输盘已经为我造好了云梯，我还是要攻打宋国。"

于是，墨子去见公输盘。墨子解下腰带围成一座城墙的样子，公输盘用各种器械来攻城，墨子都抵御⑥住了。最后，公输盘攻城的器械用尽了，墨子守城的办法却还有很多。于是，公输盘屈服⑦了，但是却说："我知道对付你的办法了，我不说。"

墨子答道："我知道你对付我的办法是什么，我也不说。"

楚王问他们是什么意思。

墨子对楚王说："公输盘所说的方法，便是杀了我。只要杀了

---

① 锦（jǐn）：silk
② 粗布（cū bù）：coarse cloth
③ 糟糠（zāo kāng）：chaff
④ 富饶（fù ráo）：rich
⑤ 珍奇（zhēn qí）：rare
⑥ 抵御（dǐ yù）：to defend
⑦ 屈服（qū fú）：to surrender

我，宋国就没有谁能守城了，就可以攻下了。但是，我的三百多弟子，已经拿着我的器械，在宋国的城墙上等着了，即便杀了我，守护宋国的人是杀不尽的！"

楚王说："讲得好啊！那我不准备攻打宋国了。"

墨子回去，路过宋国，天下着雨，墨子到闾①中去避雨，看门的人却不让他进去。所以，将灾祸在隐微阶段就化解的人，众人不知道他的功劳，而在明处争辩不休的人，人们却都知道。

---

① 闾（lú）：里巷的门。里：village of twenty-five families

6. 非　攻

Non-Aggression

　　有一个人，进入人家的果园，偷人家的桃子、李子，大家听说后就谴责^②他，上面执政^③的人捉获并惩罚他。这为什么呢？因为他损人利己^④。至于偷窃鸡、犬、猪，他的不义，又超过了偷桃子和李子的。为什么呢？因为损人越多，他的不仁就越突出，罪过^⑤也就更加重。至于杀无罪的人，他的不义就更突出，罪过也更大。对于这种事，天下的君子都知道，并说他不义。但是，现在有人去攻打别国，却不知错，反而称赞它，说它义。这能说懂得义与不义吗？

　　杀死一个人，叫不义，必有死罪。杀死十个人，有十倍不义，必有十重死罪。杀死一百个人，有百倍不义，必有百重死罪。对此，天下君子都知道并非难^⑥他，说他不义。但是，现在有人大规

---

① 本文节选自《墨子·非攻》并简写。白话文参考梅季、林金保校译《白话墨子》（岳麓书社，1991）。英文注释参考Burton Watson, *Mozi: Basic Writings*（New York: Columbia University Press, 2003）。

② 谴责（qiǎn zé）：to condemn

③ 执政（zhí zhèng）：to administer the government

④ 损人利己（sǔn rén lì jǐ）：to harm others to benefit oneself

⑤ 罪过（zuì guo）：crime, offence

⑥ 非难（fēi nàn）：to condemn

模地发动战争，做出这种不义的事，反而称赞他，说他义，实在是因为他们不懂得这是不义的，而且还把它记录下来传给后代。

现在假如有一个人在这里，看到一点黑就说黑，看到很多黑却说白，那我们就会认为这个人不能分辨①黑白。尝到一点儿苦味就说苦，尝到很多苦味却说甜，那我们就会认为这个人不能分辨甜与苦了。现在，小范围内做的错事，我们知道不对，并非难他，可是，攻国一类大规模的错，我们却不知道不对，反而②称赞它，称它为义。这样能说懂得义与不义的分辨吗？

军队启程出发，冬天畏惧寒冷，夏天畏惧暑热，因此，不能在冬、夏行军。春天行军，荒废③百姓的耕种④，秋天行军，则荒废百姓的收获⑤。因此，不可以在春、秋行军。否则，荒废一个时令⑥，百姓因饥寒而饿死、冻死的，就数不清了。再算一下支出的军费⑦、死在战场上的牛马，多得也数不清。老百姓饿死、冻死在路上的也数不清，至于死亡的军士，更加无法计算。

国家发动战争，剥夺⑧百姓的财用，荒废百姓的利益，坏处这么多，为什么还要去做呢？王公大人们说："我贪图⑨战胜的声名和所获得的利益，所以去干这种事。"

墨子说："计算他自己所赢得的胜利，是没有什么用处的；计算他们所得到的东西，反而不如他所失去的多。"即使要去攻占一

---

① 分辨（fēn biàn）: to distinguish, to tell the difference
② 反而: on the contrary
③ 荒废（huāng fèi）: to waste，to give up
④ 耕种（gēng zhòng）: farming, cultivation
⑤ 收获（shōu huò）: harvest
⑥ 时令（shí lìng）: season
⑦ 军费（jūn fèi）: military expenditure
⑧ 剥夺（bō duó）: to deprive
⑨ 贪图（tān tú）: to desire for

个三里大小的城或七里大小的郭①，不用精锐②之师，又不杀伤人众，能得到这些地方吗？杀人多的必数以万计③，少的必数以千计。现在拥有万辆战车的大国，有那么多的地方驻扎军队，有广阔的土地供以开垦④，土地富余⑤，而人民不足。现在让士兵去送死，加重全国的祸患⑥，去争夺一座不需要的城池，则是放弃不足的，增加多余的。

古人说："君子不在水中照镜子，而是以人作镜子。在水中照镜，只见面容；以人作镜，则知道吉、凶。"

现在天下所称道⑦的，是上能符合⑧上天的利益，中能符合鬼神的利益，下能符合百姓的利益。现在天下共同认为的义，是圣王的法则⑨。所以古时享有天下的仁人，必然反对大国攻伐⑩，而是统一天下的和洽⑪，率领百姓务农，以臣礼侍奉⑫上天、山川、鬼神。因此，上天赏赐⑬他们，人们赞扬他们，使他们贵为天子，富有天下，名声与天地并列⑭。这就是智者之道。

---

① 郭（guō）：outer city wall
② 精锐（jīng ruì）：elite
③ 数以万计：tens of thousands
④ 开垦（kāi kěn）：to reclaim
⑤ 富余（fù yú）：abundant and surplus
⑥ 祸患（huò huàn）：disaster
⑦ 称道（chēng dào）：to praise
⑧ 符合（fú hé）：to accord with
⑨ 圣王的法则（fǎ zé）：the ways of the sage
⑩ 攻伐（gōng fá）：to attack
⑪ 和洽（hé qià）：in harmony
⑫ 侍奉（shì fèng）：to serve and honor
⑬ 赏赐（shǎng cì）：to reward
⑭ 名声与天地并列：the names continue as long as those of Heaven and Earth

7. 逍 遥 游[①]
Flying Free

北海有一条鱼, 名叫鲲[②], 它的巨大, 不知有几千里长。鲲变成鸟, 名叫鹏[③], 它的背很大, 不知有几千里长。当大鹏起飞的时候, 它的两个翅膀[④]就像天空的云。这只鸟, 在每年海动起大风起时, 就飞往南海。那南海, 就是一个天然的大池[⑤]。

《齐谐[⑥]》这本书, 记载[⑦]了很多怪异[⑧]的事, 书上说:"当鹏起飞

---

① 本篇节选自《庄子·逍遥游》并简写, 白话译文参考陈鼓应《庄子今注今译》(中华书局, 1983)。英文注释与译文参考 Burton Watson, *Zhuangzi: Basic Writings* (New York: Columbia University Press, 2003)。
庄子: Zhuangzi (前369—前286), 原名庄周, 中国古代战国时期 (前475—前221) 的哲学家、文学家, 道家学派的代表, 后世把庄子与老子并列, 称为"老庄"。 庄子对于中国文化的影响极其深远。《庄子》一书是庄子和他的学生所作, 集中体现了庄子的哲学思想和人生境界。《庄子》全书现存三十三篇, "逍遥游"是第一篇, 表达了庄子的人生哲学和自由自在的理想境界。
② 鲲 (kūn): enormous legendary fish
③ 鹏 (péng): roc
④ 翅膀 (chì bǎng): wing
⑤ 池 (chí): lake
⑥ 齐谐 (qí xié): *The Universal Harmony*
⑦ 记载 (jì zǎi): to record
⑧ 怪异 (guài yì): marvels

的时候，它的翅膀拍打水面，激起①的波浪达三千里，它拍着翅膀形成旋风②，飞上九万里的高空。它飞了六个月才停下来。"野马似的游气，飞扬的尘土，都被飞扬的气息吹拂着在空中游荡。天上的深蓝色，究竟是天真正的颜色呢，还是由于无限高远的缘故呢？当鹏向下看时，它看到的就只有蓝。

如果水聚得不深，就没有足够的力量浮起③大船。倒一杯水在堂前的洼地④，那就只能拿一棵小草当船，放一个杯子就会粘着⑤浮不起来，因为水浅而船大。如果风聚得不够厚，就没有力量浮起大鹏，它必须飞到九万里的高空，它下面有九万里厚的风，它就像背负⑥着天，没有什么阻拦⑦，这样它就可以飞向南方了。

蝉⑧和斑鸠⑨讥笑大鹏，说："我快速而飞，遇到树就停下来，如果飞不上去就落在地上，何必要飞九万里到南海去呢？"

到近郊去的人，只带三餐，回来时肚子还是饱的；到百里外的人，要准备隔夜的粮食；到千里外的人，要提前三个月准备粮食。这两只鸟又哪里能知道呢？

小知不及大知⑩，寿命短的不及寿命长的。早上生晚上死的虫

---

① 激起（jī qǐ）: to roil
② 旋风（xuàn fēng）: whirlwind
③ 浮起（fú qǐ）: to bear up, to support
④ 洼地（wā dì）: hollow
⑤ 粘着（nián zhe）: to stick
⑥ 背负（bēi fù）: to shoulder, to bear on one's back
⑦ 阻拦（zǔ lán）: to hinder or block
⑧ 蝉（chán）: cicada
⑨ 斑鸠（bān jiū）: turtledove
⑩ 小知不及大知: Little understanding cannot come up to great understanding. The knowledge of that which is small does not reach to that which is great.

子，不知道一个月的时光。春天生夏天死、夏天生秋天死的蝉，不知道一年的时光。是因为寿命短。南方有一种树，以五百年为一个春季，五百年为一个秋季。上古时代有一种大椿树，以八千年为一个春季，以八千年为一个秋季。这就是寿命长。

汤①问棘②：“上下四方有极限③吗？”

棘答：“无极之外，又是无极④。不毛之地⑤的北方，有一个广大无边的海，是天然的大池。那里有一条鱼，宽几千里，没有人知道它有多长，它叫鲲。有只鸟，它叫鹏，它的背像泰山⑥，翅膀像天边的云，乘风而上九万里，背负青天，向南飞行到南海。小池里的小雀⑦讥笑它说：它要到哪里去呢？我也努力向上飞，不过飞不了多高就掉下来，在野草中飞来飞去，也尽力到了最高了，而它还要飞到哪里去呢？这就是小和大的区别。”

有些人，才智可以胜任一个官职，行为顺着一个地方的风俗，德行⑧可以投合⑨君主的心意而获得一国的信任，他们自鸣得意⑩就好像小雀。宋荣子⑪禁不住讥笑他们。宋荣子，整个世界都夸赞他，

---

① 汤（tāng）：Shangtang, the first emperor of Shang Dynasty
② 棘（jí）：a senior officer of Shang dynasty
③ 极限（jí xiàn）：limit
④ 无极（wú jí）之外，又是无极：Beyond the limitless, there is yet further limitlessness.
⑤ 不毛之地：the bare and barren land
⑥ 泰山（tài shān）：Mount Tai
⑦ 雀（què）：quail
⑧ 德行（dé xíng）：virtue
⑨ 投合（tóu hé）：to please somebody or make oneself agreeable to somebody
⑩ 自鸣得意（zì míng dé yì）：self-pride
⑪ 宋荣子（sòng róng zǐ）：Song Rongzi, according to the last section of the *Zhuangzi*, he taught a doctrine of social harmony, frugality, pacifism and the rejection of conventional standards of honor and disgrace

他不会因此而更加努力，整个世界非议①他，他也不会沮丧②，他能分辨内与外、光荣与耻辱的界限③。

所以说："至人无己，神人无功，圣人无名。"④

---

① 非议（fēi yì）：to condemn
② 沮丧（jǔ sàng）：to mope
③ 分辨内与外、光荣与耻辱的界限（fēn biàn nèi yǔ wài、guāng róng yǔ chǐ rǔ de jiè xiàn）：Draw a clear line between the internal and the external, and recognize the boundaries of true glory and disgrace.
④ 至人无己，神人无功，圣人无名：The Perfect Man has no self, the Holy Man has no merit, the Sage has no fame.

8. 秋　水①

Autumn Water

　　秋天，河水及时上涨，百川注入黄河，两岸及河中的水洲之间，分辨②不清牛、马。于是，河伯③洋洋自得④，以为天下的美全都集于他一身。

　　河伯顺着水流向东而行，到了北海，向东望去，看不见尽头。于是，河伯改变了自得的表情，望着大海，对海神慨叹⑤："俗话⑥说，'听了许多道理，总以为谁都比不上自己'，说的就是我这样的人。如今，我看见您的广阔无边⑦，才知道我如果不是来到您这里，就危险了，我永远会被懂得大道的人讥笑了。"

　　海神说："井里的蛙，不能与它谈大海的事，这是因为它受地域

---

① 本篇节选自《庄子·秋水》并简写，白话译文参考陈鼓应《庄子今注今译》（中华书局，1983）。英文注释与译文参考Burton Watson, *Zhuangzi: Basic Writings*（New York: Columbia University Press, 2003）。

② 分辨（fēn biàn）：to distinguish
③ 河伯（hé bó）：Lord of the River
④ 洋洋自得（yáng yáng zì dé）：complacent, pleased with oneself
⑤ 慨叹（kǎi tàn）：to sigh
⑥ 俗话（sú huà）：common saying
⑦ 广阔（kuò）无边：unfathomable vastness

的局限①;夏天的虫子,不可以与它谈论冰冻的事,因为受时间的局限。见识浅陋②的书生,不可与他谈论大道,因为他们受教养的束缚③。现在,你从河岸出来,看到了大海,才知道自己的浅陋,这就可以与你谈论大道④了。"

天下的水,没有比海更广大的了。所有的河流都归向⑤大海,不知什么时候才能停止,可是,大海并不因此而盈满⑥。海水从尾闾泄漏⑦出去,不知什么时候停止,但海水并没有减少。不论春天还是秋天,不论水涝⑧还是干旱⑨,海水都不受影响。大海超过江、河的容量,简直无法计算⑩,但是,我从来不因此自满⑪。我自以为从天地那里具有了形体,从阴阳那里享有了生气,我在天地之间,就好像一块小石、一棵小树在大山之中,我内心只有自以为小的感觉,又怎么能自满呢! 四海在天地之间,不就像蚁穴在大泽里⑫一样吗? 中国在四海之内,不就像一粒米在大仓⑬里一样吗? 物类名称的数目有万种之多,而人类只不过是万物中的一种。人类聚在九州⑭,粮食所生长的地方,舟车⑮所通行的地方,都有人居住,个人

---

① 局限(jú xiàn): to be confined to
② 浅陋(qiǎn lòu): petty and ignorant
③ 束缚(shù fù): to shackle
④ 大道(dà dào): the great principle
⑤ 归向(guī xiàng): to flow into
⑥ 盈满(yíng mǎn): full
⑦ 泄露(xiè lòu): to discharge
⑧ 水涝(shuǐ lào): flood
⑨ 干旱(gān hàn): drought
⑩ 计算(jì suàn): to measure
⑪ 自满(zì mǎn): complacent
⑫ 蚁穴在大泽里(yǐ xué zài dà zé lǐ): little anthill in a vast marsh
⑬ 仓(cāng): granary
⑭ 九州(jiǔ zhōu): nine provinces
⑮ 舟车(zhōu chē): boats and carriages

只是其中的一个。个人与万物相比，不就像一根毫毛①在马身上一样微小吗？

　　河伯说："那么，我把天地看作最大，把毫毛看作最小，可以吗？"

　　海神说："不可以。万物的量无穷无尽②，时间没有终点，得失不是固定不变的。有大智慧的人，看得见近也看得见远，因此，小的不以为少，大的不以为多，这是因为懂得盈虚③变换的道理。有所得不洋洋自得，有所失也不烦恼忧愁，因为他知道得失是没有一定的。明白死生之间有一条坦途，因此，活着不洋洋自得，死也不认为是一种祸患④，因为知道始与终是没有定规⑤的。人所知道的，远不如他所不知道的多。人在世的时间，也远不如他不在世的时间长。用人极有限的生命去追求无穷的境界，所以迷乱⑥而不能自得。由此可见⑦，又怎么知道毫毛就是最小的呢？又怎么知道天地就是最大的呢？"

　　河伯又问："世俗的观点认为最小的东西没有形体，最大的又没有范围。是这样的吗？"

　　海神说："从小的观点看大的，看不到它的尽头；从大的观点去看小的，看不清晰。"

　　河伯问："如何区分贵贱⑧？又怎么来区别它们的大小？"

　　海神回答："从大道来看，万物本没有贵贱之分。从万物自身

① 毫毛（háo máo）：soft hair
② 无穷无尽（wú qióng wú jìn）：illimitable
③ 盈虚（yíng xū）：fullness and emptiness
④ 祸患（huò huàn）：calamity
⑤ 定规（dìng guī）：fixed rule
⑥ 迷乱（mí luàn）：muddled and confused
⑦ 由此可见：in this way
⑧ 贵贱（guì jiàn）：noble and mean

来看，物各自以自己为贵，而互相以对方为贱①。万物的大小是相对的，天地可以看作米粒一样小，毫毛的末梢也可以看作山丘一样大。"

河伯说："既然这样，那么我应该做什么，应该不做什么呢？应该怎样做出选择呢？"

海神回答："不要拘束自己的心志②，以免与大道相违③。大道无始无终，万物有死有生，变化无穷，时而空虚，时而盈满，从不固守于某一种不变的形态④。年岁不会停止，时光不能挽留⑤。消灭、生长、空虚、充实，周而复始。"

河伯说："既然如此，那么为什么还要那么看重大道呢？"

海神回答："认识道的人必定通达事理⑥，通达事理的人必定明白应变⑦，明白应变的人必定不会为外物而损伤自己。有道德修养⑧的人，火不能烧他，水不能淹他，寒暑不能损伤他，禽兽⑨不能侵害他。并不是说他们迫近它们而不受损伤，而是说他们能明察安全与危险的境地，安心于祸患和幸福的境遇，进退谨慎⑩，所以没有什么能加害⑪他。知道天道和人的行为，顺应天道和自然，处于自得

---

① 从万物自身来看，物各自以自己为贵（guì），而互相以对方为贱（jiàn）：From the perspective of things, each regards itself as noble and others as mean.

② 拘束（jū shù）自己的心志：to hobble one's will

③ 相违（xiāng wéi）：to depart from

④ 固守（gù shǒu）……一种形态：to continue in one form

⑤ 挽留（wǎn liú）：to stay

⑥ 通达事理（tōng dá shì lǐ）：to have command of basic principles

⑦ 应变（yìng biàn）：to deal with varying circumstances

⑧ 道德修养（dào dé xiū yǎng）：perfect virtue

⑨ 禽兽（qín shòu）：birds and beasts

⑩ 进退谨慎（jìn tuì jǐn shèn）：to be careful what to avoid and what to approach

⑪ 加害（jiā hài）：to harm

的境地^①。"

河伯说："什么是天然？什么又是人为？"

海神回答："牛、马，生来就有四只脚，这就叫天然；用马辔^②络^③在马头上，用缰绳穿过牛鼻，这叫人为。所以说，不要用人为去毁灭天然，不要贪图声名而毁灭自己天真的本性。"

独脚兽夔^④羡慕多足的蚿^⑤，蚿羡慕蛇，蛇羡慕风，风羡慕眼睛，眼睛羡慕心。

夔对蚿说："我用一只脚跳跃着行走，再没有比我更简便的了。现在你使用万只脚行走，是怎样的呢？"

蚿说："我顺其自然而行，自己也不知道为什么这样。"

蚿对蛇说："我用好多脚行走，还不如你没有脚走得快，为什么呢？"

蛇说："我顺着自然的行动，怎么可以改变呢？我哪里用得着脚呢！"

蛇对风说："我运动着我的脊柱和腰肋^⑥行走，像有脚似的。现在你呼呼地从北海刮起来，呼呼地吹入南海，却像没有形迹似的。为什么呢？"

风说："是的，我呼呼地从北海刮起来而吹入南海，但是人们用手来指我，就能胜过我，用脚来踢我也能胜过我。然而，折断大树、吹散大屋，却只有我才能做到，这是不求小的胜利而求大的胜

---

① 顺应（shùn yìng）天道和自然，处于自得的境地（jìng dì）：to base yourself upon the Way of Heaven and Nature, take your stand in virtue
② 马辔（mǎ pèi）：halter
③ 络（luò）：to cross in
④ 夔（kuí）：beast with only one foot
⑤ 蚿（xián）：millipede
⑥ 脊柱和腰肋（jǐ zhù yāo lèi）：backbone and ribs

利。取得大的胜利的，只有圣人才能做到。"

庄子在濮水①钓鱼，楚王派两位大夫先去表达他的心意，说："我希望把国内的政事委托先生。"

庄子手拿着鱼竿②，头也不回，说："我听说楚国有只神龟③，已经死了三千年了。国王把它放在竹盒里，用布巾包裹着，藏在庙堂④。请问这只龟，宁可死了留下一把骨头让人尊奉⑤呢？还是愿意活着拖着尾巴在泥里爬呢？"

两位大夫说："宁愿活着拖着尾巴在泥里爬。"

庄子说："你们请便吧！我还是希望拖着尾巴在泥里爬。"

惠子在梁国做宰相⑥，庄子去看他。有人对惠子说："庄子来，想代替你做宰相。"于是，惠子感到恐慌⑦，就派人搜寻⑧庄子，搜了三天三夜。

庄子去看惠子，对他说："南方有一种鸟，它的名字叫鹓鶵⑨。你知道吗？它从南海出发，飞到北海，不是梧桐树⑩它不会休息，不是竹子的果实它不吃，不是甜美的泉水它不喝。这时，有一只猫头鹰找到了一只腐烂的老鼠，鹓鶵刚好飞过，猫头鹰仰起头来叫一

---

① 濮水（pú shuǐ）：the Pu River
② 鱼竿（yú gān）：fishing pole
③ 神龟（shén guī）：sacred tortoise
④ 庙堂（miào táng）：ancestral temple
⑤ 尊奉（zūn fèng）：to honor
⑥ 宰相（zǎi xiàng）：prime minister
⑦ 恐慌（kǒng huāng）：to be filled with alarm
⑧ 搜寻（sōu xún）：to search for
⑨ 鹓鶵（yuān chú）：a kind of Phoenix
⑩ 梧桐（wú tóng）树：Chinese parasol tree

声：'吓'①！现在你也想用你的相位来吓我吗？"

　　庄子和惠子在濠水②的桥上游玩。庄子说："鱼悠哉悠哉地游来游去，这就是鱼的快乐啊。"

　　惠子问："你不是鱼，怎么知道鱼的快乐呢？"

　　庄子说："你不是我，怎么知道我不知道鱼的快乐呢？"

　　惠子说："我不是你，固然③不知道你；你也不是鱼，你不知道鱼的快乐，也是明显的。"

　　庄子说："你刚才说'你怎么知道鱼的快乐'的这句话，就是已经知道了我知道鱼的快乐才问我，现在我告诉你，我是在濠水的桥上知道的啊。"

----

① 吓（hè）：shoo
② 濠水（háo shuǐ）：the Hao River
③ 固然（gù rán）：indeed

9. 人性本善
——《孟子》选篇①

Good by Nature

　　告子说："人性就好像急流的水，东方开了缺口②便向东流，西方开了缺口便向西流。人性没有善与不善的定性③，就像水没有向东流、向西流的定向④一样。"

　　孟子说："水确实没有东流、西流的定向，难道也没有向上或向下流的定向吗？人性的善良，正好像水性的向下流动。人没有不善良的，水没有不向下流的。当然，拍水⑤可以使它跳起来，高过额

---

① 本篇节选自《孟子·告子章句上》并简写，注释与白话译文参考杨伯峻《孟子译注》（中华书局，2012）。英文注释参考 James R. Ware, *The Sayings of Mencius*（New York: The New American Library of World Literature INC., 1960）。孟子思想的核心是性善论，在《孟子·告子章句》中，孟子和告子等人对于人性的善恶问题展开辩论。
孟子：Mencius（前372—前289），中国古代战国时期的思想家、教育家，儒家学派的代表人物。在中国，人们称孔子为"圣人"，称孟子为"亚圣"。儒家思想也被称为"孔孟之道"。《孟子》（*Mencius*）一书，是儒家的经典之作，由孟子和孟子的学生所作，记录了孟子的思想和他的活动。
② 缺口（quē kǒu）：a breach
③ 定性（dìng xìng）：certainty in nature
④ 定向（dìng xiàng）：certainty in direction
⑤ 拍水（pāi shuǐ）：to strike water

头①，也可以用人力使水倒流②，可以把它引上高山。这难道是水的本性吗？是形势③使它这样的。使人不善，改变善良的本性，也是如此。"

告子说："天生的资质④叫做性。"

孟子说："天生的资质叫做性，好比一切东西的白色叫做白吗？"

告子："正是如此。"

孟子："白羽毛的白犹如白雪的白，白雪的白犹如白玉的白吗？"

告子："正是如此。"

孟子："那么，狗性犹如牛性，牛性犹如人性吗？"

告子："饮食男女⑤，这是本性。仁是内在⑥的东西，不是外在⑦的东西；义是外在的东西，不是内在的东西。"

孟子："怎样叫做仁是内在的东西，义是外在的东西呢？"

告子答道："因为他年纪大，于是我去恭敬⑧他，恭敬之心不是我所预有。就好比外物是白的，我便认它为白色之物，这是由于外物的白而使我这样认识的缘故⑨。所以说是外在的东西。"

孟子说："白马的白和白人的白或许没有不同，但是不知道对老马的怜悯心⑩和对老者的恭敬心，是不是也没什么不同呢？所谓义，在于老者呢？还是在于恭敬老者的人呢？"

---

① 额头（é tóu）：forehead
② 倒流（dào liú）：to flow backwards
③ 形势（xíng shì）：situation
④ 资质（zī zhì）：aptitude
⑤ 饮食男女：appetite for food and sex, natural instincts
⑥ 内在（nèi zài）：internal
⑦ 外在（wài zài）:external
⑧ 恭敬（gōng jìng）：reverence
⑨ 缘故（yuán gù）：reason
⑩ 怜悯心（lián mǐn xīn）：sympathy

告子答道："是我的弟弟便爱他，是秦国人的弟弟便不爱他，这是因我自己的关系而高兴这样的，所以说，仁是内在的东西。恭敬楚国的老者，也恭敬我自己的老者，是因为外在的老者的关系而这样的，所以说义是外在的东西。"

孟子说："喜欢吃秦国人的烧肉，和喜欢吃自己的烧肉，没有什么不同，各种事物也如此。那么，难道喜欢吃烧肉的心也是外在的东西吗？那不和您说的饮食是本性的论点相矛盾①吗？"

公都子说："告子说：'本性没有什么善良，也没有什么不善良。'也有人说：'本性可以使它善良，也可以使它不善良。周文王、武王②在上，百姓便趋向善良；周幽王、厉王③在上，百姓便趋向横暴④。'也有人说：'有些人本性善良，有些人本性不善良。以尧⑤这样的圣人为君，却有象⑥这样不好的百姓；以瞽瞍⑦这样坏的父亲，却有舜⑧这样好的儿子；以纣⑨这样恶的侄儿，而且为君王，却有微子启⑩、王子比干这样的仁人。'如今老师说本性善良，那么，他们都错了吗？"

孟子说："从天生的资质看，可以使他善良，这便是我所谓的人性善良。至于有些人不善良，不能归罪于⑪他的资质。同情心⑫，

---

① 矛盾（máo dùn）：contradictory
② 周文王、武王（zhōu wén wáng、wǔ wáng）：kings of Zhou Dynasty
③ 周幽王、厉王（zhōu yōu wáng、lì wáng）：kings of Zhou Dynasty
④ 趋向横暴（qū xiàng hèng bào）：to be addicted to violence
⑤ 尧（yáo）：legendary monarch in ancient China
⑥ 象（xiàng）：name of a person
⑦ 瞽瞍（gǔ sǒu）：name of a person
⑧ 舜（shùn）：a legendary monarch in ancient China
⑨ 纣（zhòu）：the last ruler of Shang Dynasty
⑩ 微子启（wēi zǐ qǐ）：name of a person
⑪ 归罪（guī zuì）于：to blame
⑫ 同情（tóng qíng）心：sense of compassion

每个人都有；羞耻心①，每个人都有；恭敬心②，每个人都有；是非心③，每个人都有。同情心属于仁，羞耻心属于义，恭敬心属于礼，是非心属于智。这仁义礼智，不是由外人给我的，是我本来就具有的，不过不曾探索④它罢了。所以说，一经探索，就会得到；一加放弃⑤，就会失去。人与人之间有相差一倍、五倍甚至无数倍的，就是因为没有充分发挥⑥他们的人性的本质。《诗经》说：'天生育众民，每一样事物，都有它的规律⑦。百姓把握了那些不变的规律，于是乎喜爱优良的品德。'孔子说：'这首诗的作者真懂得道呀！有事物，便有它的规律。百姓把握了这些不变的规律，所以喜爱优良的品德。'"

孟子说："丰收年，少年子弟多懒惰；灾荒年，少年子弟多强暴。不是天生的资质这样不同，是由于环境⑧变坏了他们的心。牛山上的树木曾经是很茂盛⑨的，因为它长在大都市的郊外。时时用斧子⑩砍伐⑪，它还能茂盛吗？当然，这些树木日日夜夜生长着，雨水露水滋润着，不是没有新枝嫩叶长出来，但紧接着人们就在这里放牛放羊，所以就变得光秃秃⑫的了。人们看见光秃秃的样子，便以为这山不曾有过大树，这难道是山的本性吗？在某些人身上，难

① 羞耻（xiū chǐ）心：sense of shame
② 恭敬（gōng jìng）心：sense of reverence
③ 是非（shì fēi）心：sense of right and wrong
④ 探索（tàn suǒ）：to think of, to seek
⑤ 放弃（fàng qì）：to give up, to neglect
⑥ 发挥（fā huī）：to make use of
⑦ 规律（guī lǜ）：laws
⑧ 环境（huán jìng）：condition, circumstance
⑨ 茂盛（mào shèng）：flourishing
⑩ 斧子（fǔ zi）：ax
⑪ 砍伐（kǎn fá）：to chop down
⑫ 光秃秃（guāng tū tū）：bare

道没有仁义之心吗？他之所以丧失他的善良之心，也正像斧子对于树木一般，每天去砍伐，能茂盛吗？他在日里夜里发出来的善心，他在天刚亮时所呼吸到的清明①之气，这些在他心里所激发出来的善念，一到第二天白昼，所行所为又把它消灭了。反复地消灭，那么，他夜来心里所发出的善念自然不能存在。夜来心里所发出的善念不能存在，便和禽兽相距不远了。别人看到他简直是禽兽，因此以为他不曾有过善良的资质，这难道也是这些人的本性吗？所以，假若得到滋养，没有东西不生长；失掉滋养，没有东西不消亡。孔子说过：'抓住它，就存在；放弃它，就亡失②。'这是指人心而言的吧。"

孟子说："鱼是我喜欢的，熊掌③也是我所喜欢的；如果两者不能并有，便牺牲鱼，而要熊掌。生命是我喜欢的，义也是我所喜欢的。如果两者不能并有，便牺牲生命，而要义。生命本是我喜欢的，但是还有比生命更为我喜欢的，所以，我不干苟且偷生④的事。死亡本是我厌恶的，但是还有比死亡更让我厌恶的，所以，有的灾祸我不躲避。如果人们所喜欢的没有超过生命的，那么，一切可以求得生存的方法，哪有不用的呢？如果人们所厌恶的没有超过死亡的，那么，一切可以避免祸害的事情，哪有不干的呢？然而，有些人，这样做，便可以得到生存，却不去做。这样做，便可以避免灾祸，却不去干。由此可知，有比生命更值得喜欢的东西，有比死亡更令人厌恶的东西。这种心志不仅贤人有，人人都有，不过贤人能够保持它罢了。"

---

① 清明（qīng míng）：fresh and clear
② 亡失（wáng shī）：to lose
③ 熊掌（xióng zhǎng）：bear's paws
④ 苟且偷生（gǒu qiě tōu shēng）：to aim at a foolish goal for the sake of life

　　孟子说："仁是人的心，义是人的路。放弃了那条正路而不走，丧失了那善良之心而不晓得去找，可悲得很呀！一个人，有鸡和狗走失了，便晓得去寻找，有善良之心丧失了，却不晓得去寻求。学问之道没有别的，就是把那丧失的善良之心找回来罢了。"

二

诗性气质

10. 橘　　颂

Ode to the Orange

后皇②嘉③树，橘徕④服⑤兮⑥。

受命⑦不迁⑧，生南国兮。

深固难徙⑨，更壹志⑩兮。

---

① 《橘颂》（ jú sòng ）是屈原早期的作品，作者通过描写橘树的美好形象，表达了自己
的爱国情怀和理想人格。
屈原：Qu Yuan（约前340—前278），战国时期（前475—前221）楚国的伟大诗人、
政治家。曾辅助楚王处理内政外交事务，后来楚王听信谗言，不再信任、重用屈原，
甚至将屈原流放。在屈原流亡的同时，楚国的形势更加危急，楚国的都城被秦国攻
破，秦军又进一步深入，屈原悲愤绝望，自沉于汨罗江（ mì luó jiāng ）。屈原投江的
日子相传是农历五月初五，这一天是楚地的传统节日端午节，后来人们就把端午节
作为纪念屈原的日子，一直流传至今。

② 后皇：即后土、皇天（ the earth and the sky ）

③ 嘉（ jiā ）：美、善（ beautiful, good ）

④ 徕（ lái ）：通 "来"（ to come ）

⑤ 服：习惯（ to accustom ）

⑥ 兮（ xī ）：助词，相当于 "啊"（ auxiliary, similar to "ah" ）

⑦ 受命：受天地之命，即禀性、天性（ by the order of heaven and earth, i. e., endowment,
nature ）

⑧ 迁（ qiān ）：to move

⑨ 深固（ gù ）难徙（ xǐ ）：根深蒂固，难以迁移（ deeply rooted and difficult to migrate ）；
徙：迁移（ to move, to migrate ）

⑩ 壹（ yī ）志：志向专一（ dedicated to one goal ）；壹：专一（ single-minded ）

绿叶素荣①，纷②其可喜兮。

曾枝剡棘③，圆果抟④兮。

青黄杂糅⑤，文章烂⑥兮。

精色内白，类任道兮⑦。

纷缊宜修⑧，姱⑨而不丑兮。

嗟尔⑩幼志，有以异兮。

独立不迁，岂⑪不可喜兮。

深固难徙，廓⑫其无求兮。

苏世独立⑬，横而不流兮⑭。

闭心自慎⑮，终不失过兮⑯。

———————

① 素（sù）荣（róng）：白色花（white flower）
② 纷（fēn）：in riotous profusion
③ 曾（céng）枝：繁枝（luxuriant foliage）；剡（yǎn）棘（jí）：尖利的刺（sharp thorn）
④ 抟（tuán）：通"团"，圆圆的（round）
⑤ 青黄：青色和黄色（green and yellow）；杂（zá）糅（róu）：指不同的事物混杂在一起（to mix）
⑥ 文章：花纹色彩（pattern, color）；烂（làn）：明亮（bright-colored）.
⑦ 精色：橘子皮鲜明的颜色（bright skin color）；类：像（look as if）；任道：可以承担重任的人（the person who can take on responsibility）；任：承担（to take on responsibility）
⑧ 纷缊（yūn）宜修：长得繁茂，修饰得体（lushly grown and well groomed）
⑨ 姱（kuā）：美好（beautiful）
⑩ 嗟（jiē）：赞叹词（exclamation）；尔（ěr）：你
⑪ 岂（qǐ）：难道（could it be, to reinforce the tone of the rhetorical question）
⑫ 廓（kuò）：胸怀开阔（open-minded）
⑬ 苏世独立：独立于世，保持清醒（be independent and stay sober）；苏：苏醒（to awaken, to have an awareness of the turbid world）
⑭ 横而不流：横立水中，不随波逐流（standing across the water, not following the tide）
⑮ 闭心自慎（shèn）：坚守着清心，谨慎自重（circumspect, cautious and self-respecting）
⑯ 失过：即"过失"（fault）

秉德^①无私，参天地兮^②。

愿岁并谢^③，与长友兮。

淑离不淫^④，梗^⑤其有理兮。

年岁虽少，可师长兮^⑥。

行比伯夷^⑦，置以为像兮^⑧。

【英译】

Ode to the Orange

By QU Yuan

Trans. ZHAO Yanchun

King of trees, of the best,

O accustomed, you're grand.

Now settled, never moved,

O you grow in South Land.

Deeply rooted, so staid,

O you're focused and willed.

---

① 秉（bǐng）德：保持好品德（to be virtuous）

② 参（cān）天地：可与天地相比（comparable to Heaven and Earth）

③ 愿岁并谢：誓同生死（pledge to live and die together）；岁：年岁（years of age）；谢：死（to die）

④ 淑（shū）离不淫（yín）：美丽善良合乎正道；离：通"丽"（beautiful）；淫：过度，不合正道（excessive, not the right way）

⑤ 梗（gěng）：正直（honest, fair-minded）

⑥ 少（shào）：年少（young）；师长：为人师长（to be a teacher）

⑦ 行：德行（virtue）；伯（bó）夷（yí）：古代的贤人（an ancient sage）

⑧ 置（zhì）：植（to plant）；像：榜样（role model, icon）

With leaves green and flowers white,

O with such glee you're fulfilled.

Leaf upon leaf, with thorns,

O you've fruit round and fine.

With yellow out of green,

O you have hues to shine.

With pure skin, a white heart,

O you're out of the Way.

So fragrant and so spruce,

O not plain, grace you display.

How great, a great young will!

O unique you're to me!

Independent, unchanged,

O isn't your state our glee?

So settled, moved no more,

O broad-minded, you stand tall.

Straightforward and detached,

O to the dust you don't fall.

Circumspect and discreet,

O you've never gone awry.

Unselfish and virtuous,

You tower twixt earth and sky.

With you I would share all,

O be good friends for long.

Graceful and not obscene,

O you're rational and strong.

Although you are so young,
You're my teacher, my bro.
You are well placed in here,
O my icon like Great Bow.

11. 归园田居（其一）①

Back to Nature

少无适俗韵②，性本爱丘山③。

误落尘网中④，一去三十年。

羁鸟恋旧林⑤，池鱼思故渊⑥。

开荒南野际⑦，守拙归园田⑧。

---

① 《归园田居》诗一组，共五首，是陶渊明辞官归隐后创作的田园诗的代表作。这是其中的第一首。诗歌表达了诗人对官场的厌恶，以及回归田园后的喜悦之情，描绘了美好的田园风光和简朴可爱的农村生活。

陶渊明：Tao Yuanming（约365—427），东晋（The Eastern Jin Dynasty，317—420）时期的田园诗人，被誉为"隐逸诗人之宗"（Father of Recluse Poets）、"田园诗派之鼻祖"（Father of Pastoral Poetry）。陶渊明传世的诗歌有120多首，辞赋和散文10余篇。后人将他的作品编成《陶渊明集》。陶渊明的一生经历了晋王朝的衰败和灭亡，在二十九岁以前，他过着种田和读书的生活，二十九岁到四十一岁，他做了好几次小官，四十二岁到六十三岁期间，政权更迭，战乱频繁，陶渊明隐退还乡，过着种田、读书、写作的生活，一直到去世。

② 少（shào）：少年时代（teenage）；适俗：适应世俗（in tune with the dust world）；韵（yùn）：气质（temperament）

③ 丘（qiū）山：山林（mountain forest）

④ 尘（chén）网：尘世（the dust world）

⑤ 羁（jī）鸟：笼子里的鸟（bird in the cage）

⑥ 池鱼：水池里的鱼（fish in a pool）；渊（yuān）：deep pool

⑦ 开荒（huāng）：开垦荒地（to reclaim wasteland）

⑧ 守拙（zhuō）：清贫自守（to remain free from ambition）

方宅①十余亩，草屋八九间。

榆柳荫后檐②，桃李罗堂前③。

暧暧④远人村，依依墟里烟⑤。

狗吠深巷中⑥，鸡鸣桑树颠⑦。

户庭无尘杂⑧，虚室有余闲⑨。

久在樊笼里⑩，复得返自然。

【英译】

Back to Nature

By TAO Yuanming

Trans. ZHAO Yanchun

Born out of tune with the dust world,

I have always loved recesses.

I have been trapped for thirty years;

While, as ever, time elapses.

The caged bird craves its native wood;

---

① 方宅（zhái）：residence and field
② 榆（yú）：elm；荫（yìn）：to shade；檐（yán）：eave
③ 罗（luó）：罗列（spread out）
④ 暧暧（ài）：迷蒙隐约的样子（dim and vague）
⑤ 依依：轻柔而缓慢的飘升（soft and slow rise）；墟（xū）里：村落（village）
⑥ 吠（fèi）：狗叫；巷（xiàng）：lane
⑦ 桑（sāng）树颠（diān）：on the top of mulberry tree
⑧ 户庭：门庭（courtyard）；尘杂：尘俗杂事（trifles in the world）
⑨ 虚（xū）室：闲静的屋子（quiet room）
⑩ 樊笼（fán lóng）：鸟笼（cage）

The pool fish miss their abysses.

I would now go back to my farm,

And reclaim the southern wildness.

More than ten acres is my field,

On which stand several cottages.

Elms and willows shade the north eaves,

And my hall sees prunes and peaches.

Dim and dim, the hamlets appear;

Slow and slow, vill smoke high reaches.

Dogs bark somewhere in the deep lane;

Cocks crow atop the mulberries.

My yard hears no din of the world;

My room but has ease and calmness.

Having long been barred by the cage,

I'll go back to Nature's blisses.

12. 将 进 酒①

Do Drink Wine

君②不见，

黄河之水天上来，

奔③流到海不复回！

君不见，

高堂④明镜悲白发，

朝如青丝暮成雪⑤！

人生得意⑥须尽欢，

---

① 《将进酒》，劝酒歌。在这首诗里，李白借酒消愁，感叹人生易老，抒发了自己怀才不遇的心情。全诗情感热烈，多用夸张的手法，充分体现了李白诗歌的豪放特色。
李白：Li Bai（701—762），字"太白"，唐代（618—907）伟大的浪漫主义诗人，被后人誉为"诗仙"，与杜甫并称为"李杜"，是中国家喻户晓、最受喜爱的诗人，有《李太白集》传世。李白喜欢读奇书、爱好剑术，深受道家影响，追求自由，向往隐逸生活，24岁时离家远游，一生游历中国大江南北，交往广泛，关心政治，重视友情，性情豪爽，喜爱饮酒。李白一生创作了大量的诗歌，大约有近千首诗传世。
② 君（jūn）："你"的敬辞（term of respect used in the place of "you"）
③ 奔（bēn）：to flow, to surge
④ 高堂：高大的厅堂（tall halls），也可以指父母
⑤ 朝（zhāo）：早上；暮（mù）：傍晚；青丝：黑发（black hair）
⑥ 得意：高兴的时候

莫使金樽①空对月。

天生我才必有用，

千金散尽还复来。

烹羊宰牛②且为乐，

会须③一饮三百杯。

岑夫子④，

丹丘生⑤，

将进酒，

杯莫停⑥。

与君歌一曲⑦，

请君为我倾耳听⑧。

钟鼓⑨馔玉⑩不足贵，

但愿长醉⑪不复醒。

古来圣贤⑫皆寂寞，

惟有饮者⑬留其名。

---

① 金樽（zūn）：精美的酒器（golden cup）

② 烹（pēng）：to cook；宰（zǎi）：to kill

③ 会须：应当

④ 岑（cén）夫子：岑勋（xūn），李白的好友

⑤ 丹丘（dān qiū）生：元丹丘，李白的好友

⑥ 莫（mò）：不要

⑦ 与君：给你们，为你们（for you）

⑧ 倾（qīng）耳听：仔细听（to listen carefully）

⑨ 钟鼓（gǔ）：bell and drum，富贵人家宴会中奏乐使用的乐器

⑩ 馔（zhuàn）玉：像玉一样精美的食物

⑪ 醉（zuì）：drunk

⑫ 圣（shèng）贤（xián）：sages and saints

⑬ 惟（wéi）有：只有；饮者：喝酒的人（drinker）

陈王^①昔时宴平乐^②，

斗酒十千恣欢谑^③。

主人何为言少钱^④，

径须沽取对君酌^⑤。

五花马^⑥，

千金裘^⑦，

呼儿将出^⑧换美酒，

与尔同销^⑨万古愁。

【英译】

Do Drink Wine

By LI Bai

Trans. ZHAO Yanchun

Don't you espy

---

① 陈王：陈思王曹植（Cao Zhi, a prince in the period of Three Kingdoms）

② 宴（yàn）：设宴（to give a banquet）；平乐：平乐观，在洛阳，贵族宴饮娱乐的地方（a place for feast）

③ 斗酒十千：十千钱一斗的酒，形容酒的名贵（precious wine）；恣（zì）：纵情任意（indulge at will）；谑（xuè）：戏，玩笑（to banter）

④ 何为：为什么；言：说

⑤ 径（jìng）须：只管（just）；沽（gū）：买；酌（zhuó）：倒酒，喝酒（to pour and drink wine）

⑥ 五花马：名贵的马（precious horse）

⑦ 裘（qiú）：皮衣（fur coat）

⑧ 将出：拿出（to take out）

⑨ 尔（ěr）：你；销（xiāo）：同"消"（to get rid of）

The Yellow River surge down from the sky,

Up to the sea it does tumble and flow?

Don't you espy

To my white hair in the mirror I sigh,

As at dawn is black and at dusk turns snow?

Do enjoy life while in prime you run high;

Not to the moon just your empty cup ply.

So born by Heaven we must be of use;

Spend all the money and more will come up.

Cook lamb, kill cattle just for joy profuse;

Do gulp down three hundred fills from your cup.

Ts'en, my teacher,

Danqiu, friend mine,

Don't put down cups,

Do drink the wine.

I'll sing you a song of cheer,

Please listen, prick up your ear.

Bells, drums and dainties are precious no more;

Drink ourselves drunk, ne'er sober, lying down.

Obscure are the sages and saints of yore,

Only drinkers can enjoy high renown.

At olden times Prince Ch'en held a great feast;

He drank barrels and barrels with no stall.

How can a host claim to have money least?

I shall buy more and drink up to you all.

Dapples be sold,

And furs like gold.

Call our son to pawn them, buy wine, buy more,

With you I will drink off our age-long sore.

13. 春　　望①

A View of Spring

国破山河在②，
城春草木深③。
感时花溅泪④，
恨别鸟惊心⑤。
烽火连三月⑥，

---

① 《春望》是杜甫在被战争毁坏的长安城中写下的一首诗。前四句写春日长安凄惨破败的景象，饱含着兴衰感慨；后四句写诗人思念亲人、关心国事的情怀，充满了凄苦哀思。这首诗充分地表现出诗人的爱国之情和以诗写史的特色。

杜甫：Du Fu（712—770），字子美，唐代伟大的现实主义诗人，被世人尊为"诗圣"。杜甫一生写诗一千五百多首，有《杜工部集》传世。杜甫忧国忧民，人格高尚。他的诗歌反映了广阔的社会生活，表达了儒家的仁爱精神，他用诗歌记录了唐朝由盛转衰的历史巨变，被称为"诗史"。杜甫与李白是中国古典诗歌的两个高峰，常被合称为"李杜"。

② 国：国都，指长安（现在的西安），唐朝都城；破（pò）：陷落（to fall into enemy's hands）；山河在：山河仍然存在（mountains and rivers, the land, still exist）

③ 城：长安城；草木深：指人烟稀少（deep grass, few people）

④ 感时：为国家的时局而感伤（sad for the current situation of the country）；溅（jiàn）泪：流泪（to shed tears）

⑤ 恨（hèn）别：怅恨离别（to regret at parting）；惊心：心惊胆战，害怕（to cringe in fears）

⑥ 烽（fēng）火：古时边防报警的烟火，这里指战火（beacon fire, referring to the war）

家书抵万金①。

白头搔更短②，

浑欲不胜簪③。

【英译】

A View of Spring

By DU Fu

Trans. ZHAO Yanchun

The state broken, the land we keep;

The spring grass in the town grows deep.

Touched by hard times, flowers shed tears;

Dispersed by war, birds cringe in fears.

The beacon fires have for long run;

News from my folks outshines the sun.

Scratching my head, I feel hair thin,

Which cannot bear a single pin.

---

① 家书：家庭成员写的书信（letter from home）；抵（dǐ）：值，相当（be worth）

② 白头：这里指白头发（white hair）；搔（sāo）：用手指轻轻地抓（to scratch）

③ 浑（hún）欲：简直就要（almost）；不胜（shēng）：不能承受（cannot bear）；簪（zān）：一种束发的首饰（hairpin）

14. 卖 炭 翁①

The Charcoal Gray Hair

卖炭翁②，

伐薪③烧炭南山中。

满面尘灰烟火色④，

两鬓苍苍⑤十指黑。

卖炭得钱何所营⑥？

身上衣裳口中食。

---

① 《卖炭翁》是白居易的代表作之一，描写了一个烧木炭的老人谋生的困苦，通过卖炭翁的遭遇，揭露了劳动者被宫廷任意欺压剥夺的社会现实，表达了诗人对下层劳动人民的深切同情。

白居易：Bai Juyi（772—846），字乐天，号香山居士，唐代伟大的现实主义诗人。白居易的思想以儒家思想为主导，融合儒、佛、道三家，以"达则兼济天下，穷则独善其身"为人生信条，主张诗歌创作应该取材于社会现实并批判性地反映社会现实、民生疾苦。白居易留下近三千首诗，他的诗歌题材广泛，形式多样，语言通俗易懂，有"诗魔"和"诗王"之称。

② 炭（tàn）：charcoal；翁（wēng）：年老的男子

③ 伐（fá）：to fell；薪（xīn）：firewood

④ 尘灰（chén huī）：dust；烟火色：dirty with smoke

⑤ 两鬓（bìn）苍（cāng）苍：gray sideburns

⑥ 何所营（yíng）：做什么用（for what）。营：经营（management），这里指需求

可怜身上衣正单①，

心忧炭贱②愿天寒。

夜来城外一尺雪，

晓驾炭车辗冰辙③。

牛困人饥④日已高，

市南门外泥中歇⑤。

翩翩两骑⑥来是谁？

黄衣使者白衫儿⑦。

手把文书口称敕⑧，

回车叱牛牵向北⑨。

一车炭，千余斤，

宫使驱将惜不得⑩。

半匹红纱一丈绫⑪，

系向牛头充炭直⑫。

---

① 单（dān）：单薄，衣服薄（thin）

② 忧（yōu）：担心（to worry）；贱（jiàn）：便宜（cheap, low price）

③ 晓：天亮（dawn）；驾（jià）：to drive；辗（niǎn）：同"碾"，压（to roll）；辙（zhé）：track, rut

④ 困：tired；饥：hungry

⑤ 歇（xiē）：休息（to rest）

⑥ 翩翩（piān）：gracefully moving；骑（jì）：骑马的人（rider）

⑦ 黄衣使者白衫儿：黄衣使者，指皇宫内的太监（eunuch）；白衫儿：太监的手下（he who under the leadership of the eunuch）

⑧ 把：拿（to hold）；称：说（to state）；敕（chì）：皇帝的命令或诏书（edict）

⑨ 回：调转（to turn）；叱（chì）：呼喊（to shout, to call out）；牵（qiān）：to pull

⑩ 驱（qū）：赶着走（to drive）；惜：珍惜，舍不得（to cherish）；得：能够（can, be allowed）

⑪ 匹（pǐ）：unit of measurement for silk fabrics；纱（shā）、绫（líng）：丝织物（silk fabrics）

⑫ 系（jì）：to tie, to hang；直：通"值"，指价格（price, value）

【英译】

The Charcoal Gray Hair

By BAI Juyi

Trans. ZHAO Yanchun

The charcoal Gray Hair,

He fells trees for charcoal in south hills there.

He's dirty with dust and smoke, front or back;

His sideburns gray and his fingers all black.

What will he do with the money he earns?

Food, clothing, and all those daily concerns.

So poor, the garment he wears is so thin;

For higher price, he hopes winter to set in.

Outside the wall at night, a foot of snow,

At dawn he drives his cart down ice to go.

So tired, the sun high, and the ox so pressed,

Outside South Gate, in snow and slush he'll rest.

Lo, riders trotting up, who are they guessed?

A herald in gold and a boy white dressed.

Decree in hand, an edict here they shout;

To north they turn the ox and cart about.

A cart of charcoal half a ton does weigh;

What can he do now they take it away?

A foot of red silk, and damask gauze spread,

The price for charcoal, tied to the ox's head.

15. 虞 美 人

Lady Yu

春花秋月何时了^②？
往事知多少。
小楼昨夜又东风，
故国不堪回首月明中^③。

雕栏玉砌应犹在^④，

---

① 虞美人，词牌名（name of a tune）。这首词是李煜的代表作，也是他生前写的最后一首词。相传他于自己生日（七月七日）"七夕"节之夜，唱新作《虞美人》词，歌声传到外面，宋太宗听到大怒，认为李煜怀念故国，是个危险人物，就命人将他毒死了。这首词通过今昔对比，表现了一个亡国之君的无穷哀怨。
李煜：Li Yu（937—978），南唐（Southern Tang Dynasty, 937—975）末代君主、诗人。李煜擅长写词，同时精通音乐、绘画、书法，但他不适合做政治家。他于公元961年继位，当他39岁时，南唐被宋所灭，两年后李煜被宋朝的皇帝毒死。因为他是南唐的最后一个皇帝，所以也被称为南唐后主、李后主。李煜的词扩大了词的题材和意境，大大丰富了词的表现手法，被称为"宋词之祖"。
② 了（liǎo）：了结，完结（to end）
③ 故国：指南唐故都江宁（今南京）（Jiangning, the former capital of the Southern Tang Dynasty, present-day Nanjing）；堪（kān）：能
④ 雕栏玉砌（diāo lán yù qì）：雕花的栏杆和玉石砌成的台阶，这里泛指南唐宫殿（the carved balustrade and jade steps; here, refers to the palace of the Southern Tang Dynasty in general）

只是朱颜改①。

问君能有几多愁②?

恰似一江春水向东流③。

【英译】

Lady Yu

By LI Yu

Trans. ZHAO Yanchun

When did the spring flowers and the fall moon go?

How many bygones do you know?

East wind blew again to the tower last night;

I can't bear to glance back at my land in moonshine so bright.

Carved railings and jade steps should be still there;

Changed are only the ladies fair.

I'd ask you: how many inches of woe?

Just like a river of spring water that does down east flow.

---

① 朱颜:红润的面容(a rosy face),多指年轻美好的面容;改:改变(to change)
② 几多:多少
③ 恰(qià)似:正如(just like)

16. 水调歌头①·明月几时有

How Often Does the Bright Moon Appear?

— To the Tune of Prelude to Water Melody

丙辰中秋②，欢饮达旦③，大醉，作此篇，兼怀子由④。

明月几时有？

把酒问青天⑤。

---

① 水调歌头，词牌名（name of a tune）。这首词是苏轼的代表作之一，也是中国最有名的写中秋节的词。中秋节，是中国传统的家庭团聚的节日，但苏轼与他的弟弟已经七年没有见面了。作者在中秋之夜与明月对话，展开想象和思考，从人世间的悲欢离合之情，想到宇宙人生的哲理，表达了对亲人的思念和美好祝愿，也表达了自己面对人生得失的旷达胸怀。

苏轼：Su Shi（1037—1101），字子瞻，号东坡居士，世称苏东坡，北宋文学家、书画家、唐宋八大家之一。作品有《东坡七集》《东坡乐府》等。苏轼在政治上始终坚持实事求是，不以个人利益为转移，他的"不合时宜"，使他一再被降职，最后来到了中国最边远的南方小岛上。但他始终保持乐观的精神，在文学艺术中寄托心灵。尤其在词的创作方面，他"以诗入词"，开创了"豪放"一派，将传统的表现女性化的柔情之词扩展为表现男性化的豪情之词，使词和诗一样，可以充分表现作者的个性和理想，为中国文学史的发展做出了重大的贡献。

② 丙辰（bǐng chén）：指公元1076年；中秋：中秋节（Mid-autumn Festival）

③ 达旦（dá dàn）：到天亮（till dawn）

④ 兼（jiān）：同时（concurrently）；怀：怀念，想念（to think of, to miss）；子由：苏轼的弟弟

⑤ 把酒：端起酒杯（to lift a cup of wine）；把：执、持（to hold）

不知天上宫阙①，

今夕是何年②。

我欲乘风归去③

又恐琼楼玉宇④，

高处不胜寒⑤。

起舞弄清影⑥，

何似在人间⑦。

转朱阁⑧，

低绮户⑨，

照无眠⑩。

不应有恨，

何事长向别时圆？⑪

人有悲欢离合，

月有阴晴圆缺⑫，

---

① 宫阙（gōng què）：宫殿，这里指月宫（palace; here, means the Moon Palace）

② 今夕（xī）：今晚

③ 乘（chéng）风归去：to go back to the Moon Palace by wind

④ 琼（qióng）楼玉宇（yǔ）：a building made of beautiful jade（it means the Moon Palace）；
琼：美玉（beautiful jade）；宇：屋檐（eave），房屋（house）

⑤ 不胜（shēng）：经受不住（can't bear）；胜：承担、承受（to bear）

⑥ 弄：玩，嬉戏（to play, to sport），这里有"舞"的意思（to dance）；清影：月光下
的清冷的人影（cool and lonely shadow in the moonlight）

⑦ 何似：何如，哪里比得上（how can it compare to...）

⑧ 朱阁（gé）：红色的楼阁（red pavilion）

⑨ 绮户（qǐ hù）：雕刻有花纹图案的门窗（a door or window with carved patterns and
designs）

⑩ 无眠（mián）：没有睡觉，这里指失眠的人

⑪ 何事：为什么

⑫ 缺（quē）：to wane

此事古难全。

但愿人长久，

千里共婵娟^①。

【英译】

How Often Does the Bright Moon Appear?
—To the Tune of Prelude to Water Melody

By SU Shi

Trans. ZHAO Yanchun

On Mid-Autumn Festival（the 15th day of the 8th moon），1076，
I drink till dawn and get fuddled. Writing this, I miss my brother Zi You.

How often does the bright moon appear?

Holding my cup, I ask the blue sky.

Tonight, I do not know, which year

It is in the palace on high?

I would go above, riding the air;

In the celestial castles there,

The cold, I'm afraid, I couldn't bear.

To dance there with a cool shadow whirled

Is not better than this human world.

---

① 婵娟（chán juān）：本指嫦娥，美女，这里借指美好的月亮（originally Chang E, a beauty; here, used to refer to the splendid moon）

Thus turns around the moon glow,

From red roofs to my window,

And floods my sleepless sorrow.

Gainst man the moon should bear no spite.

Why, then, when people part is it round and bright?

People gather and part again,

The moon undergoes wax and wane,

One can ne'er perfection attain.

How I wish man could live for e'er

And share her fair light everywhere.

17. 声 声 慢①

A Long Drone

寻寻觅觅②，
冷冷清清，
凄凄惨惨戚戚③。
乍暖还寒④时候，
最难将息⑤。

---

① 声声慢，词牌名（name of a tune）。这首词是李清照后期的作品。诗人通过描写一个阴雨天的所见、所闻、所感，抒发了自己因国破家亡、天涯沦落而产生的孤寂落寞、悲凉愁苦的心情。这首词的开头连用十四个叠字（reduplication），不仅强烈地表达了作者凄凉愁苦的心情，而且极富音乐的美感。
　　李清照：Li Qingzhao（1084—约1155），号易安居士。宋代（Song Dynasty，960—1279）女词人，婉约词派代表，有"千古第一才女"之称，后人把她的作品收入《漱玉集》《漱玉词》里面。李清照的创作明显分为两个时期，她青少年时期的生活非常幸福，因此前期的词充满了喜悦和热情，但后来战争使她失去了亲人与家庭，她不得不离开故乡，独自生活，痛苦和孤独是她后期作品主要表现的情感。
② 寻觅（xún mì）：寻找
③ 凄凄（qī）惨惨（cǎn）戚戚（qī）：凄凉、悲惨、忧愁（depressed, sad）
④ 乍（zhà）暖还（huán）寒：指天气变化快，忽然变暖，又转寒冷（refers to the weather which suddenly becomes warm and then turns cold）；乍：刚刚，忽然（just, suddenly）
⑤ 将息：休息，调养（to rest, to be restored）

三杯两盏①淡酒，
怎敌②他，晚来风急。
雁③过也，正伤心，
却是旧时相识④。

满地黄花堆积⑤，
憔悴损⑥，
如今有谁堪摘⑦。
守着窗儿，
独自怎生得黑⑧？
梧桐更兼细雨，
到黄昏点点滴滴。
这次第⑨，
怎一个愁字了得⑩。

① 盏（zhǎn）：浅而小的酒杯（a small, shallow wine cup）
② 敌（dí）：对付，抵挡（to withstand）
③ 雁（yàn）：大雁（wild goose）
④ 却：竟，竟然（somewhat unexpectedly）；旧时：过去的时候，从前（old times）；相识：认识（be acquainted with each other）
⑤ 堆（duī）积（jī）：成堆地聚集（to gather in piles）
⑥ 憔悴（qiáo cuì）：花枯萎凋谢（wilted and faded flowers），也形容人瘦弱，脸色不好看（weakness of the body, a haggard face）；损（sǔn）：坏，这里指"凋落"（to fade, to fall）
⑦ 堪（kān）：能，可（to be able to）；摘（zhāi）：to pick
⑧ 怎生：怎样，怎么（how）
⑨ 次第：情形，种种情况（condition, circumstance）
⑩ 了得：概括得了，包含得了（to generalize, to fully express）

【英译】

A Long Drone

By LI Qingzhao
Trans. ZHAO Yanchun

Where, how? Where, how?

So chill, so cold.

Sad, I bow; sad I bow.

The lash of early spring,

hard, hard enow.

Just a few cups of wine,

I can't bear the harsh eve sough.

Wild geese fly while I sigh,

which I saw last year as now.

Daisies all fall aground,

withered now.

Which does picking allow?

Beside the sill,

in darkness I feel ill.

Th'parasol tree and rain,

At dusk drip and drip again.

Here and now,

can I bear the disquiet, how?

18. 钗 头 凤①

Hairpin

红酥手②，

黄縢酒③，

满城春色宫墙柳。

东风恶④，

欢情薄⑤，

一怀愁绪，

---

① 钗头凤（chāi tóu fèng），词牌名（name of a tune）。这首词描写了陆游与他的前妻唐
   琬的爱情悲剧，因为母亲不喜欢唐琬，陆游被迫与妻子分手。陆游另娶，唐琬改嫁。
   多年后，他们又在沈园偶然相遇。再次见面，两人不由百感交集。这首词就描写了
   当时的情景，表达了他们相爱却不能在一起的痛苦。
   陆游：Lu You（1125—1210），字务观，号放翁。南宋（1127—1279）著名的文学
   家、史学家、诗人，在诗、词、文各方面都表现出了突出的才能，尤其以诗歌成就
   最高，自言"六十年间万首诗"，有九千多首诗歌传世。陆游的诗兼有李白和杜甫的
   特点，诗歌内容丰富，形式多样，有关心社会现实、充满战斗激情的爱国诗，也有
   风格清新描写日常生活和自然风光的田园诗、感情深沉的爱情诗。
② 红酥（sū）手：红润的手（rosy hand）
③ 黄縢（téng）酒：酒名，黄封酒。宋代官酿之酒，因用黄罗帕或黄纸封口，所以称
   为"黄封酒"。
④ 恶（è）：凶猛（fierce）
⑤ 欢情：指美满的爱情生活；薄（bó）：short

几年离索①。

错，错，错！

春如旧，

人空瘦②，

泪痕红浥鲛绡透③。

桃花落，

闲池阁④，

山盟虽在⑤，

锦书难托⑥。

莫，莫，莫！

【英译】

Hairpin

By LU You

Trans. ZHAO Yanchun

Pink Hand fine,

Brown rice wine.

---

① 离索（lí suǒ）：离别后的孤独生活（solitary life after parting）

② 瘦（shòu）：thin

③ 泪痕（lèi hén）：tear stains；浥（yì）：沾湿（to moisten）；鲛绡（jiāo xiāo）：很薄的丝绸手帕（a very fine silk handkerchief）；透（tòu）：thorough

④ 阁（gé）：pavilion

⑤ 山盟（méng）：永远相爱的誓言（a vow of eternal love）

⑥ 锦（jǐn）书：情书（love letter）；托（tuō）：寄（to send）

Town, court willows, a spring sign.

East wind vile

Romance none,

A cup of frown,

Apart for long,

Wrong! Wrong! Wrong!

Spring as e'er,

Thin with care,

Tears soaking her mocket fair.

No blooms blow;

Eaves droop low,

The vow is there,

No news, too slow.

No! No! No!

19. 破阵子·为陈同甫赋壮词以寄之①

To Chen Tongfu: An Inspirational Piece

—To the Tune of Ten Beats

醉里挑灯看剑②，

梦回吹角连营③。

八百里分麾下炙④，

五十弦翻塞外声⑤，

---

① 破阵子，词牌名（name of a tune）。这首词是辛弃疾的代表作之一，通过追忆早年的军营生活和战争场面，表达了作者渴望收复失地的理想，以及在现实中无法实现这一理想的遗憾。辛弃疾年轻时曾参加过南宋对抗金国的战争，他的一生都以恢复国家统一为己任，但始终无法实现。这首词 "为陈同甫赋壮词以寄之"，是为辛弃疾的朋友陈亮（字 "同甫"，他也坚决主张抗金）所做，就充分表现了辛弃疾的这一情怀。这首词风格雄健，充满激情，是豪放词的代表作之一。

辛弃疾：Xin Qiji（1140—1207），字幼安，号稼轩。南宋官员、爱国将领、豪放派词人的代表，被称为 "词中之龙"。他发展了苏轼所开创的豪放风格，与苏轼合称 "苏辛"。辛弃疾的词现存六百多首，他的词多以国家、民族的现实问题为题材，抒发深切的爱国之情。有词集《稼轩长短句》等传世。

② 挑（tiǎo）灯：把灯芯挑亮（to trim the wick）；剑（jiàn）：sword

③ 角（jiǎo）：古代军队中用来发号令的号角（a horn used in armies to issue orders）；营（yíng）：军营（military camp）

④ 八百里：指牛（cattle），麾下：部下（troops under command）；麾（huī）：军旗（army flag）；炙（zhì）：烤熟的肉（roast meat）

⑤ 五十弦（xián）：本指瑟，此处泛指乐器（musical instrument）；翻：演奏（转下页）

沙场秋点兵^①。

马作的卢^②飞快，
弓如霹雳^③弦惊。
了却君王天下事^④，
赢得生前身后名^⑤。
可怜^⑥白发生！

【英译】

To Chen Tongfu: An Inspirational Piece
—To the Tune of Ten Beats

By XIN Qiji

Trans. ZHAO Yanchun

I watch my sword in tipsy lamp glow;

Camp in, camp out, to my dream horns blow.

The smell of beef grill, Hundreds shared by all,

（接上页）（ to perform, to play a musical instrument）；塞（sài）外声：边塞雄壮的歌曲（ tune of powerful frontier fortress）

① 沙场：战场（battlefield）；点兵：检阅军队（ to inspect troops）

② 作：像（ to resemble, to seem）；的卢（dì lú）：额头有白点的烈性马（fierce horse with white-spotted forehead）

③ 弓（gōng）：bow；霹雳（pī lì）：声音特别大的雷（very loud thunder）

④ 了（liǎo）却：完成（ to finish, to complete）；天下事：统一天下的事业（the cause of uniting the country）

⑤ 赢（yíng）得：得到（ to achieve）；身后：死后

⑥ 可怜：可惜（unfortunately）

The strings plucked to surge with the frontier's sound.

Soldiers rush to gather for a roll call.

The steed like a unicorn runs fast;

The arrow shoots, thunder-like, aghast.

I wish I could recover the lost land,

To win a good name that is carved with pride.

Alas, my white hair grows I sigh.

三

情感世界

20. 屈　　原[①]

Qu Yuan

第　一　幕

　　清晨的橘园[②]，园中右侧有凉亭[③]一，亭中有琴桌石凳之类。婵娟[④]年十六，抱琴由左首出场，置于亭中琴桌上，即退下。屈原年四十左右，亦由左首出场。左手执帛书[⑤]一卷，在橘林中略作逍遥，摘一枚橘子把玩。徐徐步上亭阶，展开帛书，乃用古体篆[⑥]字所写之《橘颂》。

　　屈原（徐徐地放声朗诵）：辉煌[⑦]的橘树呵，生长在南方。绿的叶，白的花，尖锐的刺[⑧]。多么可爱呵，圆满的果子！色彩多么美

---

① 本文节选自郭沫若历史剧《屈原》（1942）并简写。
　郭沫若：Guo Moruo（1892—1978），中国现代著名诗人、剧作家、历史学家、社会活动家。

② 橘园（jú yuán）：orange garden

③ 凉亭（liáng tíng）：pavilion

④ 婵娟（chán juān）：name of a character

⑤ 帛书（bó shū）：silk manuscript

⑥ 篆（zhuàn）：古代的一种字体

⑦ 辉煌（huī huáng）：glorious

⑧ 刺（cì）：thorn

丽！独立不依①，不怕冰雪，坚贞不屈②，类似仁人志士③。

宋玉由外园门入。

宋玉（立阶下）：先生，你出来了。

屈原：我正在找你。我为你写了一首诗，你念念吧。

宋玉（默念一遍）：先生，你是在赞美橘子啊。

屈原：是的，前半是那样，后半就不同了，你再读下去。

宋玉：（朗诵）呵，年轻的人，你与众不同。你志趣坚定，你心胸开阔，你不随波逐流④。我愿和你做个忘年的朋友，为真理奋斗！

宋玉（十分喜悦）：先生，你这真是为我写的吗？我怎么当得起⑤呢？

屈原：我希望你当得起。你看那些橘子树，它们一点也不骄傲，一点也不怯懦⑥。它们喜欢太阳，它们不怕霜雪。太阳光越强，越使它们高兴。霜雪猛烈，它们也没有愁容⑦。时候到了便开花，那花是多么的香，多么洁白呀。时候到了便结实，它们的果实是多么圆满呀。它们开了花，结了实，什么人都可以欣赏。没有人欣赏，它们也不埋怨⑧。你看它们身上的刺，它们是不许任意侵犯⑨的。它们生长在这南方，也就爱这南方，你要迁移⑩它们，不是很

---

① 独立不依（dú lì bù yī）：to be independent
② 坚贞不屈（jiān zhēn bù qū）：faithful and unyielding
③ 仁人志士（rén rén zhì shì）：people with lofty ideals
④ 随波逐流（suí bō zhú liú）：to go with the tide
⑤ 当得起（dāng de qǐ）：to be worthy
⑥ 怯懦（qiè nuò）：coward
⑦ 愁容（chóu róng）：sad look
⑧ 埋怨（mán yuàn）：to complain
⑨ 侵犯（qīn fàn）：to infringe upon
⑩ 迁移（qiān yí）：to migrate

容易的事。这是一种多么独立的精神！你看这是不是一种很好的榜样呢？

宋玉：经先生这一说，我可感受了极深刻的教训。先生的意思是说，树木都能够这样，难道我们人就不能够吗？（思索一会儿）人是能够的。

屈原：是。你年纪轻轻就好学，也专心①，有人要引诱②你，你也不随波逐流，这使我很高兴。所以，我希望你能像这橘树一样，独立不倚，大公无私③，成为顶天立地④的男子。你要学古时候的贤人，就是饿死也不要失节⑤。我这些话你明白吧？

宋玉：是，我很明白。我的志向就是要学先生，先生的学问文章我要学，先生的为人处世我也要学。不过先生的风度⑥太高，我总是学不像呢。

屈原：你不要把我做先生的看得太高，也不要把你做学生的看得太低。我自己其实是很平凡⑦的一个人，不过，我想任何人生来都是一样的平凡吧？要想不平凡，那就要靠自己努力。我们应该把自己的模范⑧定得高一些，最好是把历史上的贤人作为自己的模范，尽力去追赶他。水滴石穿⑨！要靠自己不断的努力。

宋玉：不过我时常感到，古人和我们隔得太远，我们要学他，

① 专心（zhuān xīn）：to concentrate
② 引诱（yǐn yòu）：to lure
③ 大公无私（dà gōng wú sī）：selfless, just and fair
④ 顶天立地（dǐng tiān lì dì）：upright and indomitable
⑤ 失节（shī jié）：to compromise one's integrity
⑥ 风度（fēng dù）：grace
⑦ 平凡（píng fán）：ordinary
⑧ 模范（mó fàn）：model
⑨ 水滴石穿（shuǐ dī shí chuān）：constant dripping of water wears away a stone, constant effort brings success

应该从什么地方学起呢？我时常在先生的身边，先生的声音笑貌我天天接近，但我学先生，却丝毫也学不像呢。

屈原：你学我的声音笑貌做什么？只学人的声音笑貌，岂不是个猴子？学习古人是要学习古人的精神。当然我们也应该向别人学习，向我们身外的一切学习。我们刚才讲到的那些橘子树，不是我们很好的老师吗？

宋玉：这正是先生的不断努力、不断学习的精神，我今天领受①了最宝贵的教训。先生这首《橘颂》是可以给我的吧？

屈原：当然是给你的，这是我为你写的诗。

宋玉：多谢先生，从今以后我每天清早起来要朗诵一遍。

屈原：在这战乱的年代，一个人的气节②很要紧③。太平时代的人容易做，在和平里生，在和平里死。但在动乱的时代，要做人实在不是容易的事。重要的原因是每一个人都贪生怕死。

二人徐徐向外园门走去。婵娟匆匆入场。

婵娟：先生，先生，刚才上官大夫来过，他留了几句话要我告诉你，便各自走了。

屈原：他留了什么话？

婵娟：他说张仪要到魏国去了。国王听信了先生的话，不接受张仪的建议，不愿和齐国绝交。因此，张仪觉得没有面目再回秦国，他要回到他的故乡魏国去了。上官大夫他顺便来通知你。

屈原：（带喜色）好的，这的确是很好的消息。宋玉，我有件事情要你赶快去办。我的书案上有一篇文稿，是国王要我写给齐国

---

① 领受（lǐng shòu）：to receive
② 气节（qì jié）：integrity
③ 要紧（yào jǐn）：important

国王的国书①，我希望你把它抄写一遍，说不定国王很快就要派人送到齐国去。

　　婵娟：先生，刚才上官大夫走的时候，他还告诉了我一句话。

　　屈原：他告诉你什么？

　　婵娟：他说南后曾经对他说过，准备调我进宫去服侍她。

　　屈原：南后也曾对我说过，但她说得不太认真，所以我还不曾告诉你。婵娟，如果南后真的要调你进宫去，你是不是愿意？

　　婵娟：（果断地）不，先生，婵娟不愿意。婵娟不能离开先生。

　　屈原：你不喜欢南后吗？她是那样聪明、美貌，而又有才干的人。

　　婵娟：不，我不喜欢她。我相信，她也不喜欢我。

　　屈原：不喜欢你？怎么要调你进宫去呢？

　　婵娟：那可不知道是什么打算了。我每一次看见她，都有点害怕。先生，我在你面前，我安详得就像一只鸽子。但我一到了南后面前，我就会可怜得像老鹰脚爪下的一只小麻雀了。先生，我希望你不要让我去受罪。

　　屈原：（含笑）你形容得很好。是的，南后是有权威的人。你如果不愿进宫，等她认真提到的时候，我替你婉谢好了。

　　公子子兰由后园门入场。

　　子兰：先生，早安！

　　屈原：早安，你们可以到亭子上来坐坐，不必拘礼。

　　子兰：多谢你。先生，你近来好吗？

　　屈原：很好，我近来很愉快的。好几天不见你来了，是在家里用功吗？

　　子兰：我没有，先生。因为这几天我有点儿伤风咳嗽，妈妈要

----

① 国书（guó shū）：state credentials

我休息一下。我今天来，是妈妈要我来请先生的。（微微咳了几声）

屈原：南后在叫我吗？有什么事，你可知道？

子兰：不，我也不十分知道。不过我想，恐怕是为张仪要走的事情吧。爸爸在今天中午要替他饯行呢。我妈妈为了张仪要走，很有点着急。

屈原：好的，你等我去把衣服换好来同你去。你就留在这儿。

屈原步下亭阶，向左侧园门下。

第 二 幕

楚宫内廷。南后年三十四五，美艳而矫健。

屈原、子兰二人出场。

子兰：妈，我把三闾大夫①请来了。

南后：（向屈原迎去）啊，三闾大夫，你来得真好。我等了你好一会儿了。

屈原：（敬礼）敬请南后早安，南后有什么事需要我？

南后：大大地需要你帮忙啦。国王听信了你的话，不和齐国绝交，张仪是决心回魏国去了。回头国王要替他饯行，我们准备了一些歌舞来助兴，这是非请你来指示不可的。我们慢慢商量吧。（向子兰）子兰，你去把那扮演《九歌》的十位舞师给我叫到这儿来，要他们都装扮好。

子兰：知道了，妈。

南后：（向屈原）三闾大夫，你听我说。我这个孩子真是难养呢，左脚不方便，身体又衰弱，稍一不注意便要生出毛病。这一向

---

① 三闾大夫（sān lǘ dà fū）：楚国官职，负责宗庙祭祀和贵族子弟教育。

又病了几天，先生那儿的功课又荒废了好久啦。

屈原：那是不要紧的。公子子兰很聪明，只要身体健康，随后慢慢学都可以学得来。

南后：多谢你啦，三闾大夫，那孩子真真是幸福，得到你这样一位道德文章冠冕天下的人做他的老师。事实上连我做母亲的人也真真感觉着幸福呢。

屈原：多承南后的奖励。

南后：子兰的父亲也时常在说，我们楚国产生了你这样一位顶天立地的人物，真真是列祖列宗的功德啊。

屈原：臣下敢当不起，敢当不起！

南后：屈原先生，你实在用不着客气，现在无论是南国北国，关东关西，哪里还找得到第二个像你这样的人呢？文章又好，道德又高，又有才能，又有操守，我想无论哪一国的君长怕都愿意你做他的宰相，无论哪一位少年怕都愿意你做他的老师，而且无论哪一位年轻的女子怕都愿意你做她的丈夫啦。

屈原：（有些惶惑）南后，我实在有点惶恐。我要冒昧地请求南后的意旨，你此刻要我来，究竟要我做些什么事？

南后：啊，我太兴奋了。我请你来，刚才已经说过，就是为了歌舞的事情。

南后与屈原对话中，子兰引舞者十人登场。

子兰：妈，这十个人我把他们引来了。

南后：好的。叫那些唱歌的，奏乐的，预先来演习一遍。三闾大夫，你觉得怎样？

屈原：那是很好的，待我下去叫她们就位好了。

南后：（急忙拦住他）不，不好要你去。子兰，你去好了。还要叫没有职务的女官们都不准进来！你也不准进来了！

唱歌及奏乐者全部由内门入房。

南后：哦，歌舞的人都已经准备停当了，三闾大夫，我看我们就叫他们开始跳吧。

舞者十人前进至舞台前，歌舞乐一齐动作，反复歌唱。南后将左手高举，一挥，歌舞乐三者一齐停止。

南后：啊！我头晕，我要倒。（做欲倒状）三闾大夫，三闾大夫，你快，你快……（倒入屈原怀中）。

屈原因事起仓猝，且左右无人，急将南后扶抱。此时楚怀王、张仪、上官大夫出现，见屈原扶抱南后在怀，但屈原未觉，欲将南后挽至室中之座位。

南后：（口中不断高呼）三闾大夫，三闾大夫，你快，你快……（及见楚怀王已见此情景，忽翻身用力挣脱）你快放手！你太出乎我的意外了！你这是怎样的行为！啊，太使我出乎意外了！太使我出乎意外了！（飞奔向楚怀王跑去）

屈原一时茫然，不知所措①。

南后：（投入楚怀王怀抱）太出乎我的意外了！太出乎我的意外了！

楚怀王：你把心放宽些，不要怕！

南后：啊，幸亏你回来得恰好，不然是太危险了！我想三闾大夫怕是发了疯吧？他在大庭广众之中，便做出那样失礼的举动！

屈原：（此时始感觉受欺，略含怒意地）南后，你，你，你怎么……

楚怀王：（大怒）疯子！狂妄的人！我不准你再说话！

屈原怒形于色，无言。

---

① 不知所措（bù zhī suǒ cuò）：not knowing what to do

南后：啊，我真没有料到，在这样大庭广众当中，而且三闾大夫素来是我钦佩的有道德的人。

楚怀王：（拥扶着南后）你再放宽心些，用不着害怕，用不着害怕。

屈原：（见楚怀王走近身来，拱手敬礼）大王，请容许我申诉！

楚怀王：（傲然地）我不能再容许你狂妄！你这人真也出乎我的意外！我是把你当成一位顶天立地之人，原来你就是这样顶天立地的！在人前说我好大喜功①，你说楚国的法令法规都出自你一人，我都可以宽恕你。但你在我和外宾的面前，对于南后做出这样的举动，我怎么也不能宽恕你！你简直是疯子！你以后永远不准到我宫里来，永远不准和我见面！

屈原：大王，这是诬陷②！

楚怀王：（愈怒）诬陷？我诬陷你？南后她诬陷你？我还能够信得过我自己的眼睛。假使方才不是我自己亲眼看见，我也不敢相信。哼，你简直是疯子，简直是疯子！我从前误听了你许多话，幸好把你发觉得早。你以后永远不准到我宫廷里来，永远不准和我见面！

屈原：大王，我可以不再到你宫廷里来，也可以不再和你见面。但你以前听信了我的话一点也没有错。老百姓③都想过人的生活，老百姓都希望结束战乱。但你假如要受别人的欺骗，那你便要成为楚国的罪人④了。你的宫廷会成为别国的兵营⑤，你的王冠会戴

---

① 好大喜功（hào dà xǐ gōng）：to crave for greatness and success
② 诬陷（wū xiàn）：a frame-up
③ 老百姓（lǎo bǎi xìng）：common people
④ 罪人（zuì rén）：destroyer, culprit
⑤ 兵营（bīng yíng）：military camp

在别人的头上，楚国的男男女女会被杀。

楚怀王：（怒不可遏）把他的左徒官职给免掉！

屈原：（愤恨地）唉，南后！我真没有想出你会这样的陷害我！皇天在上，后土在下，先王先公，列祖列宗，你陷害了的不是我，是我们整个儿的楚国呵！……

第 四 幕

楚国郢都之东门外，婵娟城门跑出，四下张望，遇老媪一人。

婵娟：老妈妈，你在桥那头的路上看见我们的先生没有？

老媪：你的先生是谁？

婵娟：三闾大夫。

老媪：哦，官家的人都说他疯了，我可没有看见他啦。

婵娟奔至桥头向渔父发问。

婵娟：老伯伯，你在这儿看见过三闾大夫没有？

渔父：我没有看见过啦，听说他发了疯，不晓得是怎么样了。

钓者：（向渔父）你们都说三闾大夫发了疯，其实真是冤枉！

婵娟：（向钓者走近）先生，你晓得那详细的情形吗？

钓者：我是亲眼看见的啦，姑娘。你是三闾大夫的什么人？

婵娟：我是服侍先生的婵娟。

渔父：你就是婵娟姑娘吗？你在替你老师太息，你的老师却在替我们老百姓太息。能够为我们老百姓所受的灾难，太息而至于流眼泪的人，古今来究竟有几个呢？

钓者：那还用问吗？一向的诗人就只晓得用诗歌来歌颂朝廷的功德；用诗歌来申诉人民疾苦的，就只有三闾大夫一人啦。哦，婵娟姑娘，三闾大夫从宫廷里回家去之后怎样了？

婵娟：先生回到家里很生气，不知道怎的，冠带、衣裳都没有了，任何人也不愿意见。后来园子里有很多邻里来替他招魂，都说他疯了，要把他的魂魄招来。先生到园子里来看，更加生气，便跑到外面来了，不晓得他到什么地方去了。

钓者：唉，大家那样没见识，倒真的会把三闾大夫逼疯呢！我是明白的，今天的事情实在够三闾大夫忍受。

婵娟：先生，请你告诉我吧，那详细的情形我还丝毫不知道。

钓者：好的，我就告诉你吧。婵娟姑娘，你可曾知道秦国丞相张仪，到了我们楚国来的这一件事吗？

婵娟：我是听见先生说过，说他到我们楚国来，要我们和齐国绝交，和秦国要好！

钓者：是的，张仪就是专门挑拨关东诸侯自相残杀，好让秦国并吞六国。但是我们三闾大夫的主张和他恰恰相反，你是知道的。

婵娟：是的，我早知道。我们先生是极力主张和齐国联合的。

钓者：今天中午，国王打算替张仪饯行，南后便命令我们在明堂中庭跳三闾大夫的《九歌》，我扮演的是那河伯。我是一位舞师，我是顶喜欢三闾大夫的歌词的一个人。

婵娟：哦，是那样的，后来怎么样呢？

钓者：快到中午时分，公子子兰来叫我们到中庭去，准备听南后和三闾大夫的指示。我们到了那儿，看见南后和三闾大夫两人立在那儿。南后回头又叫唱歌的和奏乐的就位，便叫我们跳，我也记不清跳了几圈的时候，南后便命令停止歌舞。我听见南后对三闾大夫说："啊，我发晕，我要倒，三闾大夫，三闾大夫，你，你快，你快！"便倒在三闾大夫的怀里去了。

婵娟：南后病了吗？

钓者：你听我慢慢地说吧。就在那个时候，国王和张仪、令尹以及上官大夫出现了。就在那个时候，那南后真凶，大声喊着："三闾大夫，你快，你快，你快放手！你太使我出乎意外！你太使我出乎意外！在这样大庭广众当中，你敢对于我这样的无礼，你简直是疯子！"

婵娟：哎，南后竟这样，竟这样的陷害先生！

钓者：国王就大发雷霆，骂三闾大夫是疯子，命人把他押下去，撤了他的官职。三闾大夫的衣裳冠带，听说都是当着众人自己撕毁了的。

婵娟：（欲泣）这，这，先生一定是很危险！（飞奔沿着城墙跑下）

渔父：唉！想不出竟有这样冤枉的事。这怎么受得了呢？不疯也会疯的！

钓者：你没有当场听见，三闾大夫在被押走的时候，说的那几句愤激的话呢。

屈原登场，与清晨在橘园时风度，判若两人。

屈原：我言行一致，表里如一，事实俱在，我虽死不移……

钓者：（起立）三闾大夫，你不是三闾大夫吗？

屈原：我不是三闾大夫，我已经不是三闾大夫了！

钓者：是的，先生，请你恕罪，我是知道的，刚才有位婵娟姑娘在这儿来找过你啦。

屈原：你是什么人？

钓者：我是今天跳你《九歌》中的河伯的人。

屈原：今天的事你是在场啦。

钓者：我最能明白先生，你那一腔的冤屈。

屈原：唉，我多谢你。（拱手）我算第一次受到了真正的安慰。

钓者：我扮演河伯正跳到阶前，南后对你说的话我听得最清楚。

屈原：唉，我真不知道她为什么要那样的陷害我！

钓者：屈原先生，那原因我倒是很知道的。那张仪，看见国王听信你的话，不肯和齐国绝交，所以就想用女色来打动国王，同时威逼南后，要她在国王面前毁坏你的信用。你的信用毁坏，他的奸计也就得手了。

屈原：一点也不错，哼，我们的楚国便被这小偷偷去了！啊，南后，我们的国王，你们怎么那样的愚昧呀！

第　六　幕

东皇太一庙正殿。屈原手足已戴刑具，披发，在殿中徘徊。目中含有怒火。室外雷电交加，时有大风咆哮。

屈原：（向风及雷电）风！你咆哮①吧！尽力地咆哮吧！在这暗无天日的时候，一切都睡着了，都沉在梦里，都死了的时候，正是应该你咆哮的时候！尽管你怎样咆哮，你也不能把他们从梦中叫醒，不能把死了的吹活，不能吹掉这沉重的黑暗，但你至少可以吹走一些灰尘，吹走一些沙石，至少可以吹动一些花草树木。

你可以使那洞庭湖②，使那长江，使那东海，为你翻波涌浪③，和你一同大声咆哮啊！啊，我思念那洞庭湖，我思念那长江，我思念那东海！那浩浩荡荡④无边无际的伟大的力呀！那是自由，是跳舞，是音乐，是诗！

---

① 咆哮（páo xiào）：to roar
② 洞庭湖（dòng tíng hú）：Dong Ting Lake
③ 翻波涌浪（fān bō yǒng làng）：rolling waves
④ 浩浩荡荡（hào hào dàng dàng）：majestic

啊，这宇宙中伟大的诗！你们风，你们雷，你们电，你们在这黑暗中咆哮着的，闪耀^①着的一切，你们都是诗，都是音乐，都是跳舞。

你们宇宙中伟大的艺人们啊，尽量发挥你们的力量吧。发出无边无际的怒火，把这黑暗的宇宙，爆炸^②了吧！爆炸了吧！

雷！你把我载^③到洞庭湖的边上去，拖^④到长江的边上去，拖到东海的边上去呀！我要漂流到那没有阴谋、没有污秽^⑤、没有自私自利，没有人的小岛上去呀！我要和着你，和着你的声音，和着那大海，跳进那没有限制的自由里去！

光明呀，我景仰^⑥你。我知道，你的本身就是火。你，你这宇宙中的最伟大者呀，火！你在天边，你在眼前，你在我的四面，我知道你就是宇宙的生命，你就是我的生命，你就是我呀！我这燃烧着的生命，我这快要使我炸裂^⑦的怒火，难道不能射出光明吗？炸裂呀，把一切的污秽，烧毁了吧！烧毁了吧！把这包含着一切罪恶的黑暗烧毁了吧！

南后知道婵娟在找屈原，就欺骗她说屈原跳河淹死了。婵娟非常悲痛，向众人揭露南后陷害屈原。南后大怒，下令抓捕了婵娟，又派人给屈原送去毒酒，还要在屈原死后，把关押他的神庙烧毁。

一个卫士救出婵娟，带她来到关押屈原的神庙。婵娟见到屈原，心里得到莫大安慰，她气喘吁吁，把南后派人送来的甜酒一饮

---

① 闪耀（shǎn yào）：to shine
② 爆炸（bào zhà）：to explode
③ 载（zài）：to take
④ 拖（tuō）：to drag
⑤ 污秽（wū huì）：filthy
⑥ 景仰（jǐng yǎng）：to admire
⑦ 炸裂（zhà liè）：to crack

而尽。

婵娟全身痉挛起来，她立即明白了这酒里有毒。

婵娟：（声音微弱地）我……真高兴……我能够保全了先生的生命，我是多么幸运！我把我这微弱的生命，代替了你这样可宝贵的存在……先生，我是多么幸运呵！……

婵娟在屈原的怀里死去。屈原昂首望天，眼中燃起怒火。卫士杀了送来毒酒的人，在神庙里放了一把火，解除了屈原身上的刑具。

卫士：先生，楚国需要你。这儿太危险了。我是汉北的人，假使先生高兴，我要把先生引到汉北去。我们汉北人都敬仰先生，我们知道先生爱真理，爱正义，保卫楚国。我们汉北人一定会保护你的，先生。

屈原：好的，我遵从你的意思。我去和汉北人民一道，做一个耕田种地的农夫吧。希望你帮助我，把婵娟安放在神案上，我们该为她举行一个庄严的火葬。

火光烟雾愈燃愈烈。屈原展开婵娟带来的帛书《橘颂》，覆盖在婵娟的身上。

屈原：婵娟，我的女儿！婵娟，我的弟子！婵娟，我的恩人呀！你把黑暗征服了。你是永远永远的光明的使者呀！

21. 伍 子 胥①

Wu Zixu

　　父亲被囚在郢城②，太子流亡③，伍尚和子胥兄弟二人，天天坐在边城城父的家中，没有多少话可说。兄弟二人和城父完全被人忘却了，楚国没有一个人把他们放在眼里。他们时而感到侮辱④，时而感到骄傲，在侮辱与骄傲中间，仇恨的果实一天一天地在成熟。

　　这日，郢城的使者⑤前来邀请伍氏兄弟，二人明明知道这是一个骗局⑥，在郢城等待他们的是与父亲一同被杀死的结局，但伍尚仍然决定去见父亲一面，与他一同赴死⑦，而子胥决定逃离⑧，他日再回来报仇⑨。

---

① 本文节选自冯至的中篇历史小说《伍子胥》（1943）并简写。伍子胥（前559—前484），楚国人，父亲和哥哥被楚王杀害，伍子胥逃到吴国，成为吴王的重臣，后来率领吴国军队攻破楚国都城。
冯至：Feng Zhi（1905—1993），中国现代著名翻译家、诗人、作家、学者。
② 郢城（yǐng chéng）：春秋战国时期楚国的国都。
③ 流亡（liú wáng）：to exile
④ 侮辱（wǔ rǔ）：insulted
⑤ 使者（shǐ zhě）：envoy
⑥ 骗局（piàn jú）：conspiracy
⑦ 赴死（fù sǐ）：to die
⑧ 逃离（táo lí）：to escape
⑨ 报仇（bào chóu）：to revenge

　　子胥走啊走，走出了昭关①，他望着昭关以外的山水，世界好像换了一件新衣，他自己却真正地获得②了真实的生命。在这里，他再也不会被人谈论着，被人算计③着，被人恐惧④着了，他重新感到他又是一个自由的人。

　　时节⑤正是晚秋，回想山的北边，冬天已经到来；山的这边，眼前还是一片绿色，夏天仿佛还没有结束。向南望去，是一片人烟稀少⑥的平原。在这广大无边的原野里，子胥渴望⑦着，这时应该有一个人，能分担他新生的幸福。

　　他在这原野里走了三四天。后来，原野渐渐变成田地，村子也出现了。子胥穿过几个村子，最后到了江边。一到江边，他才忽然感到，江水是能阻挡⑧行人的。

　　子胥刚到江边时，太阳已经开始落山，岸上并没有一个人，但是等他站定了，正想着不知怎样才能渡过⑨时，瞬间⑩不知从哪里聚集了十来个人。有的说着吴地方言⑪，有的说着楚地⑫方言，可是没有一个人注意子胥的行动，也不觉得他是什么特殊⑬的人。子胥

---

① 昭关（zhāo guān）：Zhao Pass located at the border of the state of Wu and the state of Chu in the Spring and Autumn Period
② 获得（huò dé）：to acquire
③ 算计（suàn jì）：to plot
④ 恐惧（kǒng jù）：to fear
⑤ 时节（shí jié）：season
⑥ 人烟稀少（rén yān xī shǎo）：sparsely populated
⑦ 渴望（kě wàng）：to long for
⑧ 阻挡（zǔ dǎng）：to hinder
⑨ 渡过（dù guò）：to cross
⑩ 瞬间（shùn jiān）：in the blink of an eye
⑪ 吴地方言（wú dì fāng yán）：dialect of the State of Wu
⑫ 楚地（chǔ dì）：the State of Chu
⑬ 特殊（tè shū）：special

却很不安，江过不去，也不能往回走，只好选择一块石头坐下。等到他听出谈话的内容时，也就心安了。他听着，有人在抱怨①，二十年来，这一带总是打仗，不是楚国的兵来了，就是吴国的兵来了，田也不好耕②，买卖也不好做，一切都不容许你在今天计划明天的事。其中有一个上了年纪的人说："前几天吴王死了，本应该传给季札③，全吴国的人也都盼望传给季札，但是季札不肯接受，种地去了，王位只好落在吴王的儿子的身上，可是这位王仍然延续④着先王的传统，喜欢打仗。谁不希望季札继位，改变改变社会风气呢？他周游过列国，中原贤能的人都尊敬他，和他交往。这样贤明的人却不肯接受王位，要保持他的高洁⑤。"

"这算什么高洁呢，使全吴国的人都能保持高洁才是真高洁。他只自己保持高洁，而一般人都还在水火里过日子——我恨这样的人，因为追溯根源⑥，我们都是吃了他高洁的苦。"一个年轻的人说。

那老年人却谅解⑦季札，语气里含着称赞："士各有志⑧，我们也不能勉强他啊。他用好的行为启示我们，感动我们，不是比做国王有意义吗？一代的兴盛⑨不过是几十年的事，但是一个人善良的行为却能永远流传⑩。他在徐君墓⑪旁挂剑的事，有人或许认为是愚蠢

---

① 抱怨（bào yuàn）：to complain
② 耕（gēng）：to plough
③ 季札（jì zhá）：吴国的政治家、外交家
④ 延续（yán xù）：to continue
⑤ 高洁（gāo jié）：noble and unsullied
⑥ 追根溯源（zhuī gēn sù yuán）：to trace to the source
⑦ 谅解（liàng jiě）：to understand
⑧ 士各有志（shì gè yǒu zhì）：each person has his own aspiration
⑨ 兴盛（xīng shèng）：prosperity
⑩ 流传（liú chuán）：to spread and circulate
⑪ 墓（mù）：grave

的，但对于友情，是一幅多么好的图画啊！"

　　季札在死友墓旁挂剑的事，子胥从前也听过，他低下头看一看自己的剑，不觉起了一个愿望："我这时若有一个朋友，我也愿意把我的剑，十年未曾离身的剑，当作一个友情的赠品①——不管这朋友活着也好，死了也好。而我永远只是一个人。"子胥这样想的时候，江上忽然来了一只渔船，船上正在唱着歌。

　　面前的景色，自己的身世，歌声感动了子胥的心！他站起来，让歌声吸引着，向芦苇丛②中走去。在江边交谈的人，还说得很热闹③，子胥离开了他们。

　　他徘徊④在芦苇旁。西沉的太阳把芦花⑤染成金色，半圆的月也挂在天空。子胥正疑惑⑥自己身在何处时，渔夫的歌声又起了："日已夕兮予心忧悲，月已驰兮何不渡为？"⑦

　　歌声越唱越近，船在芦苇旁停住了。子胥让歌声吸引着，身不由己地上了船。

　　子胥一走上船，呼吸着水上清新的空气，立即感到水的温柔⑧。子胥无言，渔夫无语，岸上的谈话声也渐渐远了，耳边只有和谐⑨的划船声。江上刮来微风，水流也变急了，世界回到原始一般的宁

---

① 赠品（zèng pǐn）：complimentary gift
② 芦苇丛（lú wěi cóng）：clusters of reeds
③ 热闹（rè nao）：lively
④ 徘徊（pái huái）：to wander around
⑤ 芦花（lú huā）：reed catkins
⑥ 疑惑（yí huò）：to feel perplexed
⑦ 日已夕兮予心忧悲，月已驰兮何不渡为（rì yǐ xī xī yú xīn yōu bēi，yuè yǐ chí xī hé bù dù wéi）：The sun is setting and my heart is so sorrowful. The moon is rising and why don't you cross the river?
⑧ 温柔（wēn róu）：gentle and tender
⑨ 和谐（hé xié）：harmonious

静。子胥对着不断的流水，想到这江里的水是从郢城流来的，但是这里的江比郢城那里宽广得多了。他立在船头，身影映在水里，好像又回到郢城，因为那里的房屋也曾照映在这同一片水里。他望着江水发呆，不知这里边有多少远离故乡的人的眼泪。父亲和哥哥的尸体①无人埋葬②，也许早已被人抛③入江心。他们得不到祭奠④的魂灵⑤，想必正在月夜的江上出没⑥。郢城里一般的人都在享受眼前的太平生活，谁知道正有一个人，在遥远的江上，准备着一项工作，想把那肮脏的城市洗刷⑦一次呢。子胥的心膨胀⑧起来，但是，从那城市里，传不来一点声音，除江水是从那里流来的……

再看那渔夫，有时抬头望望远方，有时低头看看江水，心里是多么平和。他是水上生的，水上长的，将来还要在水上死去。他只知道水里什么地方有礁石⑨，却不知人世上什么地方有艰险⑩。子胥在他眼里是怎样一个人呢？一个不知从何处来，又不知向哪里去的、远方的行人罢了。他绝不会感到，子胥抱着多么沉重⑪的一颗心。如果他感到一些，他的船在水上也许就不会这样轻了。但是，子胥却觉得，这渔夫是他流亡以来遇到的唯一的恩人⑫。关于子胥，

---

① 尸体（shī tǐ）：corpse
② 埋葬（mái zàng）：to bury
③ 抛（pāo）：to cast
④ 祭奠（jì diàn）：to hold a memorial service for, to offer sacrifices to
⑤ 魂灵（hún líng）：soul
⑥ 出没（chū mò）：to come and go
⑦ 洗刷（xǐ shuā）：to scrub, to clear of
⑧ 膨胀（péng zhàng）：to swell
⑨ 礁石（jiāo shí）：reef
⑩ 艰险（jiān xiǎn）：hardships and dangers
⑪ 沉重（chén zhòng）：heavy
⑫ 恩人（ēn rén）：benefactor

他虽然一无所知①,可是这渡他过河的恩惠②有多么大,尤其是那首诗,正写出了子胥的命运。怕只有最亲密的朋友,才唱得出这样深切感人的歌词,而这歌词,却又来自一个异乡的、素不相识的人。

船慢慢前进着。两人在两个完全不同的世界,一个整日整夜浸③在血的仇恨里,一个处在清淡的云水之乡。他看那渔夫划船的姿态④,他享受到一些从来不曾体验过的柔情⑤。往日的心总是箭⑥一般地急,这时,子胥却唯恐⑦把这段江水渡完,希望能尽可能久地与渔夫共同享受这美好的时刻。

黄昏后,江水变成了银河,月光显出它的威力,一切都更柔和了。对面的江岸,越来越近,最后,船不能不靠岸⑧停住,子胥又要踏上⑨陆地,回到他的现实,同时又不能不和那渔夫分离。

一个素不相识的人,怎么能一开口就称他朋友呢?船靠岸了,子胥走下船,说:"朋友。"渔夫听到这两个字,并不惊奇,因为他把这当作一般的称呼,但是在子胥心里,却含有这个词的根本的意义。"我把什么留给你作纪念⑩呢?"渔夫倒有些惊奇了。

这时,子胥已经把他的剑捧⑪在渔夫的面前。

渔夫大吃一惊,倒退⑫了两步,说:"我,江上的人,要这有什

---

① 一无所知(yī wú suǒ zhī): to know nothing about

② 恩惠(ēn huì): favour

③ 浸(jìn): to soak

④ 姿态(zī tài): posture, carriage

⑤ 柔情(róu qíng): tender feelings

⑥ 箭(jiàn): arrow

⑦ 唯恐(wéi kǒng): lest

⑧ 靠岸(kào àn): to reach the shore

⑨ 踏上(tà shàng): to set foot on

⑩ 纪念(jì niàn): souvenir

⑪ 捧(pěng): to hold sth. in both hands

⑫ 倒退(dào tuì): to step backwards

么用呢？"

"这是我家传①的宝物②，我佩带③它将近十年了。"

"你要拿这当作报酬④吗？我把你渡过江来，这值得什么报酬呢？"渔夫的生活是有限的，江水给他的生活划了一条界线。他常常看见陆地上有些行人，不知他们为什么离乡背井要走得那么远。既然远行，山水就成为他们的阻碍。他明白走到江边过不来的行人是多么苦恼！他于是想，只要一有时间，就把那样的人渡过来。因为他引渡那些辛苦的行人的时刻，多半在晚间，所以即景生情，唱出那样的歌曲。

这两个人的世界不同，心境更不同。子胥吞吞吐吐⑤地说："你渡我过了江，同时也渡我的仇恨过了江。将来说不定有那么一天，你再渡我回去。"渔夫听了这句话，一点也不懂，子胥看见月光下渔夫满头的银发，他的眼睛好像在说："我不能期待了。"这话，渔夫自然说不出，他只调转船头，向下游驶⑥去。

子胥独自立在江边，望着那只船越走越远了。最后，他才自言自语⑦地说："你这无名的朋友，我现在空空地让你在我的面前消失了，将来我却还要寻找你，不管是找到你的船，或是你的坟墓。"

他再一看他手中的剑，觉得这剑已经不是他自己的了：他好像是在替一个永久难忘的朋友保留着这支剑。

---

① 家传（jiā chuán）：handed down from the older generations of the family
② 宝物（bǎo wù）：treasure
③ 佩带（pèi dài）：to bear
④ 报酬（bào chou）：reward
⑤ 吞吞吐吐（tūn tūn tǔ tǔ）：to speak haltingly
⑥ 驶（shǐ）：to sail
⑦ 自言自语（zì yán zì yǔ）：to talk to oneself

22. 俞伯牙与钟子期^①

Yu Boya and Zhong Ziqi

今天要讲一讲俞伯牙的故事。要听的，请洗耳恭听^②，不要听的，也请随便。

春秋战国时期，有一位名人，叫俞伯牙^③。他本是楚国人，但在晋国^④做官。有一次，奉命^⑤出使楚国，他非常高兴，因为俞伯牙离开故乡已经十二年了。

他到了楚国，办完了公事^⑥，会见了朋友，很想游览故乡的江山美景。楚王送给他两艘大船，大臣们送他到长江口岸，与他告别。

当时正是中秋夜，可是月黑风大，狂风暴雨，江水汹涌。两艘大船只好停在山脚下。一顿饭的时间，风平浪静，明月高升。

俞伯牙已经三十七岁，还没有娶妻。他说：人生最大的愿望，

---

① 本文节选自冯梦龙短篇小说《俞伯牙摔琴谢知音》并简写。

冯梦龙：Feng Menglong（1574—1646），明代（1368—1644）小说家、戏曲家。

② 洗耳恭听（xǐ ěr gōng tīng）：to listen respectfully，to be all ears

③ 俞伯牙（yú bó yá）：Yu Boya, a famous musician in ancient China

④ 晋国（jìn guó）：the State of Jin

⑤ 奉命（fèng mìng）：by order

⑥ 公事（gōng shì）：official business

就是要寻一个人间知音①。俞伯牙琴弹得非常好，这天晚上，他捧出琴来，弹奏②一曲。曲子未完，琴弦③断了一根。俞伯牙大惊，问："这船停在什么地方？"

船家④答道："因为暴风雨，船停在山脚下，周围只有杂草乱树⑤，没有人家。"

俞伯牙想："一定是荒山，如果是城镇、村庄，可能有聪明好学的人，偷听我弹琴，所以，琴声忽变，琴弦也断了。这荒山下面，哪里会有听琴的人呢？可能有仇人⑥派来刺客⑦，或是盗贼躲藏起来，等待机会抢劫⑧财物。"于是，命令众人上岸搜寻。

忽然，听见岸上有人道："船中大人，不必怀疑。我不是盗贼，是一个樵夫⑨啊。因打柴回去得晚了，遇上了大雨狂风，在岩石边躲雨。现在雨停了，在回家的路上，恰巧⑩经过这里，听见有人弹奏，就停下来听琴。"

俞伯牙大笑道："山中打柴的人，也敢称'听琴'二字！不知你说的是真是假，你赶紧离去罢。"

那人却在崖上说："十室之邑⑪，必有忠信。门内有君子，门外君子至。"如果山野中没有听琴的人，荒崖下也就不该有抚琴⑫之

---

① 知音（zhī yīn）：close and intimate friend, soul mate
② 弹奏（tán zòu）：to play
③ 琴弦（qín xián）：string of a stringed musical instrument
④ 船家（chuán jiā）：boatman
⑤ 杂草乱树（zá cǎo luàn shù）：weeds and thickets
⑥ 仇人（chóu rén）：enemy
⑦ 刺客（cì kè）：assassin
⑧ 抢劫（qiǎng jié）：to rob
⑨ 樵夫（qiáo fū）：woodcutter
⑩ 恰巧（qià qiǎo）：coincidentally
⑪ 十室之邑（shí shì zhī yì）：a community with ten families
⑫ 抚琴（fǔ qín）：to play Guqin

客了。

俞伯牙见他出言不俗①，笑问道："崖②上那位君子，你知道我刚才弹的是什么曲目？"

那人答道："我如果不知道，也就不来听琴了。刚才大人弹的，是孔仲尼叹颜回③。只弹到第三句，就断了琴弦。"

俞伯牙非常高兴，于是立刻请他上船细谈。

等他上了船，果然是个樵夫。

俞伯牙问："刚才崖上听琴的，就是你么？我问你，既来听琴，一定知道琴的出处④，此琴是谁造的？抚它有什么好处？"

樵夫："此琴是伏羲氏⑤用梧桐⑥木造的。将大树的中段放在长流的水中，浸泡七十二日，然后阴干⑦，命令相士⑧、巫师⑨选择良时吉日⑩，由匠人制成乐器。此琴有六忌⑪：一忌大寒⑫，二忌大暑，三忌大风，四忌大雨，五忌迅雷，六忌大雪。七不弹⑬：闻丧⑭者不弹，奏乐不弹，事冗⑮不弹，不净身不弹，衣冠不整不弹，不焚香

---

① 出言不俗（chū yán bù sú）：cultivated speech
② 崖（yá）：cliff
③ 颜回（yán huí）：Yan Hui, Confucius' disciple
④ 出处（chū chù）：origin
⑤ 伏羲氏（fú xī shì）：Fu Xi, one of the earliest legendary rulers
⑥ 梧桐（wú tóng）：Chinese parasol tree
⑦ 阴干（yīn gān）：to dry in the shade
⑧ 相士（xiàng shì）：physiognomist
⑨ 巫师（wū shī）：wizard
⑩ 良时吉日（liáng shí jí rì）：auspicious occasion
⑪ 忌（jì）：to avoid
⑫ 大寒（dà hán）：great cold
⑬ 七不弹（qī bù tán）：seven not-to-play rules
⑭ 闻丧（wén sāng）：to hear of bereavement
⑮ 事冗（shì rǒng）：busy

不弹，不遇知音不弹。此琴弹到尽美尽善处，啸①虎闻而不吼②，哀猿③听而不啼④。曾经有人弹此琴，百鸟来朝，百兽率舞⑤。"

俞伯牙听见他对答如流⑥，不禁佩服⑦。

又问："您既然知道乐理，当时孔子在家中弹琴，颜回从外面进来，听到琴声中有杀意⑧，颜回奇怪，就问孔子。孔子答：我弹琴时，看见猫在捕鼠，希望它成功，担心它失败。这种杀意就表现在琴声中了。假如我弹琴时心中有什么意念，你能听出来吗？"

樵夫说："大人请弹奏一曲，让我猜猜看。若猜不着时，大人不要怪罪⑨啊。"

俞伯牙拿起琴来开始弹奏，心中之意在高山。

樵夫赞道："真美啊，如此高大！大人之意在高山啊！"

俞伯牙沉思片刻，又想象流水，并再弹一曲。

樵夫又赞道："真美啊，如此宽广！大人之意在流水啊！"

俞伯牙大惊，放下琴站起来说："失敬⑩！失敬！先生贵姓？"

樵夫说："钟子期。"

俞伯牙："原来是钟子期先生。"

钟子期问："大人高姓？"

---

① 啸（xiào）：growling
② 吼（hǒu）：to roar
③ 猿（yuán）：ape
④ 啼（tí）：to cry
⑤ 百鸟来朝，百兽率舞（bǎi niǎo lái cháo, bǎi shòu shuài wǔ）：birds come to pay homage, animals dance together
⑥ 对答如流（duì dá rú liú）：to answer fluently
⑦ 佩服（pèi fú）：to admire
⑧ 杀意（shā yì）：intention to kill
⑨ 怪罪（guài zuì）：to blame
⑩ 失敬（shī jìng）：sorry for being unrespectful

俞伯牙道："俞伯牙。"

俞伯牙与钟子期愉快地喝茶、饮酒。

俞伯牙又问："听先生口音是楚人了，但不知在何处居住？"

钟子期："离这里不远，集贤村。"

俞伯牙点头说："好名字，集贤村。"又问："您是做什么的？"

钟子期道："樵夫，打柴为生。"

俞伯牙微笑道："子期先生，为何不去求取功名①？"

钟子期道："父母年老，我又没有兄弟帮助，所以打柴为生，奉养②父母。父母也喜欢居住在这里。"

俞伯牙见钟子期这样孝敬父母，更加敬重，于是，提议与钟子期结为兄弟。因为伯牙年长子期十岁，因此称为兄，子期称为弟。第二天，准备开船了。伯牙手捧一杯酒敬子期说："贤弟，我与你相见太迟了！相别太早了！贤弟真是至诚君子，明年我会再来看贤弟的。"

伯牙与子期约定明年中秋时在这里见面。

告别钟子期，俞伯牙乘船离去，一路上无心观看风景，只想着知音。

时光飞逝，春去夏来，中秋节近了，俞伯牙请假回乡。他到了去年与钟子期相会的地方，就把船停在江边。伯牙想到去年与知音相遇，也是月圆之夜，今天又是一个月圆之夜。想到人生相知，难道不是最令人高兴的事吗？可是，看看周围，毫无动静。既然约定在江边等候，为何没来？难道他失信了吗？伯牙在船头上走来走

① 求取功名（qiú qǔ gōng míng）：to pursue fame
② 奉养（fèng yǎng）：to support and wait upon

去，等得心焦。他自言自语道："我明白了，江边来往的船只太多，我今日的船，已不是去年楚国的船了，我弟怎么能认得出来呢？去年我因为弹琴才惊动了知音，今夜我只需再弹奏一曲，我弟听到了，必来相见。"

于是，他取出琴桌放在船头，先焚香，然后开始弹奏。琴声哀婉①，俞伯牙急忙停下弹奏，心中默念："啊呀！琴声哀婉，我弟必定在家担忧。去年他曾说父母年高，如果不是父亡，那么就是母亡了，他非常孝敬父母，当然不来了。等到明天，我要亲自去探望。"

于是，他收起琴桌，回到舱里，盼望着天明。第二天，俞伯牙早早起来，命令仆人拿着琴，又取出一些黄金。自言自语："假使我弟确实居丧②，这黄金可作为赠礼，表达我的一点心意。"

大约走了十几里，出了一个山谷，俞伯牙便立即止步。因为，从山谷出来，有两条大路，不知道哪一条路是往集贤村去的。于是，就等过路人，问明了方向再走。

不多时，来了一位老人。俞伯牙问他到集贤村怎么走。老人说："这里有两个集贤村，我在山里居住了20年，村里居住的人家，不是亲戚、邻居，就是朋友。请问先生，你要访问的朋友，叫什么名字，我一定知道他的住处。"

俞伯牙道："多谢先生，我要去钟家庄③。"

老人听见"钟家庄"二字，立刻掉下泪来，道："先生别家可以去，钟家庄就不必去了。"

俞伯牙惊问："为何？"

老者长叹了一口气，道："请问先生到钟家庄，要访何人？"

---

① 哀婉（āi wǎn）：melancholy
② 居丧（jū sāng）：in bereavement
③ 钟家庄（zhōng jiā zhuāng）：village of the Zhongs

俞伯牙道："要访钟子期。"

老者大哭道："子期，就是我儿啊。去年八月十五日，他采樵外出，直到十六日早晨才回，说是遇见了晋国俞伯牙先生。非常谈得来，结为兄弟。临行前又赠给黄金。我儿买书夜读，一心一意要与伯牙相当①。他白天打柴，晚上辛苦读书。没想到心力耗费②，不幸患病，这里又无良医，几个月前，他已亡故了。"

俞伯牙一听，非常悲痛，泪如涌泉③。老人才知道这就是俞伯牙，他儿子的好友。

俞伯牙问道："老伯，我那兄弟葬在哪里？"

老人道："亡儿临终④前立下遗嘱⑤，要葬在江边，因为与义兄俞伯牙有约，要信守诺言⑥。刚才先生来的小路右边，有一堆新土，就是我儿的坟墓。今日恰是百日之忌⑦，我正要前往坟前祭奠⑧，没想到遇见了先生。"

俞伯牙道："那就请老伯指路，让我到坟前一拜。"

于是，伯牙与老人走到子期墓前，放声大哭。哭声惊动附近的百姓，他们听说晋国大夫来祭钟子期，都来观看。俞伯牙取出琴来，坐在坟前，弹奏一曲。那些围观的众人，鼓掌⑨大笑。

俞伯牙吃了一惊，问道："老伯，我弹琴哀悼贤弟，众人为什么笑？"

---

① 相当（xiāng dāng）：equivalent to
② 耗费（hào fèi）：to consume
③ 泪如泉涌（lèi rú quán yǒng）：tears well up
④ 临终（lín zhōng）：deathbed
⑤ 遗嘱（yí zhǔ）：will
⑥ 信守诺言（xìn shǒu nuò yán）：to keep one's promise
⑦ 百日之忌（bǎi rì zhī jì）：one hundred days after death
⑧ 祭奠（jì diàn）：to hold a memorial ceremony
⑨ 鼓掌（gǔ zhǎng）：to applaud

老人答道:"乡野村民,不知音律①,以为琴声都是取乐②的,因此大笑。"

俞伯牙道:"原来如此。老伯知道我刚才奏的是什么曲目吗?"

老人道:"我幼年时也懂音律,如今年老,不懂了。"

俞伯牙道:"我弹奏一曲短歌,哀悼我弟,让我口诵③给您听吧。"

俞伯牙诵后,取出一把短刀,把七根琴弦全部割断④,双手举起琴来,用力一摔⑤,琴上的珍珠玉石散落⑥一地。

老伯大惊,问道:"先生为何摔碎此琴?"

俞伯牙含泪答道:"此后再也不弹琴了。子期已逝,以后向谁弹呢?大千世界到处都有朋友,可是,知音难觅!"

---

① 音律(yīn lǜ):melody
② 取乐(qǔ lè):for amusement
③ 诵(sòng):to recite
④ 割断(gē duàn):to cut off
⑤ 摔(shuāi):to smash
⑥ 散落(sàn luò):to fall scattered

23. 赵氏孤儿①

The Orphan of Zhao

　　春秋时期，晋国的武将②屠岸贾和文将③赵盾，深受晋灵公④的信任。屠岸贾因与赵盾不和，时常有陷害⑤赵盾的心思。

　　后来屠岸贾得到了一只獒犬⑥，便将它锁在屋里，三五天不喂养⑦，并在花园内摆了一个穿着与赵盾相似的草人⑧，草人的肚子里装着羊心羊肺。那獒犬饿了多日后被放出，看见草人便咬开肚子，饱餐一顿。又被关进房内饿三五天，再被放出。如此训练了上百天。

　　一天，屠岸贾对晋灵公说："现在有不忠不孝的人欺骗您啊。"

　　晋灵公一听，十分恼怒，问道："那人是谁？"

---

① 本文根据纪君祥的戏剧《赵氏孤儿大报仇》简写。

　纪君祥：Ji Junxiang，元代（1271—1368）剧作家，生平事迹不详。

② 武将（wǔ jiàng）：military officer

③ 文将（wén jiàng）：civil official

④ 晋灵公（jìn líng gōng）：the King of the State of Jin

⑤ 陷害（xiàn hài）：to frame

⑥ 獒犬（áo quǎn）：mastiff

⑦ 喂养（wèi yǎng）：to feed

⑧ 草人（cǎo rén）：scarecrow

屠岸贾说："臣得到了一只神犬，十分灵异^①，它可以认出不忠不孝的人。"

晋灵公便让屠岸贾把犬牵来。由于受到反复的训练，那犬见到赵盾便扑上去咬，屠岸贾又趁机^②在旁边煽风点火^③："赵盾不忠不孝，应当杀了他的全家。"

晋灵公听信了屠岸贾的谗言^④，赵盾一家三百多人被杀害。

赵盾的儿子赵朔，因为他是公主的丈夫，所以没有在那天被杀。屠岸贾想要斩草除根^⑤，于是假传^⑥晋灵公的命令，拿着弓弦^⑦、药酒和短刀，让赵朔选择其中一样自尽。

赵朔临死前对公主说："你如今怀有身孕，如果生下儿子，就叫赵氏孤儿。等到他长大成人，一定要替全家报仇。"说完，赵朔拿起短刀自刎^⑧而亡。公主则被囚禁^⑨在府里。

不久，公主生下一个儿子，依照赵朔的遗言^⑩，取名为赵氏孤儿。屠岸贾得知此事，便派部下^⑪守在公主府的门口，命令："只要发现有人偷偷带孩子出公主府，全家处斩^⑫，灭九族^⑬。"

---

① 灵异（líng yì）：to have supernatural power
② 趁机（chèn jī）：to take advantage of the occasion
③ 煽风点火（shān fēng diǎn huǒ）：to fan the flame, to stir up troubles
④ 谗言（chǎn yán）：aspersion
⑤ 斩草除根（zhǎn cǎo chú gēn）：to uproot and leave no chance for revival
⑥ 假传（jiǎ chuán）：to relay false order
⑦ 弓弦（gōng xián）：bowstring
⑧ 自刎（zì wěn）：to commit suicide by cutting one's throat
⑨ 囚禁（qiú jìn）：to prison
⑩ 遗言（yí yán）：last words
⑪ 部下（bù xià）：people at someone's command
⑫ 处斩（chǔ zhǎn）：to behead
⑬ 灭九族（miè jiǔ zú）：to wipe out nine generations of the family

公主知道屠岸贾要赶尽杀绝①，便偷偷召来程婴，请求他想办法把孤儿带出去。程婴是个江湖郎中②，之前受过赵朔的恩惠③，一直十分感激，就答应了公主的请求，公主托孤④之后就自缢⑤而死了。

程婴把孤儿放在随身携带的药箱里，准备偷带出府。屠岸贾的部下韩厥⑥，虽然奉命把守⑦公主府，但他对屠岸贾陷害忠良的行为十分不满，他心里想："屠岸贾，你就不怕有一天惹怒了上天，惹恼了百姓，遭到报应⑧吗？"

韩厥看见程婴抱着药箱走出公主府的大门，就拦住他问道："这箱子里是什么东西？"

程婴答："都是草药。"

"可有夹带⑨其他东西？"

"没有夹带任何东西。"

韩厥认得程婴，并且知道他受过赵家的恩惠，于是就放他出去。当他看到程婴离开的速度，就像离弦的弓箭一样快，于是他再次拦住程婴："你曾经得到过赵盾的帮助，所以你肯定藏着那个未满月的孩子。"

程婴说："你既然知道我是知恩图报⑩，又何必要问？"

---

① 赶尽杀绝（gǎn jìn shā jué）：to spare none
② 江湖郎中（jiāng hú láng zhōng）：itinerant doctor
③ 恩惠（ēn huì）：favours
④ 托孤（tuō gū）：to entrust an orphan to
⑤ 自缢（zì yì）：to hang oneself
⑥ 韩厥（hán jué）：name of a character
⑦ 把守（bǎ shǒu）：to guard
⑧ 报应（bào yìng）：retribution
⑨ 夹带（jiā dài）：to carry secretly
⑩ 知恩图报（zhī ēn tú bào）：to be thankful

韩厥说："你说是报恩，可是这前门后门，都有人把守，天地之大，你能逃到何处？如果被抓住，那孤儿只有死路一条。"说完，韩厥打开药箱，看到一个婴孩，全身被紧紧绑住，无法伸展，一双眼睛盯着人看，于是心生怜悯^①。

程婴十分恐慌，急忙跪下，请求道："求韩将军放过这个小孩。赵盾本是贤明^②的臣子，因受到屠岸贾这个奸臣^③的嫉妒^④，全家受到迫害。如果不救这个婴儿，岂不是让赵盾灭门绝户^⑤吗？"

韩厥说："程婴，如果我把这个孤儿交出去，就可以换得荣华富贵，但我韩厥是一个顶天立地^⑥的男儿，怎么可以做这种损人利己^⑦的勾当^⑧！我没有理由立这样的功^⑨。你把孩子带走吧。"

程婴谢过韩厥，拿起药箱走出去，又折回来跪下。

韩厥说："忠臣不怕死，怕死不忠臣。既然没有胆量，是谁逼着你做保孤的忠臣？"

程婴说道："将军，你放我出去，屠岸贾再派其他人来捉拿我，那这个婴儿也没有活路。罢了，你将我带去受赏^⑩吧，我和赵氏孤儿一起赴死。"

"你就放心离开吧。你愿为赵氏守护孤儿，我和屠岸贾又有什么关系呢？你忠义，我也是守信的，你肯舍弃性命，我也愿意把头

---

① 怜悯（lián mǐn）：to have compassion for
② 贤明（xián míng）：wise and able
③ 奸臣（jiàn chén）：treacherous official
④ 嫉妒（jí dù）：jealous
⑤ 灭门绝户（miè mén jué hù）：extinction of a whole family
⑥ 顶天立地（dǐng tiān lì dì）：to stand upright, to be indomitable
⑦ 损人利己（sǔn rén lì jǐ）：to harm others and benefit oneself
⑧ 勾当（gòu dang）：a dirty trick
⑨ 功（gōng）：feats
⑩ 受赏（shòu shǎng）：to receive a reward

献出去。这孩子是赵家的命根，你一定要好好教诲^①，等他成人，再把实情告诉他，要他报仇雪恨^②。"韩厥说完，就自刎而死了。

屠岸贾得知公主和韩厥都自尽了，便断定赵氏孤儿被抱走了。于是他假传命令，让官兵在三日之内，把全国上下半岁以内、一月以上的小孩都抓来。他认为其中必有赵氏孤儿，打算把这些小孩都杀死。

公孙杵臼^③原本是晋国的中大夫^④，因年岁已高，见屠岸贾专权^⑤，就辞官回家务农，如今住在太平庄上。

程婴知道公孙杵臼一向与赵盾交好^⑥，于是来到太平庄，想得到公孙的帮助。他把孤儿藏在附近，然后去求见公孙。

二人见面，谈起了赵家被灭门的事，公孙愤怒地说："奸臣自古就有，可谁想在这太平盛世^⑦，竟有这样的可恨之人，让赵家灭门绝种。"

程婴说："幸得老天有眼，赵家还没有绝种！"

公孙问道："他家三百多人，都被杀尽了。公主都自尽了，还有什么种留下？"

"公主近日生下一个儿子，叫赵氏孤儿，这不是赵家，是哪家的种？只是担心屠岸贾知道后，又要将他杀害。如果杀了这个小婴孩，可不真的让赵家绝了种吗！"

"这孤儿现今在哪里？不知道有没有人将他救出？"

---

① 教诲（jiào huì）：to teach

② 报仇雪恨（bào chóu xuě hèn）：to avenge the death of, to pay off old scores

③ 公孙杵臼（gōng sūn chǔ jiù）：name of a character

④ 中大夫（zhōng dà fū）：a senior official in feudal China

⑤ 专权（zhuān quán）：to grab all the power

⑥ 与……交好（jiāo hǎo）：to be friends with

⑦ 太平盛世（tài píng shèng shì）：time of peace and prosperity

　　程婴看得出公孙对这小孩有怜悯之情，于是告诉他实情，并请求他救赵氏孤儿："屠岸贾因为找不到赵氏孤儿，下令要把全国一月到半岁的小孩都抓住并杀害。我如今将赵氏孤儿偷偷带来，一是为了报恩，二是为了救其他小孩的性命。我如今已经四十五岁，刚生下一个未满月的儿子。请求您将我的孩子当作赵氏孤儿，去屠岸贾那里告发①，就说是我程婴私藏赵氏孤儿，让我父子二人一起赴死。您再把赵氏孤儿抚养长大，让他为父母报仇。"

　　"这孩子要报仇，也要等二十年。再过二十年，你也不过六十五岁，而我九十岁了，生死难知，又怎么帮赵家报仇？你带着你的小孩，去屠岸贾那里告发，说是我私藏赵氏孤儿，我与你儿子一处而死，你再将赵氏孤儿抚养长大，这才是长久之计②。"

　　程婴听公孙这么说，愧悔③不已："是我不知进退，连累④了您！"

　　"我是七十岁的人了，死是早晚的事。有恩不报、见义不为是没有勇气的表现。"

　　当晚，程婴将赵氏孤儿抱回了家中，将自己的孩子送到了太平庄。

　　第二天，程婴便前往屠岸贾那里告发了公孙杵臼。于是，屠岸贾带着一大批官兵，与程婴一起来到了太平庄，把公孙抓住问话，但公孙并不认罪。

　　但是屠岸贾的士兵找到了藏于洞中的婴儿，屠岸贾以为他就是赵氏孤儿，杀死了那个孩子。

　　程婴眼见自己的亲生骨肉挨了三刀死去，心里像被热油浇了一

---

① 告发（gào fā）：to inform against
② 长久之计（cháng jiǔ zhī jì）：a permanent solution
③ 懊悔（ào huǐ）：to be regretful
④ 连累（lián lěi）：to implicate

样，却不敢掉下眼泪。

公孙杵臼对屠岸贾说："上天有眼，是不会放过你的！"说完，就自尽了。

屠岸贾以为杀了赵氏孤儿，他不仅把程婴当作自己的心腹①，留他在家里做了门客②，还收了赵氏孤儿为义子③，教他习文练武④。

二十年后，作为程婴儿子的赵氏孤儿，已学得十八般武艺⑤，能文善武，无人能敌。程婴认为时机已到，就将他的身世告知赵氏孤儿。

赵氏孤儿得知真相以后，伤心欲绝⑥。他将实情向当时的晋国主公禀告⑦，并奉命抓捕了屠岸贾，将他处死，报仇雪恨。

①　心腹（xīn fù）：trusted subordinate
②　门客（mén kè）：disciple
③　义子（yì zǐ）：foster son
④　习文练武（xí wén liàn wǔ）：to be well versed in both literary and martial arts
⑤　十八般武艺（shí bā bān wǔ yì）：skills in various types of combat
⑥　伤心欲绝（shāng xīn yù jué）：heart-broken and inconsolable
⑦　禀告（bǐng gào）：to report（to one's superior）

24. 桃园三结义^①

Peach Garden Oath

汉朝末年，天下大乱，皇帝年纪太小，不懂得管理国家。官场十分腐败，又遇到了旱灾。农作物都死了，老百姓生活困苦。

那时，巨鹿^②有一个叫张角的人，有一天，上山采药，遇到一位老人。老人把张角带到一个洞里，送给他一部天书^③，说："这本书叫《太平要术^④》，你得到它，要用它拯救百姓。如果心生恶念^⑤，做坏事，上天就会惩罚^⑥你！"说完，他变成一阵清风飞去了。得到天书后，张角日夜学习，能呼风唤雨^⑦，人们称他为"太平道人"^⑧。

巨鹿地区有瘟疫流行，很多百姓得了病。张角用法术^⑨给老百

---

① 本文节选自罗贯中长篇小说《三国演义》并简写。
　罗贯中：Luo Guanzhong（约1330—1400），元末明初小说家、戏曲家。
② 巨鹿（jù lù）：位于河北省中南部
③ 天书（tiān shū）：a sealed book
④ 太平要术（yào shù）：*Essentials of Peace*
⑤ 恶念（è niàn）：evil intentions
⑥ 惩罚（chéng fá）：to punish
⑦ 呼风唤雨（hū fēng huàn yǔ）：to summon wind and rain
⑧ 道人（dào ren）：Taoist priest
⑨ 法术（fǎ shù）：magic

姓治病，自称"大贤良师"①。张角有徒弟500多人，云游四方②，用法术为人们治病。慢慢地，张角的徒弟越来越多，有几十万人。张角就把他们编成军队③，任命了将帅④，自称将军。

张角与他的两个兄弟商议："现在这么多百姓都支持我，如果不利用这个机会夺取⑤天下，实在是太可惜了"于是，他们私自制作黄旗，密谋造反。各地的百姓有四五十万人，头戴黄巾，跟随张角。

张角的军队要进攻幽州了，太守⑥立刻召集军官商量抗敌的办法。

有人说："敌兵多，我兵少，应该迅速增加新兵。"太守同意了，立刻发布了征兵⑦的告示。

一位英雄看到了征兵告示，他就是刘备。刘备身材高大，耳朵很长，双手也很长。刘备是汉朝皇室的后代。刘备很小的时候，父亲就去世了，母亲抚养他长大，他对母亲非常孝顺。家里穷，他们靠卖鞋、织席为生。他家东南面有一棵大树，远远地看，就像车盖。有一个相师说："这家必定会出一个贵人⑧。"刘备小的时候，和孩子们在树下玩游戏，他说："我当了天子⑨，我坐车就要用这样的车盖"。他的叔叔听到他的话，感到很奇特，说："这个孩子不是平常人啊。"叔叔看到刘备家穷，就经常资助他们。

① 大贤良师（dà xián liáng shī）: a great virtuous teacher
② 云游四方（yún yóu sì fāng）: to travel around
③ 编成军队（biān chéng jūn duì）: to organize into an army
④ 将帅（jiàng shuài）: commander-in-chief
⑤ 夺取（duó qǔ）: to conquer
⑥ 太守（tài shǒu）: prefect
⑦ 征兵（zhēng bīng）: to conscript
⑧ 贵人（guì rén）: a dignitary
⑨ 天子（tiān zǐ）: an emperor

刘备十五岁时，母亲就让他出远门，到外面去学习。刘备离开了家，向名师学习，还结交了有知识、有地位的朋友。

刘备看到招兵告示时，已经二十八岁了。他看着告示，长长地叹了一口气。

突然，他身后有一人，大声呵斥："大丈夫①不为国家出力，为什么要叹气？"

刘备回过头，看见说话的那个人，身材高大，头大眼圆，胡须像龙须②，声音像巨雷。

刘备问他姓名，那人说："我叫张飞，家有田地。我卖酒、杀猪，喜爱和天下英雄交朋友。刚才看见你大声叹气，所以问你。"

刘备说："我是刘备，原本是汉朝皇室的后代，现在听到黄巾军叛乱③，我很想杀敌、安民，可惜我一人能力太小，所以叹气。"

张飞说："我家中有一些钱财，可以召集一些英雄，与你共同做大事。怎么样？"

刘备十分高兴，于是和张飞一起到村中的小店喝酒。两人喝得正开心，一位大汉推着一辆大车，停在了店门口，进店坐下，要酒喝。刘备见这个人身材高大，非常威风。

刘备请他一起喝酒，请问他的姓名。他说："我叫关羽。因为我的家乡有一个坏人，干了很多坏事，我就把他杀了。于是，我逃离了家乡，已经有五六年了。我听说这里在招募士兵，抗击贼军④，所以特地来参军。"

刘备和张飞也告诉关羽，自己的志向也是抗击乱军、保护百

---

① 大丈夫（dà zhàng fu）：a true man
② 龙须（lóng xū）：dragon beard
③ 叛乱（pàn luàn）：to revolt
④ 贼军（zéi jūn）：the rebel army

姓。关羽听了非常欣喜。他们三个人就到张飞的家里，商议大事。

张飞说："我家后面有一个桃园，花开得很茂盛。明天我们三人，就在园里祭告①天地，结为兄弟②，一起图谋大事！"

刘备、关羽齐声说："这太好了！"

第二天，他们来到桃园，焚香③、叩拜④，对天发誓⑤："我们三人，虽然不是同姓，但是，现在我们结拜为兄弟，从今往后，互相帮助，救困扶贫⑥，保卫国家、保护百姓。我们三人虽然不是同年同月同日生，但我们希望同年同月同日死，天地为证⑦，背义忘恩⑧，必将受到上天的惩罚。"

三人中，刘备年纪最大，所以做了大哥；关羽第二，做了二哥；张飞年纪最小，做了三弟。

结拜后，他们宰牛设宴，邀请三百多位英雄聚会。

几日后，大家要准备兵器和装备⑨，却发现没有好马。这时，有两个客人，赶着一群马，来到了村口。原来，他们是商人，每年都去北方卖马，但战乱拦住⑩了他们去北方的路，因此商人只好回来。

刘备热情地招待了客人，告诉他们自己抗击敌人、保卫百姓的志向。两位客人欣喜不已，他们把五十匹好马送给刘备，又送了五百两金银、一千斤钢铁，让他们打造武器。刘备感谢两位客人，

---

① 祭告（jì gào）：to offer sacrifice and report to
② 结为兄弟：to become sworn brothers
③ 焚香（fén xiāng）：to burn incense
④ 叩拜（kòu bài）：to kowtow
⑤ 发誓（fā shì）：to swear
⑥ 救困扶贫（jiù kùn fú pín）：to relieve the distressed and help the poor
⑦ 为证（wéi zhèng）：as witness
⑧ 背义忘恩（bèi yì wàng ēn）：disloyal and ungrateful
⑨ 装备（zhuāng bèi）：military equipment
⑩ 拦住（lán zhù）：to prevent, to block

马上命令铁匠①打造武器，又招募了五百多位勇士，带领他们去参见幽州太守。

他们见了太守，刘备说起自己的家世②，太守听了非常欣喜。原来太守和刘备都是汉朝皇族的后代，太守便认刘备为侄子。

不久，黄巾军来进攻幽州了，太守命令刘备带领五百名士兵去抗敌。刘备和关羽、张飞，带领着士兵们出发，三人十分勇猛，大胜敌军。

过了一段时间，黄巾军又来进攻青州。青州太守来信求援，希望幽州派兵救援③。幽州太守就派刘备、关羽、张飞前往救援。刘备、关羽、张飞三人联合，又一次打败了敌军，大获全胜。

---

① 铁匠（tiě jiàng）：blacksmith
② 家世（jiā shì）：pedigree
③ 救援（jiù yuán）：to come to one's rescue

25. 荆 轲 刺 秦①

The Emperor and the Assassin

　　荆轲②是卫国人，他的祖先是齐国人，后来迁移③到了卫国。

　　荆轲喜爱读书、击剑④，喜欢喝酒，但是为人稳重⑤。他游历各国，喜欢结交贤士豪杰⑥和德高望重⑦的人。他到燕国后，燕国的隐士⑧田光对他非常友好，知道他不是一个平庸的人。

　　荆轲在燕国时，在秦国作人质的燕国太子⑨丹逃回了燕国。因为秦王对他不友好，他心中怨恨⑩而逃了回来，并且想要报复⑪秦

---

① 本文节选自司马迁《史记·刺客列传》并简写。英文注释参考 *Selections From Records of the Historian*，Trans. Yang Xianyi and Gladys Yang（Beijing: Foreign Language Press, 1979）。

　司马迁：Sima Qian（前145—？），汉代（前202—220）历史学家、思想家、文学家。

② 荆轲（jīng kē）：Jing Ke（？—前227），战国末期卫国人，后游历到燕国，受太子丹派遣刺杀秦王。

③ 迁移（qiān yí）：to migrate

④ 击剑（jī jiàn）：swordsmanship

⑤ 稳重（wěn zhòng）：serious and studious

⑥ 贤士豪杰（xián shì háo jié）：the worthy men

⑦ 德高望重（dé gāo wàng zhòng）：a person of virtue and prestige

⑧ 隐士（yǐn shì）：a retired scholar, hermit

⑨ 太子（tài zǐ）：the crown prince

⑩ 怨恨（yuàn hèn）：to grudge

⑪ 报复（bào fù）：to revenge

王。但是，燕国弱小，力量有限。秦国常常出兵攻打齐、楚和晋，蚕食①各国。

燕国的君臣都很害怕秦国攻打燕国。太子丹为此也很忧虑，就请教他的老师。他的老师说："秦国的土地遍天下，已经威胁到韩②、魏③、赵④国。它北面地势⑤坚固⑥险要⑦，南面泾河⑧、渭水⑨流域土地肥沃，左边、右边都有崇山峻岭⑩作为屏障⑪，而且人口众多，士兵训练有素⑫，武器装备有余。它要向外扩张⑬，长城以南、易水以北，就没有什么地方安稳⑭了。为什么您还因为怨恨，要去得罪⑮秦王呢！"

太子说："那该怎么办呢？"

老师说："请再考虑考虑。"

过了一些时候，秦国的一个将领，樊於期⑯，得罪了秦王，逃到了燕国，太子丹接纳⑰了他，并让他住了下来。老师说："不可。

---

① 蚕食（cán shí）：to encroach on
② 韩（hán）：the State of Han
③ 魏（wèi）：the State of Wei
④ 赵（zhào）：the State of Zhao
⑤ 地势（dì shì）：physical features of a region
⑥ 坚固（jiān gù）：stronghold
⑦ 险要（xiǎn yào）：strategically located and difficult to access
⑧ 泾河（jīng hé）：The Jing River
⑨ 渭水（wèi shuǐ）：The Wei River
⑩ 崇山峻岭（chóng shān jùn lǐng）：precipitous mountains
⑪ 屏障（píng zhàng）：natural defence
⑫ 训练有素（xùn liàn yǒu sù）：well-trained
⑬ 扩张（kuò zhāng）：to expand
⑭ 安稳（ān wěn）：safe and secure
⑮ 得罪（dé zuì）：to offend
⑯ 樊於期（fán wū jī）：name of a character
⑰ 接纳（jiē nà）：to take in

秦王本来就凶暴①，他对燕国的愤恨②，就已经够可怕的了，他听到樊於期住在这里会怎样呢？灾祸一定免不了啊！希望您赶快把樊於期送到匈奴③去，这样就可以消除④秦国攻打我们的借口⑤。您还应该与晋、齐、楚结盟⑥，与单于⑦和好，这样就可以想办法对付⑧秦国了。"

太子丹说："老师的计划，需要很长的时间，可我心里烦乱，连片刻也等不及了。再说，樊将军已无路可去，来投奔⑨我，我总不能因为害怕秦王而抛弃朋友吧，希望老师再想想别的办法吧。"

老师说："采取危险的行动而想求得安全，制造祸患而祈求⑩幸福，为了结交一人而不顾国家的大祸⑪。把大雁的羽毛放在火上，一下子就会烧光，凶猛的秦国对燕国发泄⑫怒气，结果用得着说吗？燕国有位田光先生，足智多谋，勇敢沉着，您和他商量吧。"

太子说："希望通过老师您结交⑬田光先生"。

老师便去拜会田光先生，说："太子希望跟先生谋划⑭国家大事。"

田光同意了，就去拜访太子。

---

① 凶暴（xiōng bào）：fierce and brutal
② 愤恨（fèn hèn）：resentment
③ 匈奴（xiōng nú）：the Huns
④ 消除（xiāo chú）：to eliminate
⑤ 借口（jiè kǒu）：excuse
⑥ 结盟（jié méng）：to make an alliance
⑦ 单于（chán yú）：Khan, chief of the Huns
⑧ 对付（duì fu）：against
⑨ 投奔（tóu bèn）：to throw oneself on sb's mercy
⑩ 祈求（qí qiú）：to pray for
⑪ 大祸（dà huò）：great calamity
⑫ 发泄（fāxiè）怒气：to attack in all one's fury
⑬ 结交（jié jiāo）：to associate with
⑭ 谋划（móu huà）：to scheme

太子恭敬地迎接田光，跪着①为田光拂拭②座位，等田光坐下后，太子向田光请教说："燕国与秦国誓不两立③，希望先生留意④。"

田光说："我听说骏马⑤盛壮⑥的时候，一日可奔驰⑦千里，等到它衰老了，就是劣马也能超过它。如今太子只听说我壮年的情景，却不知道我精力已经衰竭⑧了。虽然我不能谋划国事，但是，我的好友荆轲能够担负这个使命。"

太子说："希望能通过先生和荆轲结交。"

田光说："遵命⑨。"

太子送田光到门口说："我所讲的，先生所说的，是国家大事，希望先生不要泄露⑩！"

田光去见荆轲，说："我和你的友谊，燕国没有人不知道。如今太子只听说我壮年的情景，却不知道我已力不从心⑪。我已经把你推荐⑫给了太子，希望你去宫中拜访太子。"

荆轲说："遵命。"

田光说："年长稳重的人做事，不能让别人怀疑。今天太子告诫⑬我说：'所说的，是国家大事，希望先生不要泄露。'这是太子

---

① 跪着（guì zhe）：on one's knees
② 拂拭（fú shì）：to dust
③ 势不两立（shì bù liǎng lì）：either-you-or-me type of enmity
④ 留意（liú yì）：to keep an eye on, to think of a plan
⑤ 骏马（jùn mǎ）：steed
⑥ 盛壮（shèng zhuàng）：in one's prime
⑦ 奔驰（bēn chí）：to gallop
⑧ 衰竭（shuāi jié）：exhausted
⑨ 遵命（zūn mìng）：at sb's service
⑩ 泄露（xiè lòu）：to disclose
⑪ 力不从心（lì bù cóng xīn）：one's ability falling short of one's wishes
⑫ 推荐（tuī jiàn）：to recommend
⑬ 告诫（gào jiè）：to warn

怀疑我。一个人做事却让别人怀疑，他就不算是有节操①、讲义气的人。希望你立即去见太子，就说我已经死了，表明我不会泄露机密②。"说完，就立刻自杀了。

荆轲去见太子，告诉他田光已死，并告诉他田光的话。太子拜了两拜，跪着痛哭。过了一会，他说："我告诫田先生不要讲，是想使大事谋划成功。如今田先生用死表明他不会泄露机密，这难道是我的初衷③吗！"

太子以头叩地④，对荆轲说："田先生使我能够到您面前，这是上天哀怜⑤燕国啊。如今，秦王十分贪心，不占尽天下的土地，使各国臣服，他的野心是不会满足的。燕国弱小，即使调动全国的力量，也不能抵挡⑥秦军。我有个不成熟⑦的计策，如果能得到天下的勇士，派往秦国，如果能用重利诱惑⑧秦王，劫持⑨秦王，让他归还侵占⑩各国的土地，那就好。如果不行，就杀死他，那时秦国一定大乱，各国趁机联合起来，一定能打败秦国。可是，我不知道把这个使命委托⑪给谁，希望您考虑一下。"

荆轲说："这是国家大事，我才能低，恐怕不能胜任⑫。"

太子上前叩头，请求荆轲不要推托。荆轲就答应了。可是，过

---

① 节操（jié cāo）: integrity
② 机密（jī mì）: secret
③ 初衷（chū zhōng）: one's original wish/intention
④ 以头叩地（yǐ tóu kòu dì）: to bow one's head to the floor
⑤ 哀怜（āi lián）: to have pity on
⑥ 抵挡（dǐ dǎng）: to resist
⑦ 成熟（chéng shú）: mature
⑧ 诱惑（yòu huò）: to bait
⑨ 劫持（jié chí）: to seize
⑩ 侵占（qīn zhàn）: to encroach on
⑪ 委托（wěi tuō）: to entrust
⑫ 胜任（shèng rèn）: to fit for the mission

了很长一段时间，荆轲仍没有行动。这时，秦国攻破^①了赵国的都城，俘虏^②了赵王，把赵国的领土全部纳入^③秦国的版图^④。秦国的大军向北，直到燕国南部的边界。太子丹害怕了，于是又去见荆轲。荆轲说："即使太子不说，我也要行动了。但是，我到秦国去，没有让秦王相信我的东西，我就不可能接近秦王。如果能够用樊将军的头和燕国督亢^⑤的地图，献给秦王，秦王一定高兴接见我。"

太子说："樊将军无路可去才来投奔我，我不忍心伤害他，再想别的办法吧！"

荆轲明白太子不忍心^⑥，就私下会见樊於期说："秦国对待将军太残忍^⑦了，您的父母、家族都被杀。如今又以千金黄金和万户购买您的首级^⑧。"

樊於期仰望苍天，叹息流泪说："每当我想到这些，就非常痛苦！"

荆轲说："现在有一计可以解除^⑨燕国的祸患，也可以为将军报仇。"

将军说："什么计谋^⑩？"

荆轲说："希望得到将军您的首级献给秦王，秦王一定会召见

---

① 攻破（gōng pò）：to break through
② 俘虏（fú lǔ）：to capture
③ 纳入（nà rù）：to include
④ 版图（bǎn tú）：territory
⑤ 督亢（dū kàng）：a region of the State of Yan
⑥ 不忍心（bù rěn xīn）：to be reluctant to
⑦ 残忍（cán rěn）：cruel
⑧ 首级（shǒu jí）：chopped-off head
⑨ 解除（jiě chú）：to remove
⑩ 计谋（jì móu）：plan

我。到时候，我用左手抓住他的衣袖，右手用匕首刺进他的胸膛^①，将军的仇可以报，燕国的耻辱^②也可以洗去。"

樊将军说："这是我日日夜夜痛骨碎心^③的仇恨!"说完，就自刎了。

太子听到这个消息，立刻驾车前往，伏在将军的尸体上痛哭，非常悲哀，但是已经无法挽回^④。于是，就把樊於期的首级装进一个匣子^⑤里，密封^⑥了起来，并花百金买了天下最锋利的一把匕首。

荆轲准备好行装，就出发了。

太子和知道这件事的人，都穿着白衣、戴着白帽为荆轲送行。送行的人唱道："风萧萧兮易水寒^⑦，壮士一去兮不复还^⑧!"

荆轲一到秦国，就带着价值千金的礼物，送给秦王宠幸^⑨的一个臣子，他替荆轲先在秦王面前说："燕王非常敬畏^⑩大王的威严^⑪，不敢出军抗拒大王的将士，情愿做秦国的臣子，燕国也将作为秦国的郡县^⑫纳税^⑬尽职^⑭。但因为害怕，不敢亲自前来表明心意。他砍下樊於期的首级，并献上燕国督亢的地图，派使臣前来拜见大王。"

---

① 胸膛（xiōng táng）：chest
② 耻辱（chǐ rǔ）：shame, disgrace
③ 痛骨碎心（tòng gǔ suì xīn）：to be burning with
④ 挽回（wǎn huí）：to recover
⑤ 匣子（xiá zi）：small box
⑥ 密封（mì fēng）：to seal up
⑦ 风萧萧兮易水寒（fēng xiāo xiāo xī yì shuǐ hán）：The wind is wailing, cold the River Yi.
⑧ 不复还（bù fù huán）：never to return
⑨ 宠幸（chǒng xìng）：to favour
⑩ 敬畏（jìng wèi）：awe
⑪ 威严（wēi yán）：majesty, might and power
⑫ 郡县（jùn xiàn）：county
⑬ 纳税（nà shuì）：to pay taxes
⑭ 尽职（jìn zhí）：to carry out duties

秦王听了，非常高兴，就穿上礼服，安排极为隆重①的外交仪式，在咸阳宫②召见燕国的使者。

荆轲捧着樊於期的首级，随行者捧着地图，按照正、副使的次序前进。

秦王对荆轲说："传上地图。"

荆轲献上地图，秦王展开地图，图卷展到尽头，一把匕首露了出来。荆轲趁机左手抓住秦王的衣袖，右手拿匕首直刺秦王。秦王大惊，跳起，挣断③衣袖，慌忙抽剑④，但一时惊慌，不能立刻拔出剑来。荆轲追赶秦王，秦王绕柱⑤奔跑，大臣们吓得发呆。秦国的法律规定，侍从大臣进殿⑥见秦王，不允许携带⑦任何兵器，侍卫武官虽然拿着武器守卫在殿外，但没有皇帝的命令，不得进殿。荆轲追赶秦王，秦王赤手空拳⑧和荆轲搏击⑨。这时，侍从医官用他手里的药袋投击荆轲。秦王拔出宝剑，攻击荆轲，砍断他的左腿。荆轲举起匕首再刺秦王，但没有击中。秦王接连攻击荆轲，荆轲被刺伤。荆轲自知失败，就靠在柱子上大笑，坐在地上说道："大事之所以没能成功，是因为我想活捉⑩你，迫使你订立契约，归还诸侯的土地，回报太子。"这时，侍卫们冲上前来，杀死了荆轲。

---

① 隆重（lóng zhòng）：grand
② 咸阳宫（xián yáng gōng）：Xian Yang Palace
③ 挣断（zhèng duàn）：to snap off
④ 抽剑（chōu jiàn）：to draw sword
⑤ 绕柱（rào zhù）：around the pillars
⑥ 殿（diàn）：palace
⑦ 携带（xié dài）：to carry on
⑧ 赤手空拳（chì shǒu kōng quán）：with bare hands
⑨ 搏击（bó jī）：to struggle with
⑩ 活捉（huó zhuō）：to capture alive

　　秦王大发雷霆①，派军队攻打燕国。燕王、太子丹等率领军队退守辽东。后来，有人建议燕王杀了太子丹，把他的人头献给秦王。于是，燕王派人杀了太子丹。但是，秦王继续攻打燕国。五年后，秦国终于灭掉了燕国，俘虏了燕王。第二年，秦王吞并天下，自称"皇帝"。

---

① 大发雷霆（dà fā léi tíng）：to explode with rage

26. 孟 姜 女①

Lady Mengjiang

古代秦始皇时候,有个女子叫孟姜女②,嫁个丈夫叫万喜良。两个人感情非常好,可惜结婚才一个月,万喜良就要被官府征去修万里长城。什么时候可以回来呢? 谁也不知道。当时,各县各村被征的人数,成千成万,万喜良只是其中的一个。

这真是个晴天霹雳③。孟姜女又是怕,又是恨,不知道怎么样才好。她和公婆④送丈夫到村口,那里拥挤⑤着很多人,送人的,被送的,都含着眼泪。她恨时间太短,说不尽许多话,身体要保重⑥啦,冷热要留心⑦啦,常常捎信⑧回来啦,能回家的时候赶快回家

---

① 孟姜女哭长城的故事在民间广泛流传,本文根据叶圣陶1955年改编的《孟姜女》故事略作简写。
　叶圣陶:Ye Shengtao(1894—1988),中国现代作家、教育家,被称为"优秀的语言艺术家"。
② 孟姜女(mèng jiāng nǚ):中国民间传说中的人物
③ 晴天霹雳(qíng tiān pī lì):a bolt from the blue
④ 公婆(gōng pó):parents-in-law,husband's father and mother
⑤ 拥挤(yōng jǐ):to crowd
⑥ 保重(bǎo zhòng):to take care
⑦ 留心(liú xīn):to take note of
⑧ 捎信(shāo xìn):to send message

啦……说了一遍又一遍。最后，送行的跟上路的分开，却还是我追着望望你，你回头看看我，直到彼此不见影儿。

孟姜女跟①着公婆过日子，侍奉②公婆，像丈夫在家的时候一样。公婆见孟姜女这样，心里也就安慰③一些。

可是，万喜良一去就杳无消息④。孟姜女时常到村口去看，希望过路⑤的人给她捎封信来。好不容易遇见几个从北边来的人，问他们见万喜良没有，他们都说不认识。

孟姜女时常抬头望天空，希望鸿雁⑥落下，捎来万喜良的信。可是一群一群的鸿雁飞过去，一只也没落下来。万喜良怎么样了呢？累了怎么休息？病了有谁照顾？是不是平平安安？究竟什么时候才能回来？孟姜女心里越来越不安。

一晃⑦几年过去，又到了冬天。猛烈⑧的西北风刮起来，孟姜女想丈夫在北方，北方的风还要厉害得多。那里不但风大，而且满地冰雪。他带的几件衣服早该破了，那怎么受得了？他怎么能得到新的寒衣呢？他没法得到，除非自己给他做。他怎么能穿上自己给他做的寒衣呢？他没法穿上，除非自己给他送去。

于是孟姜女就动手做寒衣。她一面做，一面祈祷⑨北方的寒风吹得轻一些。她一面做，一面默默地跟遥远的丈夫说话，叫他忍

---

① 跟（gēn）：together with
② 侍奉（shì fèng）：to serve
③ 安慰（ān wèi）：to comfort
④ 杳无消息（yǎo wú xiāo xi）：no message for a long time
⑤ 过路（guò lù）：to pass by
⑥ 鸿雁（hóng yàn）：swan goose
⑦ 一晃（yī huǎng）：in a flash
⑧ 猛烈（měng liè）：piercing
⑨ 祈祷（qí dǎo）：to pray

耐①几天，自己正在为他做寒衣，做完就给他送去。

寒衣做好了，她背起包裹②，包裹里是亲手给丈夫做的寒衣，辞别③公婆，就起程了。一路上天亮就前进，天黑才停止，一直往北方走。她想，只要方向不错，总能到达丈夫所在的地方。

有时候是飞沙走石④，天地昏黄，她几乎站都站不住。可是她顶着风前进，心里想，移动一步就靠近丈夫一步。有时候是成团⑤的雪，满地银白，路滑⑥难走，她几乎步步要摔跤⑦。有时候找不到投宿⑧的人家，她就在破庙里或是路旁的凉亭里住下。夜间比白天更冷，她没有铺盖⑨，就抱着包裹取暖。她想想结婚以后一个月的生活，想想丈夫出门以后几年来的想念，想想一路上的艰难，想想找着丈夫时候的欢乐，翻来覆去⑩睡不着。

有一晚，她又住在一个凉亭里，左思右想，睡不着，地上一片白，好像铺了一层浓霜⑪，抬起头来，天空挂着圆月。她望了一会儿，随口编成⑫两支小曲儿，唱了几遍，睡着了。她梦见丈夫就在面前，他穿上新的寒衣，连声说："好"，又说："咱们回去吧，从今以后，咱们好好过日子，再不分开了。"她快活极了，站起来就走，

---

① 忍耐（rěn nài）：to endure
② 包裹（bāo guǒ）：parcel
③ 辞别（cí bié）：to farewell
④ 飞沙走石（fēi shā zǒu shí）：flying sand and rolling pebbles
⑤ 成团（chéng tuán）：whirling
⑥ 滑（huá）：slippery
⑦ 摔跤（shuāi jiāo）：to slip
⑧ 投宿（tóu sù）：to put up for the night
⑨ 铺盖（pū gài）：bedding
⑩ 翻来覆去（fān lái fù qù）：to toss and turn
⑪ 浓霜（nóng shuāng）：thick frost
⑫ 编成（biān chéng）：to compose

却摔了一跤，醒来一看，怀里还抱着包裹，天上的月偏①西了些。

她一路上投宿的人家，有好多家跟她家相同。或者是一个青年女子说丈夫修万里长城去了，或者是一对老夫妇说儿子修万里长城去了，全都跟万喜良一样，一去几年，杳无消息。他们知道她去送寒衣，都把家里人的姓名告诉她，拜托②她要是遇见的话，千万带个口信，嘱咐③他早早回来。她自然满口答应，说只要遇见，一定办到。他们为她祈祷，盼望她能够很快找着丈夫。

她一直往北方走，道路越来越艰难了，可以说没有什么路。她常常要用两只手在山石上爬，累得要命。背上的包裹越来越重，仿佛里面不是衣服，是石头。她一心只想丈夫在前边，自己给他送寒衣，非找着他让他穿上不可。

一天，她望见远远的积雪的山上，有一条曲折的黑线，心想，那就是万里长城吗？要是这就是万里长城，那么丈夫就在眼前了。她一阵兴奋，走得更快了。近了，近了，黑线变成黑带子，随后，看得清城墙了。只见城墙沿着④高高低低的山峰伸过去，望不到头。最后，她走到城墙底下，抬起头来看，有二十来个人那么高。这果然是万里长城！

万里长城那里只听见呼啸⑤的风，没有别的声音。只看见几只苍鹰⑥在高空盘旋⑦，没有别的生物。筑城的人们在哪儿呢？丈夫在哪儿呢？孟姜女起初以为找着万里长城就可以找着丈夫，现在知道

---

① 偏（piān）：to incline
② 拜托（bài tuō）：to request somebody to do something
③ 嘱咐（zhǔ fù）：to tell
④ 沿着（yán zhe）：along
⑤ 呼啸（hū xiào）：to whistle
⑥ 苍鹰（cāng yīng）：goshawk
⑦ 盘旋（pán xuán）：to hover over

完全错了，自己站在万里长城底下，连一个人影儿也不见！

她急着想找个人打听一下，就回过头来望。望了好一会儿，才看见山里有一家人家。她跑过去，开门的是个老太婆①，满脸皱纹②。

孟姜女把自己的事情跟老太婆说了。还没说完，老太婆的眼泪就掉下来，说："你的丈夫就是万喜良？万喜良，我知道，他是我儿子的好朋友。当时千千万万人修这万里长城，他们俩常在一块儿。"

孟姜女问："如今万里长城修好了，他到哪儿去了？"

老太婆哭了，她断断续续地说："埋了……没等到……万里长城……修好……累死了……埋在……万里长城……底下了……你丈夫……我儿子……还有……千千万万……全埋在……万里长城……底下……"

自从万喜良出门，孟姜女虽然惦记他，却一回也没哭过，现在听老太婆这么说，禁不住③放声大哭。

她没料到那一回送丈夫到村口就是最后的诀别，从此再见不着丈夫的面了。她没料到自己辛辛苦苦做成寒衣，辛辛苦苦跑了那么多路，穿衣服的人已经埋在地下。她为这个痛哭。

她想起在家里、在路上做的梦，不是夫妻俩欢欢乐乐地一块儿过日子，就是丈夫平平安安地回来，说从此再不分开了。如今好梦证明是虚的了，她为这个痛哭。她想一阵又哭一阵。

她想公婆在家里盼望儿子又盼望她，她想公婆嘱咐她快去快回，自然最好是双双回家，否则也要带回个平安消息。如今他们的盼望成了一场空，他们的儿子早已埋在万里长城底下。她为这个痛

---

① 老太婆（lǎo tài pó）：old woman
② 皱纹（zhòu wén）：wrinkle
③ 禁不住（jīn bú zhù）：cannot help

哭，想一阵又哭一阵。

　　她不相信死了、埋了就不能见面。她要跟丈夫再见一面，哪怕死了埋了。她不相信万里长城就能压①着她丈夫的身体，万里长城原来是人修的，每一块砖头石头全是人叠②起来的。什么时候万里长城倒塌③，丈夫的身体显露④，自己跟他再见一面呢？她为这个痛哭，想一阵又哭一阵。

　　她不住地哭，也不知道哭了多长时间，哭得积雪变色，天空中的风又大又急，好像海面上起了海啸⑤，黑云堆积⑥，压得很低很低，几乎要碰着那些城墙了。

　　忽然间，天崩地塌⑦似的一声响，万里长城倒⑧了八百里！

　　万喜良的尸首从崩塌的城墙下捡了出来，还没腐烂⑨。孟姜女果然又看见她的丈夫了。她抚摸⑩着他的尸体痛哭，然后给他穿上亲手做的寒衣。

---

① 压（yā）：to press
② 叠（dié）：to overlap
③ 倒塌（dǎo tā）：to collapse
④ 显露（xiǎn lù）：to reveal
⑤ 海啸（hǎi xiào）：tsunami
⑥ 堆积（duī jī）：to heap up
⑦ 天崩地塌（tiān bēng dì tā）：the sky is falling and the earth is collapsing
⑧ 倒（dǎo）：to fall over
⑨ 腐烂（fǔ làn）：to rot
⑩ 抚摸（fǔ mō）：to stroke

27. 苏 武 牧 羊[①]

Su Wu the Shepherd

⟡

 苏武[②]兄弟三人都是皇帝的侍从，后来，苏武升为掌管皇帝马厩[③]的官。当时，汉朝廷与匈奴争战，关系时好时坏，双方互派使节，经常有扣留[④]使节的事情发生。公元前100年，匈奴新政权单于即位，尊汉皇帝为长辈，并且全部送还了扣留在匈奴的汉廷使节。汉武帝十分赞许单于的做法，于是派遣苏武率领100多人的使团，出使匈奴，护送扣留在汉的匈奴使者回国，并且送给单于丰厚的礼物，答谢他的好意。

 苏武完成了出使任务，单于准备派使者护送苏武等人回汉时，匈奴上层发生内乱，苏武等人受到牵连[⑤]，单于本来想杀掉苏武等汉朝使者，但后来听从别人的建议，劝说他们背叛汉朝廷，投降[⑥]单于。

---

① 本文根据班固《汉书·苏武传》简写。

 班固：Ban Gu（32—92），东汉史学家和文学家，所著《汉书》，记载汉朝12代帝王、230年的历史。

② 苏武：Su Wu（前140—前60），公元前100年，出使匈奴，被扣留，在匈奴牧羊19年。

③ 马厩（mǎ jiù）：stable

④ 扣留（kòu liú）：to detain

⑤ 牵连（qiān lián）：to be involved in

⑥ 投降（tóu xiáng）：to surrender

苏武说："丧失气节，有辱使命①，即使活着，还有什么脸面回去呢！"说着就拔出佩刀要自杀。单于的部下大吃一惊，抱住苏武，派人骑快马找来医生，救活了苏武。

单于钦佩苏武的节操②，早晚派人探望苏武。苏武的伤逐渐好转，单于派卫律说服苏武背叛汉朝廷，投降匈奴，并许诺很多好处。

卫律说："苏君，我以前背弃汉廷，归顺③匈奴，单于赐我爵号④，让我称王，如今我拥有奴隶数万，还有满山的马和其他牲畜。你今日如投降，明日也是这样。如你被杀，不过是做了草地的肥料⑤，又有谁知道你呢！"

苏武丝毫不动心。

卫律又说："你投降后，我与你结为兄弟。今天你不听我的安排，以后还有机会见到我吗？"

苏武痛骂⑥卫律说："你投降匈奴，做了单于的臣下和儿子，背叛汉朝，抛弃亲人，在异族那里做奴隶，我为什么要见你？而且，单于信任你，让你决定别人的生死，你却不主持公道，反而使汉皇帝和匈奴单于互相争斗，旁观两国的灾祸！你明明知道我决不会投降，我也绝对不希望汉朝和匈奴开战。如果杀了我，匈奴灭亡的灾祸，就将从我开始！"

卫律知道苏武不受威胁和利诱，绝不投降，就报告了单于。单于就更加想要使苏武投降，于是就把苏武囚禁起来，关在地窖⑦里，

---

① 有辱使命（yǒu rǔ shǐ mìng）：to fail to complete the mission
② 节操（jié cāo）：integrity
③ 归顺（guī shùn）：to pledge allegiance to
④ 爵号（jué hào）：the rank of nobility
⑤ 肥料（féi liào）：fertilizer
⑥ 痛骂（tòng mà）：to scold severely
⑦ 地窖（dì jiào）：cellar

不给他吃喝。天下雪，苏武吃雪，和毡毛①一起吞下充饥，没有饿死。单于认为神奇，就下令把苏武迁到北海边无人的地方，让他放牧公羊，说等到公羊生了小羊，他才可以回汉。同时，把苏武的其他随从人员安置到别的地方。

苏武到北海后，没有粮食，只能吃野鼠储藏的野果。他随身带着汉廷的符节②，牧羊、睡觉，都拿着它。这样过了五六年，单于的弟弟到北海打猎，因为苏武会编打猎的网，矫正弓弩③，单于的弟弟很尊重苏武，就送给苏武衣服和食物。又过了三年多，单于的弟弟得了病，他又赐给苏武马匹和其他牲畜、器具、帐篷。单于的弟弟死后，他的部下也都迁到了别的地方。苏武的牛羊又被人偷，苏武又陷入了穷困。

苏武出使匈奴的第二年，李陵④投降匈奴，他从不敢来拜访苏武。时间久了，单于就派李陵做说客，前来说服苏武投降。

李陵为苏武安排了酒宴和歌舞，对苏武说："单于听说我与你交情深，所以派我来劝说你。你肯定是不能回汉了，白白地在荒无人烟的地方受苦，你对汉廷的忠信又怎能表现呢？以前你的大哥和弟弟都跟随皇上，可是后来都自杀了。我离开长安的时候，你的母亲也已经去世了。你的夫人年纪还轻，听说也已改嫁了。你家中只有两个妹妹，两个女儿和一个儿子。已经十多年了，也不知道他们是死是活。人生就像朝露，你何必这样长久地折磨自己呢！我刚投降时，几乎要发狂。你不想投降的心情，怎能超过当时我的心情呢！再说，汉朝的皇上年纪越来越高，随时变更法令，十几个大臣无罪

---

① 毡毛（zhān máo）：matted animal fibers
② 符节（fú jié）：a tally used in ancient times as credentials or a warrant
③ 矫正弓弩（jiǎo zhèng gōng nǔ）：to adjust crossbow
④ 李陵：Li Ling（前134—前74），西汉将领，曾率军与匈奴作战，战败被俘，投降匈奴。

被杀。所以，你回去安危不可预料。"

苏武说："我苏武父子没什么功劳，爵位官职都是皇帝给的，兄弟三人都是皇帝的亲近臣子，愿意为朝廷牺牲一切。现在有了牺牲自己、效忠朝廷的机会，即使受到极刑，我也心甘情愿。大臣效忠君王，就像儿子效忠父亲。儿子为父亲而死，没有什么可遗憾的。希望你不要再说了！"

李陵与苏武几天来在一起饮酒，劝说苏武："你一定要听我的话啊。"

苏武说："我想自己已经是死去的人了！单于一定要逼我投降，那么就请结束今天的欢乐，让我死在你的面前吧！"

李陵见苏武对汉廷如此忠诚，长叹道："啊，义士！"说着流下眼泪，告别了苏武。

李陵不好意思亲自送礼物给苏武，就让他的妻子送给苏武几十头牛羊。后来李陵又到北海，对苏武说："边界上抓住了一个俘虏，说官吏百姓都穿白色的丧服，皇上死了。"

苏武听到这个消息，向南放声大哭，吐血。几个月间，每天早晚哭吊①。汉武帝死后，新的皇帝即位。几年后，匈奴和汉廷达成了和平协议。汉廷派使者到匈奴，并对单于说："汉朝天子狩猎②时射得一只大雁，脚上系着一封帛书，上面说苏武等人在北海。"单于十分惊讶，向汉使道歉说："苏武等人的确还活着。"

苏武于公元前81年春，回到长安。

苏武在匈奴共19年，出使时是壮年，回来时，胡须和头发都全白了。

---

① 哭吊（kū diào）：to lament
② 狩猎（shòu liè）：to hunt

28. 蔡 文 姬①

Cai Wenji

❧

汉朝末年，天下大乱。

蔡文姬的父亲蔡伯喈②，文章学问，无人能比，可惜在长安遇害③。不久，蔡文姬的母亲也死了。蔡文姬和姨母赵四娘在逃难④途中，被匈奴兵俘获⑤，他们遇到了匈奴左贤王，受到他的礼遇⑥。

左贤王说，蔡伯喈先生，匈奴人也知道他是汉朝的一位大学者，不幸在长安被杀死了。他得知蔡文姬和赵四娘打算到江南去，就对她们说："现在汉朝大乱，江南也一样，在这样兵荒马乱⑦的时候，你们不如跟我到匈奴去。我们匈奴人里面也有好人，他们是轻生死、重义气⑧的。我们匈奴也是好地方，牛羊遍野，骆驼成群，夏天的草原一片碧绿，冬天的草原是一片银色世界。我在这里虽然

---

① 本文节选自郭沫若戏剧《蔡文姬》（1959）并简写。

② 蔡伯喈（cài bó jiē）：东汉时期的文学家、书法家。

③ 遇害（yù hài）：to be killed

④ 逃难（táo nàn）：to flee from calamity

⑤ 俘获（fú huò）：to capture

⑥ 礼遇（lǐ yù）：to accord sb. due courtesy

⑦ 兵荒马乱（bīng huāng mǎ luàn）：social chaos during the war

⑧ 轻生死，重义气（qīng shēng sǐ, zhòng yì qi）：to regard loyalty to friends more important than life and death

没有人知道，但在匈奴是人人知道的。我们匈奴人的皇帝就叫单于，单于之下就是左贤王。因此，我在匈奴的地位，就像你们说的'一人之下，万人之上'。到了匈奴，我就完全能够保护你们了。我要老老实实地说，我很喜欢这位小姐。我今天一看见这位小姐，就好像遇到了一位仙女①。我们匈奴人是直爽②的，有什么话就说什么话。要是这位小姐也喜欢我，那就再好也没有了。"

就这样，蔡文姬和赵四娘被左贤王带到了匈奴，蔡文姬成了左贤王的妃子③，并且和他生了一儿一女。

十二年后，汉朝的丞相④曹操，本来和蔡文姬的父亲是忘年交⑤，而且非常敬佩⑥他的才学，也非常欣赏⑦蔡文姬的才华，可怜⑧她的遭遇⑨，就派使者去匈奴把蔡文姬接回汉朝。他希望蔡文姬可以整理⑩她父亲的遗稿⑪，继承⑫父亲的遗志⑬，完成《续汉书》⑭。

为了汉朝与匈奴的和平友好，匈奴单于决定送蔡文姬回汉朝。可是，左贤王不愿意放她回去，她也舍不得自己的儿女。蔡文姬一方面非常思念故土，另一方面又不忍心与儿女分离，她非常伤心。

---

① 仙女（xiān nǚ）：fairy
② 直爽（zhí shuǎng）：straightforward
③ 妃子（fēi zi）：concubine of the emperor or the crown prince
④ 丞相（chéng xiàng）：prime minister in ancient China
⑤ 忘年交（wàng nián jiāo）：friendship between generations
⑥ 敬佩（jìng pèi）：to admire
⑦ 欣赏（xīn shǎng）：to appreciate
⑧ 可怜（kě lián）：to pity
⑨ 遭遇（zāo yù）：misfortune
⑩ 整理（zhěng lǐ）：to sort out
⑪ 遗稿（yí gǎo）：manuscript left unpublished
⑫ 继承（jì chéng）：to continue
⑬ 遗志（yí zhì）：the unfinished wish of the deceased
⑭ 续汉书：*History of Han Continued*

蔡文姬时常独自一人叹气，自言自语："怎么办呢？到底是回去，还是不回去？"她三天三夜没有睡觉。

她的儿子来到这里，问道：妈！我听见好些人在说，你今天就要回汉朝去了，是真的吗？妈，你在哭吗？你为什么要哭呢？回汉朝去不是好事吗？你不是经常说，要带我们回去吗？我是很高兴的！

文姬（哭着，拥抱^①儿子）：我的儿！娘这几天一直没有告诉你。曹丞相派了专使来，送来了黄金、玉器、绸缎^②，要把娘接回去，单于已经答应了。我已经考虑了三天，今天已经是第四天了，我必须做最后的决定。

胡儿：妈，你决定了吧，带我们一道回去，把爹爹也一道带回去！

文姬：娘是很想回去的。一个人到死都是怀念自己的乡土的。你外公外婆的坟墓在长安，我很想回去扫墓^③。你外公有不少著作，经过战乱遗失^④了，我回去总可以收集一些。娘十二年来都在这样想，可是总得不到回去的机会。

胡儿：那你为什么不赶快作出决定，把我们一道带回去呢？我多么想去看看万里长城，看看黄河，看看长江，看看东岳泰山呵！

文姬：儿呀，娘为这事已经三天三夜没有睡觉了。

胡儿：难怪^⑤你这两天瘦了，我看你饭也不想吃。妈，你是生了病吗？

---

① 拥抱（yōng bào）：to hold in one's arms
② 绸缎（chóu duàn）：silks and satins
③ 扫墓（sǎo mù）：to pay respect to the dead at the tomb
④ 战乱遗失（zhàn luàn yí shī）：to be lost in the war
⑤ 难怪（nán guài）：no wonder

　　文姬：我呵，比生病还要难过。能够回去，我是很高兴的。但是，娘要回去，就不能不留你们在这儿。你父亲不放你们走，他甚至不想让我走。他说，你是汉人，我可以让你走。儿女是匈奴人，你不能带走。我说，一个人分一个吧，把你或者你的妹子带回去，他也不肯。儿呵，你想，把你们丢下①，让娘一个人回去，这不是割下②了娘的心头肉吗？

　　胡儿：爹爹这样不讲道理③吗？匈奴人和汉人不是一家人？

　　文姬：儿呵，你爹爹是爱你们的。他不放你们走，你也不能怪④他。

　　赵四娘抱着蔡文姬半岁的女儿出来。

　　胡儿：四姨婆，妈妈要回汉朝去了，爹爹不让我们一道去！四姨婆是不是也要回去呢？

　　赵四娘：我是想回去的。你长大了就会知道，一个人谁也要思念自己的故土。但是，我已经想了三天，我要留下来照顾你们兄妹俩，让你们的妈妈安心回去。你妈妈想回汉朝，你爹爹不想离开匈奴，这是一样的道理。

　　文姬：四姨妈，我不想回去了。我怎么能丢下你们呢？你比我亲生的母亲还要疼⑤我，怎么能再把母亲的担子⑥加在你的身上？

　　赵四娘：文姬！你的儿女，我一定把他们抚养⑦成人，并且要教他们学好。有我在这儿，你安心。我虽然已经六十岁了，但我至

---

① 丢下（diū xià）：to leave behind
② 割下（gē xià）：to cut off
③ 不讲道理（bù jiǎng dào lǐ）：unreasonable
④ 怪（guài）：to blame
⑤ 疼（téng）：to love dearly
⑥ 担子（dàn zi）：burden
⑦ 抚养（fǔ yǎng）：to raise

少还想再活十五年，我一定要把你的儿女抚养成人，一定要看到匈奴和汉朝真正成为一家。

这时，左贤王匆匆来了。

左贤王：什么叫匈奴和汉朝成为一家？

赵四娘：你们这一家人不就是这样的吗？

左贤王：你说得好听！你难道没有看见吗？我这一家人就要四分五裂①了。文姬，孩子们的妈，今天是第四天了，单于在为汉朝来的人饯行②，要你也过去，今天就动身③！

文姬：什么？今天就走吗？

左贤王：是呵，汉朝来的人说，他们受了曹丞相的命令，要在五月以前赶回。在路上还得走两个月呢。那位将军刚才对我说：要不把蔡文姬送回汉朝，曹丞相的大兵一到，立刻把匈奴扫荡④！我想，如果我不让你回去，那就会大兵压境⑤。孩子们的妈，我是不想让你走的，你叫我怎么办呢？

文姬：你不要那样着急吧！我也不想离开你。我把儿女丢下，你叫我怎么能够忍心呢？如果你能让我带走一个……

左贤王：不行！我这几天都快要发狂了。你要走，我不敢阻拦你。赵四娘你也可以带走，除此之外，谁也不准带走！

文姬：孩子的爹，你不要生气吧。我也知道你的痛苦。我如果走了，希望你尊重赵姨娘，让她把孩子们抚养成人。我很想回去，但又不愿意离开你们。你知道，我是愿意匈奴和汉朝长远和好的。

---

① 四分五裂（sì fēn wǔ liè）：to fall apart, to break up
② 饯行（jiàn xíng）：to host a farewell dinner
③ 动身（dòng shēn）：to set out
④ 扫荡（sǎo dàng）：to completely wipe out
⑤ 大兵压境（dà bīng yā jìng）：the enemy troops pressing

曹丞相派使臣来迎接我，如果还有大兵随后，那就是不义之师。我要向汉朝的使者问个明白，如果真是那样，我要当面告诉他：我决不回去，死，也要死在匈奴！因此，我要向你请求一件事。我希望你请汉朝的使者到我们这里来。

左贤王答应了文姬的请求，请来了汉朝的使者董祀①，他向文姬行礼。

董祀：文姬夫人，你好！我们有十几年没见面了！

文姬：听说你们有大兵随后，你们只是先行呵？

董祀：谁这样说？完全是造谣！我们离开时，曹丞相召见②了我们，要我们带来了好些礼品，献给单于和左贤王，专诚③来迎接你回去。

文姬：曹丞相打发④你们来接我，究竟要我回去做些什么？是不是因为我在匈奴住了十二年，熟悉匈奴的情形，要我回去在军事上有用我之处吗？

董祀：你怎么谈到军事上来了？我们来的时候，曹丞相告诉我们：现在汉朝和匈奴已经和好，外患⑤也基本上消除⑥了，朝廷正在广罗人才，力修文治⑦。他说你的父亲伯喈先生，是天下名儒⑧，

---

① 董祀（dǒng sì）：name of the envoy
② 召见（zhào jiàn）：to summon
③ 专诚（zhuān chéng）：sincerely
④ 打发（dǎ fā）：to send
⑤ 外患（wài huàn）：foreign invasion
⑥ 消除（xiāo chú）：to eliminate
⑦ 广罗人才，力修文治（guǎng luó rén cái, lì xiū wén zhì）：to recruit talents from near and far, to develop culture and education
⑧ 名儒（míng rú）：a famous scholar

可惜受冤①而死。他说你是伯喈先生的孤女②，博学多才，可以继承伯喈先生的遗志，完成《续汉书》。曹丞相看中了你的文才，才来接你回去的。

文姬：十二年来我无日无夜都在思念我的乡土，我也没有忘记要收集我父亲的遗书。但我在这里已经有一儿一女，你是知道的，曹丞相难道不知道吗？

董祀：曹丞相也是知道的。他原想让你的子女也一道回去，但是左贤王不肯。我想左贤王不放走他的儿女，也是人之常情。如今汉朝和匈奴已如一家。你的子女留在这里也同带回去一样。待他们长大成人了，将来是有机会回去的。请你务必以国家大事为重，把天下人的儿女作为你自己的儿女吧！

文姬（深受感动）：呵，你说得我无言对答了。左贤王呵，孩子的爹，你叫我怎么办呢？

左贤王（向董祀）：你的话把我的疑惑③消除了。（向文姬）文姬，你安心回去吧。你回去继承岳父④的遗业，比你在匈奴更有意义。你将来还可以回匈奴来，我一有机会也可以到汉朝去。

单于摆设酒宴⑤，招待⑥汉朝使者，并派右贤王率领二百名胡兵护送⑦蔡文姬和汉朝的使者，同时赠送黄羊二百五十头、胡马百匹、骆驼二十头。

单于（对文姬）：匈奴和汉朝本来是一家人。我听说，你舍不

---

① 受冤（shòu yuān）：to be wronged
② 孤女（gū nǚ）：the only daughter
③ 疑惑（yí huò）：doubt
④ 岳父（yuè fù）：father-in-law
⑤ 摆设酒宴（bǎi shè jiǔ yàn）：to set up a banquet
⑥ 招待（zhāo dài）：to entertain
⑦ 护送（hù sòng）：to escort

得你的一双儿女。做母亲的人，要和儿女分离，的确是件苦事。你安心回去吧。左贤王会好好照顾他们，我们也要特别照顾他们。匈奴和汉朝已经是一家，你的儿女留在这里也是一样。将来长大了，让他们回到你那里去好了。

董祀：谢谢！汉朝和匈奴永归于好，是我们大家的希望。

左贤王：我希望所有的兄弟，以后都不要再吵架！

文姬（向左贤王）：我的心都碎了。就让我向你告别吧。我，祝你永远健康！

左贤王：我祝你一路平安！

文姬（向单于行礼）：祝单于永远健康！

单于：祝王妃一路平安！

文姬（向全场的人行礼）：祝大家都永远健康！

全场的人同声：祝文姬夫人一路平安！

29. 儿　女①

Children

　　回想四个月以前，我突然把小燕子似的一群儿女，从上海的租寓②送回乡间，关进低小的平屋中，自己仍回到上海的租界中，独居了四个月。这究竟出于什么旨意，本于什么计划，现在回想起来，连自己也不相信。

　　当时我独自回到上海，走进空寂③的租寓。

　　晚上整理房室，把剩在灶间里的篮钵④、器皿⑤、余薪⑥、余米，以及其他三年来寓居中所用的家常物件，尽行送给来帮我做短工的、邻近的小店里的儿子。只有四双破旧的小孩子的鞋子（不知为什么），我不送掉，拿来整齐地摆在自己的床下，而且后来看到的时候常常感到一种无名的愉快。

---

① 本文根据丰子恺的散文《儿女》（1928）简写。
　　丰子恺：Feng Zikai（1898—1975），中国现代著名画家、美术、音乐教育家、散文家、翻译家。
② 租寓（zū yù）：rented rooms, a rented apartment
③ 空寂（kōng jì）：empty and lonesome
④ 篮钵（lán bō）：baskets and bowls
⑤ 器皿（qì mǐn）：kitchen ware
⑥ 余薪（yú xīn）：leftover firewood

　　朋友们说我关心儿女。我对于儿女的确关心，在独居中更常有悬念①的时候。但我自以为，这关心与悬念中，除了本能②以外，似乎含有一种更强的意味。因为我的儿女都是孩子们，最年长的不过九岁，所以我对于儿女的关心与悬念中，有一部分是对于孩子们——普天下的孩子们——的关心与悬念。他们成人以后我对他们怎样？现在自己也不能晓得，但一定与现在不同。

　　回想过去四个月的悠闲、宁静的独居生活，在我也颇③觉得可恋，又可感谢。然而，一旦回到故乡的平屋里，被围在一群儿女的中间的时候，我又不禁自伤④了。因为，我那种生活，枯坐⑤，默想⑥，钻研⑦，应酬⑧，比起他们的天真、健全、活跃的生活来，明明是变态的⑨，病的，残废⑩的。

　　有一个炎夏的下午，我回到家中了。第二天的傍晚，我领了四个孩子，到小院中的槐荫下，坐在地上吃西瓜。夕暮⑪的紫色中，微风吹动孩子们的头发，百感畅快⑫的时候，孩子们似乎已经充溢着生的欢喜，非发泄⑬不可了。最初是三岁的孩子的音乐的表现，他摇摆着身子，口中一面嚼西瓜，一面发出一种像花猫偷食时候的

----

① 悬念（xuán niàn）：to be concerned about
② 本能（běn néng）：by instinct
③ 颇（pō）：very much
④ 自伤（zì shāng）：to feel sorry for oneself
⑤ 枯坐（kū zuò）：to sit in boredom
⑥ 默想（mò xiǎng）：to meditate，to contemplate
⑦ 钻研（zuān yán）：to study hard
⑧ 应酬（yìng chou）：to engage in social activities
⑨ 变态的（biàn tài de）：abnormal
⑩ 残废（cán fèi）：crippled
⑪ 夕暮（xī mù）：at nightfall
⑫ 畅快（chàng kuài）：to be free from inhibitions，to be carefree
⑬ 发泄（fā xiè）：ready to enjoy themselves to the utmost

"miau miau"的声音来。五岁的瞻瞻①接着发表他的诗:"瞻瞻吃西瓜,宝姐姐吃西瓜,软软吃西瓜,阿韦吃西瓜。"七岁与九岁的孩子立刻把他的诗的意义归纳起来:"四个人吃四块西瓜。"

于是,我就做了评判者②,在自己心中评判他们的作品。我觉得,三岁的阿韦的音乐表现最完全,最能表现他欢喜的感情。五岁的瞻瞻,把欢喜的感情翻译为(他的)诗,带着节奏、旋律与活跃的生命。软软与阿宝的散文的③、数学的、概念的④表现,比较起来更肤浅。然而,看他们的态度,其明慧⑤的心眼,比大人们所见的完全得多。天地间最健全者⑥的心眼,只是孩子们的所有物⑦,世间事物的真相,只有孩子们能最明确、最完全地见到。我比起他们来,真的心眼已经被蒙蔽⑧,是一个可怜的残废者了。我实在不敢受他们"父亲"的称呼。

我在平屋的南窗下设⑨一张小桌子,上面按照一定的秩序布置着稿纸、笔砚⑩、墨水瓶、时表和茶盘等,不喜欢别人移动。我——我们大人——平常的举止,总是谨慎,细心,斯文⑪,例如磨墨⑫,放笔,倒茶等,都小心从事,桌上的布置每日依然⑬。然而,孩子

---

① 瞻瞻(zhān zhān): name of the five-year-old child
② 评判者(píng pàn zhě): the judge
③ 散文的(sǎn wén de): prosaic
④ 概念的(gài niàn de): conceptual
⑤ 明慧(míng huì): smart and wise
⑥ 健全者(jiàn quán zhě): a healthy and sane person
⑦ 所有物(suǒ yǒu wù): possession, belonging
⑧ 蒙蔽(méng bì): beclouded
⑨ 设(shè): to place
⑩ 笔砚(bǐ yàn): brush and inkslab
⑪ 斯文(sī wén): refined
⑫ 磨墨(mó mò): to make ink from an inkslab
⑬ 依然(yī rán): in the same order

们一爬到我的案①上，就捣乱②我的秩序，破坏③我桌上的构图④，毁损⑤我的器物。他们拿起笔一挥，洒了一桌子的墨水点；他们撞翻⑥茶壶，壶盖打碎在地板上……这在当时实在使我不耐烦，我不免夺他们手里的东西。然而，我立刻后悔：我要求孩子们的举止同我自己一样，何其乖谬⑦！孩子们尚保有天赋的⑧健全的身手与活跃的元气⑨，我们大人们的礼貌，犹如刑具⑩，损害了天赋的健全的身手，于是活跃的人逐渐变成了残废者。残废者要求健全者的举止同他自己一样，何其乖谬！

　　儿女对我的关系如何？我不曾预备⑪到这世间来做父亲，心中常疑惑不明，又觉得非常奇怪。我与他们（现在）完全是异世界⑫的人，他们比我聪明、健全得多，然而，他们又是我生的儿女。这是何等奇妙的关系！世人以有儿女为幸福，希望以儿女永续⑬其自我，我实在不解他们的心理。我以为世间人与人的关系，君臣、父子、昆弟⑭、夫妇之情，在十分自然合理⑮的时候，都是一种广义的

---

① 案（àn）：desk
② 捣乱（dǎo luàn）：to fool with and make a mess
③ 破坏（pò huài）：to ruin
④ 构图（gòu tú）：composition
⑤ 毁损（huǐ sǔn）：to damage
⑥ 撞翻（zhuàng fān）：to knock over
⑦ 乖谬（guāi miù）：absurd
⑧ 天赋的（tiān fù de）：talented, endowed by nature
⑨ 元气（yuán qì）：viltality
⑩ 刑具（xíng jù）：punishment
⑪ 预备（yù bèi）：prepared
⑫ 异世界（yì shì jiè）：different worlds
⑬ 永续（yǒng xù）：to continue
⑭ 昆弟（kūn dì）：brothers
⑮ 合理（hé lǐ）：reasonable

友谊。所以朋友之情，实在是一切人情的基础。"朋，同类[1]也。"大地上的人，都是同类的朋友，共为大自然的儿女。世间的人，忘了他们的大父母，只知有小父母，以为父母能生儿女，儿女为父母所生，故儿女可以永续父母的自我，使之永存[2]。

近来，我的心为四事占据了：天上的神明与星辰，人间的艺术与儿童。这小燕子似的一群儿女，他们在我心中，占有与神明、星辰、艺术同等的地位。

---

① 同类（tóng lèi）：of the same kind
② 永存（yǒng cún）：to last forever

30. 傅 雷 家 书①

Letters from Fu Lei

一九五四年一月十八日晚

孩子，你这一次真是"一天到晚堆②着笑脸"③！想到五三年正月的事，我良心④上的责备简直消释⑤不了。孩子，我虐待⑥了你，我永远对不起你，我永远补赎⑦不了这种罪过⑧！人生做错了一件事，良心就永久不得安宁！真的，巴尔扎克⑨说得好：有些罪过只能补赎，不能洗刷！

---

① 本文节选自《傅雷家书》并简写。《傅雷家书》是傅雷夫妇于1954—1966年间写给在国外留学的儿子傅聪的信。傅聪（Fu Cong, 1936—2020），英籍华裔钢琴家。1954—1958年在波兰留学，学习音乐，1958年底自波兰移居英国。
傅雷：Fu Lei（1908—1966），中国现代著名作家、翻译家。

② 堆（duī）: to pile up

③ 1954年，傅聪赴波兰参加第五届萧邦国际钢琴比赛。1月16日，全家在上海火车站送傅聪去北京，准备赴波兰留学。

④ 良心（liáng xīn）: conscience

⑤ 消释（xiāo shì）: to dispel

⑥ 虐待（nüè dài）: to mistreat

⑦ 补赎（bǔ shú）: to redeem

⑧ 罪过（zuì guò）: fault

⑨ 巴尔扎克（bā ěr zhā kè）: Honoré de Balzac

一九五四年一月十九日晚

昨夜一上床，又把你的童年温了一遍。可怜的孩子，怎么你的童年会跟我的那么相似呢？我也知道，你从小受的挫折①，对于你今日的成就②并非没有帮助，但我做爸爸的，犯了很多很重大的错误。自问一生对朋友、对社会，没有做什么对不起的事，就是在家里，对你和你妈妈做了不少有亏良心③的事。近一年中常常想到，这几天在脑海中盘旋④，像恶梦一般。可怜过了四十五岁，父性⑤才真正觉醒！

我从来没爱你像现在这样爱得深切，而正在这爱得最深切的关头⑥，偏偏来了离别！这一关对我，对你妈妈都是从未有过的考验。

跟着你痛苦的童年一齐过去的，是我不懂做爸爸的艺术的壮年。幸亏你得天独厚⑦，任凭⑧如何打击都摧毁⑨不了你，因而减少了我一部分罪过。

可是，尽管我埋葬了自己的过去，却始终埋葬不了自己的错误。

孩子，孩子！孩子！我要怎样拥抱你，才能表示我的悔恨⑩与热爱呢！

---

① 挫折（cuò zhé）：frustration
② 成就（chéng jiù）：achievement
③ 有亏良心（yǒu kuī liáng xīn）：heavy on one's conscience
④ 盘旋（pán xuán）：to linger
⑤ 父性（fù xìng）：fatherhood
⑥ 关头（guān tóu）：critical moment
⑦ 得天独厚（dé tiān dú hòu）：be richly endowed by nature
⑧ 任凭（rèn píng）：no matter
⑨ 摧毁（cuī huǐ）：to destroy
⑩ 悔恨（huǐ hèn）：deep regret

一九五四年一月三十日晚

亲爱的孩子，你走后第二天，就想写信，怕你嫌烦，也就罢了①。可是没一天不想着你。好像克利斯朵夫②的母亲独自守在家里，想起孩子童年的形象一样，我和你妈妈老是想着你二三岁到六七岁间的故事。这一类的话我们不知有多少可以和你说，可是不敢说，你这个年纪是一切向前的，不愿意回顾③的。孩子，这些我都懂得，妈妈也懂得。只是你的一切，终身会印在我们脑海中，随时随地④会浮起来，像一幅幅图画，使我们又快乐又惆怅⑤。

真的，你这次在家一个半月，是我们一生最愉快的时期。我高兴的是我又多了一个朋友：儿子变了朋友，世界上有什么事可以和这种幸福相比的！尽管将来你我之间离多别少，但我精神上至少是温暖的，不孤独的。我相信我一定会做到不太落伍⑥，不至于惹你厌烦。

孩子，我从你身上得到的教训⑦，恐怕不比你从我得到的少。尤其是近三年来，你使我对人生多增了深刻的体验，我从与你相处的过程中，学到了忍耐⑧，学到了说话的技巧，学到了把感情升华⑨！

---

① 罢了（bà le）: to give up
② 克利斯朵夫（kè lì sī duǒ fū）: Christophe, a protagonist of novel *Jean-Christophe* by Romian Rolland
③ 回顾（huí gù）: to look back
④ 随时随地（suí shí suí dì）: whenever and wherever possible
⑤ 惆怅（chóu chàng）: melancholy
⑥ 落伍（luò wǔ）: to fall behind
⑦ 教训（jiào xùn）: lesson
⑧ 忍耐（rěn nài）: patience
⑨ 升华（shēng huá）: to sublimate

你走后第二天，妈妈哭了，眼睛肿了两天，这叫做悲喜交集①的眼泪。母亲的眼泪永远是圣洁②的、慈爱的！

一九五四年二月二日（除夕③）

昨晚七时一刻至八时五十分，电台广播你弹的四曲 Chopin（萧邦），外加一支 Polonaise（波洛奈兹），我们听了都很高兴，很感动。

好孩子，我真该夸奖你几句才好。希望你从此注意整个的修养，将来一定能攀登峰顶④。从你的录音中，清清楚楚感觉到你一切都成熟⑤多了，尤其是你的意志，终于抬头了。我真高兴。你能掌握⑥整个的乐曲，你的艺术灵魂更坚强、更广阔，也就是你整个的人格⑦和心胸⑧扩大了。孩子，我为你感到骄傲！

今天是除夕了，想到你在远方用功，努力，我心里说不尽的欢喜。别了，孩子，我在心中拥抱你！

一九五四年三月二十四日上午

从今以后，处处都要靠你个人的毅力⑨、信念⑩与意志——实践⑪的意志。

---

① 交集（jiāo jí）：to mix
② 圣洁（shèng jié）：holy
③ 除夕（chú xī）：Chinese New Year's Eve
④ 攀登峰顶（pān dēng fēng dǐng）：to reach the peak of perfection
⑤ 成熟（chéng shú）：mature
⑥ 掌握（zhǎng wò）：to master
⑦ 人格（rén gé）：character
⑧ 心胸（xīn xiōng）：mind
⑨ 毅力（yì lì）：willpower
⑩ 信念（xìn niàn）：faith
⑪ 实践（shí jiàn）：to practise

我一生任何时期，恋爱最热烈的时候，也没有忘记对学问的忠诚。

学问第一，艺术第一，真理第一——爱情第二，这是我没有变过的原则。我想你心目中的上帝一定也是Bach（巴哈），Beethoven（贝多芬），Chopin（萧邦）等第一，爱人第二。你目前所能支配①的精力与时间，只能贡献给你第一个偶像②，还轮不到第二个神明③。你说是不是？

一个艺术家必须能把自己的感情"升华"，才能于人有益④。我绝不是看了来信，夸张⑤你的苦闷⑥，因而着急，但我知道你是有苦闷的，我随便和你谈谈，也许能帮助你廓清⑦一些心情。

一九五四年四月七日

记得我从十三岁到十五岁，念过⑧三年法文。老师教的方法既有问题，我也念得很不用功，成绩很糟⑨（十分之九已忘了）。

从十六岁到二十岁改念英文，也没念好，只是比法文成绩好一些。

二十岁出国时，对法文的知识比你现在的俄文程度差。到了法国，半年之间，请私人教师与房东太太补习⑩法文。教师教读本与

---

① 支配（zhī pèi）：to be at one's disposal
② 偶像（ǒu xiàng）：idol
③ 神明（shén míng）：god, deity
④ 于人有益（yú rén yǒu yì）：be beneficial to people
⑤ 夸张（kuā zhāng）：to overstate
⑥ 苦闷（kǔ mèn）：depression
⑦ 廓清（kuò qīng）：to clean up, to dispel
⑧ 念（niàn）过：to have learned
⑨ 糟（zāo）：bad, poor
⑩ 补习（bǔ xí）：to take lessons after school or work

文法，房东太太教会话与发音，整天的改正，不用上课方式，而是随时在谈话中纠正^①。

半年以后，我在法国的知识分子家庭中过生活，已经一切无问题。十个月以后，开始能听几门不太难的课。

可见，国外学语文，因随时随地应用，比国内的进度要快五、六倍。我特意^②跟你提^③，是要你别把俄文学习弄成"突击式"^④。一个半月念完文法，这是强记^⑤，决不能消化^⑥，而且大半会忘。我认为目前主要是抓住俄文的要点^⑦，学得慢一些，但必须牢记，这样才能基础扎实^⑧。贪多^⑨是没用的，反而影响钢琴业务，甚至使你身心困顿，一空下来即昏昏欲睡^⑩。希望你自己细细想一想，想通了，就得下决心更改^⑪方法，与俄文老师细细商量^⑫。一切学问没有速成^⑬的，尤其是语言。倘若你目前停止上新课，把已学的从头温一遍，我敢断言^⑭，你会发觉有许多已经完全忘了。

你出国去所遭遇的最大困难，大概和我二十六年前的情形差不多，就是对所在国的语言程度太浅^⑮。过去我强调你在京赶学理论，

---

① 纠正（jiū zhèng）：to correct
② 特意（tè yì）：specially
③ 提（tí）：to mention
④ 突击式（tū jī shì）：quick and intensive
⑤ 强记（qiáng jì）：to force oneself to memorize
⑥ 消化（xiāo huà）：to digest, to internalize
⑦ 要点（yào diǎn）：main points
⑧ 基础扎实（jī chǔ zhā shí）：solid foundation
⑨ 贪多（tān duō）：greedy for more
⑩ 昏昏欲睡（hūn hūn yù shuì）：sleepy, drowsy
⑪ 更改（gēng gǎi）：to change
⑫ 商量（shāng liang）：to consult with sb. on sth
⑬ 速成（sù chéng）：short cut
⑭ 断言（duàn yán）：to say with certainty, assert
⑮ 浅（qiǎn）：superficial

便是为了这个缘故。倘若你对理论有了一个基本概念，那么，以后在国外念的时候，比较方便些。我再和你说一遍：你最好把俄文学习的时间分出一部分，用来学习乐理①。

提早出国，我很赞成。你以前觉得俄文程度太差，应多多准备后再走。其实，像你这样学俄文，即使用最大的努力，再学一年也未必能准备充分，除非你在北京不与中国人来往，整天生活在俄国人堆里。

你对时间的安排，学业的安排，轻重②的看法，缓急③的分别，还不能有清楚的认识与实践。这是我最操心的。因为你的生活将来要和我一样的忙，也许更忙。不能充分掌握时间与区别事情的缓急先后，你的一切都会打折扣④。所以有关这些方面的问题，不但希望你多听听我的意见，更要自己多想想，想过以后立刻想办法实行，应改的应当立刻改，应调整⑤的应当立刻调整，不以任何理由耽搁。

一九五四年七月四日晨

孩子，希望你对实际事务多注意些，应办的即办，切勿拖延⑥。

也许这是你出国以前接到的最后一封信了，也许连这封信也来不及收到。要嘱咐⑦你的话是说不完的，只怕你听得腻⑧了。在外好好利用时间，不但要利用时间来工作，还要利用时间来休息，写

---

① 乐理（yuè lǐ）：music theory
② 轻重（qīng zhòng）：the important and the less important
③ 缓急（huǎn jí）：the urgent and the less urgent
④ 打折扣（dǎ zhé kòu）：not as good as it should be
⑤ 调整（tiáo zhěng）：to adjust
⑥ 拖延（tuō yán）：to delay
⑦ 嘱咐（zhǔ fù）：to advise
⑧ 腻（nì）：bored with

信。别忘了杜甫那句诗：“家书抵万金”[①]！

一九五四年七月二十九日补[②]

亲爱的聪：上星期六（七月二十四日）爸爸说三天之内应该有聪的信，果然，他的预感[③]一点儿也不错，二十六日收到你在车中写的，莫斯科[④]发的信，我们多高兴！

你的信，字迹虽草率[⑤]，可是写得太好了，我们大为欣赏。一个人孤独了，思想集中，感想都是真情实意。你所赏识[⑥]的李太白、白居易、苏东坡等各大诗人，也是我们所喜欢，一切都有同感，也是一乐也。等到你有什么苦闷、寂寞的时候，多多接触[⑦]我们祖国的伟大诗人，可以为你解忧[⑧]，给你温暖。

爸爸还在三楼工作，他的工作有规律，你是深知的。服尔德[⑨]的作品译了三分之二，每天总得十小时以上，预计九月可出版。近来工作紧张了，晚上不容易睡好，他总是非把每天规定的做完不可。一空下来，他还要为你操心，替你想这样想那样。因为他出过国，要把过去的经验尽量告诉你，可以减少许多不必要的周折[⑩]。他又是样样想得周到，有许多宝贵的意见，他得告诉你，指导你，提

---

① 家书抵万金（jiā shū dǐ wàn jīn）：A letter from home is worth ten thousand pieces of gold.
② 这封信是傅聪的母亲写的。
③ 预感（yù gǎn）：anticipation
④ 莫斯科（mò sī kē）：Moscow
⑤ 草率（cǎo shuài）：hasty and careless
⑥ 赏识（shǎng shí）：to admire
⑦ 接触（jiē chù）：to contact, to read
⑧ 解忧（jiě yōu）：to lighten sorrow
⑨ 服尔德：Voltaire，现在译为“伏尔泰”
⑩ 周折（zhōu zhé）：twists and turns

醒你。孩子，千万别把爸爸的话当耳边风①，一定要牢牢记住。

　　我们做父母的人，为了儿女，不怕艰难，只要为你们好，能够有助于你们的，我们总尽量地给。希望你也能多告诉我们，你的忧，你的乐，就是我们的，让我们永远联结在一起。我们虽然年纪会老，可是不甘②落后，永远也想追随③在你们后面。

---

① 耳边风（ěr biān fēng）：unheeded advice
② 不甘（bù gān）：to be unwilling
③ 追随（zhuī suí）：to follow, to catch up

31. 背　影①

The Receding View of Father

我与父亲不相见已二年余了，我最不能忘记的是他的背影。

那年冬天，祖母死了，父亲的差使②也交卸③了，正是祸不单行④的日子。我从北京到徐州，打算跟着父亲奔丧⑤回家。到徐州见着父亲，看见满院狼藉⑥的东西，又想起祖母，不禁流下眼泪。父亲说："事已如此，不必难过，好在天无绝人之路⑦！"

回家变卖典质⑧，父亲还了亏空⑨，又借钱办了丧事。这些日子，家中光景惨淡⑩，一半为了丧事，一半为了父亲赋闲⑪。丧事完毕⑫，

---

① 《背影》是朱自清的散文名篇，写于1925年。

　朱自清：Zhu Ziqing（1899—1948），中国现代作家、学者、民主战士。

② 差使（chāi shi）：an official job

③ 交卸（jiāo xiè）：to hand over

④ 祸不单行（huò bù dān xíng）：misfortune does not come singly

⑤ 奔丧（bēn sāng）：to hasten home for the funeral of a parent or grandparent

⑥ 狼藉（láng jí）：scattered about, in a mess

⑦ 天无绝人之路（tiān wú jué rén zhī lù）：there is always a way out

⑧ 典质（diǎn zhì）：to pawn

⑨ 亏空（kuī kong）：debt

⑩ 光景惨淡（guāng jǐng cǎn dàn）：miserable and desolate

⑪ 赋闲（fù xián）：to be unemployed

⑫ 完毕（wán bì）：to finish

父亲要到南京谋事①，我也要回北京念书，我们便同行。

　　到南京时，有友人约去游逛②，勾留③了一日，第二日上午便须渡江④到浦口⑤，下午上车北去。父亲因为事忙，本已说定不送我，叫旅馆里一个熟识⑥的茶房⑦陪我同去。其实我那年已二十岁，北京已来往过两三次。他踌躇⑧了一会，终于决定还是自己送我去。我再三劝他不必去，他只说："不要紧，他们去不好！"

　　我们过了江，进了车站。我买票，他忙着照看行李。行李太多了，得向脚夫⑨行些小费才可过去，他便又忙着和他们讲价钱。我那时真是聪明过分，总觉他说话不大漂亮，非自己插嘴⑩不可，但他终于讲定⑪了价钱，就送我上车。他给我拣定⑫了靠车门的一张椅子，嘱我路上小心，夜里警醒⑬些，不要受凉，又嘱托⑭茶房好好照应我。我心里暗笑⑮他的迂⑯，他们只认得钱，托他们只是白托！而且我这样大年纪的人，难道还不能料理⑰自己么？唉，我现

---

① 谋事（móu shì）：to look for a job
② 游逛（yóu guàng）：to go sight-seeing
③ 勾留（gōu liú）：to break one's journey, to stop over
④ 渡江（dù jiāng）：to cross the Yangtze river
⑤ 浦口（pǔ kǒu）：a place in the northwest of Nanjing
⑥ 熟识（shú shi）：acquainted
⑦ 茶房（chá fáng）：waiter
⑧ 踌躇（chóu chú）：to hesitate
⑨ 脚夫（jiǎo fū）：porter
⑩ 插嘴（chā zuǐ）：to interrupt
⑪ 讲定（jiǎng dìng）：negotiated
⑫ 拣定（jiǎn dìng）：to have selected
⑬ 警醒（jǐng xǐng）：to watch out
⑭ 嘱托（zhǔ tuō）：to entrust
⑮ 暗笑（àn xiào）：to laugh to oneself
⑯ 迂（yū）：pedantry, naivety
⑰ 料理（liào lǐ）：to look after

在想想，那时真是太聪明了！

我说道："爸爸，你走吧。"他往车外看了看说："我买几个橘子去，你就在此地，不要走动。"我看那边月台的栅栏①外，有几个卖东西的等着顾客②。走到那边月台，须穿过铁轨③，须跳下去又爬上去。父亲是一个胖子，走过去自然要费事④些。我本来要去的，他不肯，只好让他去。我看见他蹒跚⑤地走到铁轨边，慢慢探身⑥下去，尚不大难。可是他穿过铁轨，要爬上那边月台，就不容易了。他用两手攀着⑦上面，两脚再向上缩⑧，他肥胖的身子向左倾⑨，显出努力的样子。这时我看见他的背影，我的泪很快地流下来了。我赶紧拭干⑩了泪，怕他看见，也怕别人看见。我再向外看时，他已抱了橘子往回走了。过铁轨时，他先将橘子放在地上，自己慢慢爬下，再抱起橘子走。到这边时，我赶紧去搀⑪他。他和我走到车上，将橘子放在我的皮大衣上。于是扑扑衣上的泥土，心里很轻松似的。过一会说："我走了，到那边来信！"我望着他走出去。他走了几步，回过头看见我，说："进去吧，里边没人。"等他的背影混入⑫来来往往的人里，再找不着了，我便进来坐下，我的眼泪又来了。

---

① 栅栏（zhà lɑn）：fence
② 顾客（gù kè）：customer
③ 铁轨（tiě guǐ）：rail
④ 费事（fèi shì）：difficult
⑤ 蹒跚（pán shān）：to waddle
⑥ 探身下去（tàn shēn）：to lower down
⑦ 攀着（pān zhe）：to climb, to cling
⑧ 缩（suō）：to draw
⑨ 倾（qīng）：inclined
⑩ 拭干（shì gān）：to wipe away
⑪ 搀（chān）：to help somebody by the arm
⑫ 混入（hùn rù）：to mingle with

近几年来，父亲和我都是东奔西走，家中光景是一日不如一日。他少年出外谋生，独力支持，做了许多大事。哪知老境却如此颓唐①！他待我渐渐不同往日。但最近两年不见，他终于忘却我的不好，只是惦记②着我，惦记着我的儿子。我北来后，他写了一信给我，信中说道："我身体平安，惟膀子③疼痛厉害，大约大去之期④不远矣。"我读到此处，在泪光中，又看见那背影。唉！我不知何时再能与他相见！

---

① 颓唐（tuí táng）：downcast
② 惦记（diàn jì）：to think about, to be concerned about
③ 膀子（bǎng zi）：upper arm
④ 大去之期（dà qù zhī qī）：the end of life

32. 纸船——寄母亲[①]

Paper Boats — to Mother

我从不肯妄[②]弃了一张纸，
总是留着——留着，
叠成一只一只很小的船儿，
从舟上抛[③]下在海里。

有的被天风吹卷到舟中的窗里，
有的被海浪打湿，沾在船头上。
我仍是不灰心的每天的叠[④]着，
总希望有一只能流到我要他到的地方去。

母亲，倘若你梦中看见一只很小的白船儿，
不要惊讶他无端[⑤]入梦。

---

① 本诗作者为冰心。
　　冰心：Bing Xin（1900—1999），中国现代著名作家、翻译家。
② 妄（wàng）：rash
③ 抛（pāo）：to throw
④ 叠（dié）：to fold
⑤ 无端（wú duān）：unexpected

这是你至爱的女儿含着泪叠的，

万水千山，求他载着她的爱和悲哀归去。

八，二十七，一九二三。

四

爱情与婚姻

33. 诗经·关雎①
The Grebes Coo

关关②雎鸠③，在河之洲④。

窈窕淑女⑤，君子好逑⑥。

参差⑦荇菜⑧，左右流之⑨。

窈窕淑女，寤寐⑩求之。

求之不得，寤寐思服⑪。

悠⑫哉悠哉，辗转反侧⑬。

---

① 关雎（guān jū），是中国第一部诗歌总集《诗经》中的第一首，这是一首以爱情为主题的诗歌，表现君子对于淑女的思念与追求，通过水鸟和鸣、琴瑟和谐的意象，比喻男女之间相依相恋、和谐共鸣、欢乐幸福，表达了以婚姻为目的的爱情观念。

② 关关（guān guān）：coo; the chirping of birds

③ 雎鸠（jū jiū）：grebe, turtledove

④ 洲（zhōu）：a sandy islet

⑤ 窈窕淑女（yáo tiǎo shū nǚ）：a fair maiden

⑥ 好逑（hǎo qiú）：a good spouse, an ideal life companion

⑦ 参差（cēn cī）：short and long

⑧ 荇菜（xìng cài）：duckweed, cresses

⑨ 流之（liú zhī）：water flows

⑩ 寤寐（wù mèi）：awake and asleep, day and night

⑪ 思服（sī fú）：to yearn

⑫ 悠（yōu）：long time

⑬ 辗转反侧（zhǎn zhuǎn fǎn cè）：to toss and turn

参差荇菜，左右采①之。
窈窕淑女，琴瑟②友之。
参差荇菜，左右芼③之。
窈窕淑女，钟鼓④乐之⑤。

The Grebes Coo

Trans. ZHAO Yanchun

Do-do, the grebes do coo
At shoal amid the stream ;
The lad is keen to woo
The lass,a virtuous dream.

Lush grows the water grass;
She picks it left and right.
The lad would court the lass,
A-craving day and night.

No chance to win her hand,
Asleep, awake, he yearns.

① 采（cǎi）：to pick
② 琴瑟（qín sè）：stringed musical instruments
③ 芼（mào）：to cull, to pick
④ 钟鼓（zhōng gǔ）：bells and drums
⑤ 乐之（lè zhī）：to please her

Long night he cannot stand;
He tosses and he turns.

Lush grows the water grass;
She plucks it left and right.
Lutes, flutes, do cheer the lass,
Her interest to invite.

Lush grows the water grass;
She culls it left and right.
Bells, drums, do please the lass,
Her humor to delight.

34. 牛郎织女①

Cowherd and Weaver

古时候，有个孩子，爹妈都死了，跟着哥哥嫂子过日子。哥哥嫂子待他很不好，叫他吃剩饭②，穿破衣裳③，夜里在牛棚里睡。牛棚里没床铺，他就睡在干草上。他天天放牛，跟那头牛很亲密④，用温和⑤的眼睛看着他，有时候还拿腮帮⑥挨着。哥哥嫂子见着他总是待理不理⑦的，仿佛他一在眼前，就不高兴。两下一比较⑧，他也乐得⑨跟牛一块儿出去，一块儿睡。他没名字，人家⑩见他放牛⑪，就叫他牛郎。

---

① 本文根据叶圣陶改编的《牛郎织女》简写。
② 剩饭（shèng fàn）：leftover food
③ 衣裳（yī shāng）：clothes
④ 亲密（qīn mì）：intimate
⑤ 温和（wēn hé）：temperate
⑥ 腮帮（sāi bāng）：cheek
⑦ 待理不理（dài lǐ bù lǐ）：to be cold and indifferent to
⑧ 比较（bǐ jiào）：to compare
⑨ 乐得（lè dé）：to be happy to
⑩ 人家（rén jia）：other people
⑪ 放牛（fàng niú）：to graze cattle

184

　　牛郎照看那头牛挺周到①。一来②是牛跟他亲密，二来呢，他想，牛那么勤勤恳恳③地干活，不好好照看它，怎么对得起它呢？他老是挑④很好的草地，让牛吃又肥又嫩⑤的青草，家里吃的干草，筛⑥得一点儿土也没有。牛渴了，他就牵⑦着它到溪流⑧的上游⑨，让它喝干净的溪水。夏天天气热，就在树林里休息，冬天天气冷，就在山坡⑩上晒太阳。他把牛身上刷得干干净净，不让有一点儿草叶⑪土粒⑫。到夏天，一把蒲扇⑬不离手，把牛虻⑭都赶跑⑮了。牛棚也打扫得干干净净，在干干净净的地方住，牛也舒服，自己也舒服。

　　牛郎哼小曲⑯儿，没人听他的，可是牛摇摇耳朵闭闭眼，好像听得挺有味儿。牛郎心里想什么，嘴就说出来，没人听他的，可是牛咧⑰开嘴笑，好像明白他的意思。他常常把看见的、听见的告诉牛，有时候跟它商量⑱一些事儿，牛好像全了解，虽然没说话，可

---

① 周到（zhōu dào）：considerate
② 一来（yī lái）：in the first place
③ 勤勤恳恳（qín qín kěn kěn）：diligent and conscientious
④ 挑（tiāo）：to choose
⑤ 嫩（nèn）：tender
⑥ 筛（shāi）：to sift
⑦ 牵（qiān）：to lead
⑧ 溪流（xī liú）：stream
⑨ 上游（shàng yóu）：upper reaches
⑩ 山坡（shān pō）：hillside
⑪ 草叶（cǎo yè）：grass and leaf
⑫ 土粒（tǔ lì）：dust
⑬ 蒲扇（pú shàn）：a fan made of cattail leaves
⑭ 牛虻（niú méng）：gadfly
⑮ 赶跑（gǎn pǎo）：to drive away
⑯ 哼小曲（hēng xiǎo qǔ）：to hum a ditty
⑰ 咧（liě）：to grin
⑱ 商量（shāng liang）：to consult

是眉开眼笑①的，他也就满意了。自然，有时候他还觉得美中不足②，要是牛能说话，把了解的和想说的都说出来，那该多好呢。

一年一年过去，牛郎渐渐长大了。哥哥嫂子叫他干更多活，待他并不比先前好，吃的还是剩饭，穿的还是破衣裳，睡的地方还是牛棚。

父亲留下的家产③本该哥儿俩平分④的，可是哥哥嫂子想独占⑤。现在牛郎长大了，要是他提出分家⑥，怎么办？干脆不分给他，想他也不敢说什么，可是，左右邻居不免⑦说闲话，怎么办？只恨爹妈多生了个牛郎。牛郎就成了哥哥嫂子的眼中钉⑧。

一天，哥哥把牛郎叫到跟前⑨，装作很亲热⑩的样子说："你如今长大了，也该成家立业⑪了。老人家留下一点儿家产，咱们分了吧。一头牛，一辆车，都归你，别的归我。"

嫂子在旁边说："我们挑顶⑫有用的东西给你，你知道吗？你要知道好歹⑬，赶紧离开这儿，去成家立业。天还早，能走就走吧。"

牛郎听哥哥嫂子这么说，想了想说："好，我这就走！"幸亏⑭

---

① 眉开眼笑（méi kāi yǎn xiào）：to be all smiles
② 美中不足（měi zhōng bù zú）：a blemish in an otherwise perfect thing
③ 家产（jiā chǎn）：family property
④ 平分（píng fēn）：to divide equally
⑤ 独占（dú zhàn）：to have something all to oneself
⑥ 分家（fēn jiā）：to divide up family property and live apart
⑦ 不免（bù miǎn）：would naturally
⑧ 眼中钉（yǎn zhōng dīng）：a thorn in one's flesh
⑨ 跟前（gēn qian）：in front of
⑩ 亲热（qīn rè）：intimate
⑪ 成家立业（chéng jiā lì yè）：to marry and settle down
⑫ 顶（dǐng）：most
⑬ 好歹（hǎo dǎi）：what's good and what's bad
⑭ 幸亏（xìng kuī）：fortunately

那头老牛归了他，亲密的伴儿还在一块儿，离开家不离开家有什么关系。

　　他就牵着老牛，拉着破车，头也不回，一直往前走，走出村子，走过树林，走到山峰重叠①的地方。以后，他白天上山打柴②，装满③一车，就让老牛拉着，到市上去换粮食④。夜晚，就让老牛在车旁边休息，自己睡在车上。过些日子，他在山前边盖了一间茅屋⑤。又在屋旁边开了一块地，种些庄稼⑥。这就算安了个家。

　　一天晚上，他走进茅屋，忽然听见一声："牛郎！"自从离开村子，他还没听见过这个声音。是谁叫他呢？回头一看，星光下，原来是老牛，嘴一开一合的，正在说话。

　　老牛真会说话了。

　　牛郎并没觉得奇怪，像是听惯⑦了它说话似的，就转过⑧身去听。

　　老牛说："明天黄昏⑨时候，你翻⑩过右边那座山。山那边一片树林，树林前边一个湖，那时候，有些仙女正在湖里洗澡。她们的衣裳放在草地上。你要捡起那件粉红色的纱衣⑪，到树林里等着，去

---

① 山峰重叠（shān fēng chóng dié）：overlapping peaks
② 打柴（dǎ chái）：to collect firewood
③ 装满（zhuāng mǎn）：to load up
④ 粮食（liáng shi）：foodstuff
⑤ 茅屋（máo wū）：thatched cottage
⑥ 庄稼（zhuāng jia）：crop
⑦ 听惯（tīng guàn）：to be used to
⑧ 转过（zhuǎn guò）：to turn around
⑨ 黄昏（huáng hūn）：dusk
⑩ 翻（fān）：to turn over
⑪ 纱衣（shā yī）：gauze clothes

跟你要衣裳的那个仙女就是你的妻子。好机会①不可错过②！"

"知道了。"牛郎高兴地回答。

第二天黄昏时候，牛郎翻过那座山，穿过树林，走到湖边。他听见有女子的笑声，顺着③声音看，果然有好些个④女子在湖里洗澡。他沿着湖边走，没几步，就看见草地上放着好些衣裳，他在里头找，果然有一件粉红色的，他就拿起来，转身走进树林。

他静静地听着，一会儿，就听见女子们上岸的声音，听见一个说："不早了，咱们赶紧回去吧！咱们偷偷地到人间来，要是老人家知道了，不知道要怎么罚咱们呢！"过了一会儿，又听见一个声音说："哎呀！我的衣裳哪儿去了？"

牛郎听到这儿，从树林里走出来，双手托⑤着纱衣，说："姑娘，别着急，你的衣裳在这儿。"

姑娘穿上衣裳，一边梳她的长长的黑头发，一边跟牛郎说话。牛郎把自己的情形⑥谈得很详细⑦，小时候怎么样，长大了怎么样，哥哥怎么样跟他分家，他怎么样安了个家，跟老牛一块儿过日子。姑娘听得出了神，又同情他，又爱惜他，就把自己的情形完全告诉他了。

原来她是天上王母娘娘⑧的外孙女，织⑨彩锦⑩织得特别好，名

---

① 机会（jī huì）: chance
② 错过（cuò guò）: to miss
③ 顺着（shùn zhe）: in the direction of
④ 好些个（hǎo xiē ge）: quite a few
⑤ 托（tuō）: to hold
⑥ 情形（qíng xíng）: situation
⑦ 详细（xiáng xì）: in detail
⑧ 王母娘娘（wáng mǔ niáng niang）: the Queen Mother of the West
⑨ 织（zhī）: to weave
⑩ 彩锦（cǎi jǐn）: colorful brocade

字叫织女。天天早晨和傍晚，王母娘娘拿她织的彩锦装饰①天空，那就是灿烂的云霞②，什么东西也不如它美丽。王母娘娘需要的彩锦多，就叫织女成天成夜③地织，一会儿也不许休息。织女劳累不用说，自由没有了，等于关在监狱④里，实在难受。自己织的彩锦，挂在天空那么好看，总该好好地欣赏欣赏吧，可是王母娘娘说织锦要紧⑤，不放⑥她出去看一会儿。

她常常想，人人说天上好，天上有什么好呢？没有自由，也看不见什么。她总想离开天上，自由自在地到人间去玩儿，见识见识人间的景物。别的仙女也都说，在王母娘娘跟前确实闷得慌⑦，应该到人间去玩一会儿。今天下午，王母娘娘喝千年的葡萄酒，多喝了点儿，仙女们见机会难得，就溜出来，一齐飞到人间。她们飞到湖边，看见湖水清得可爱，就跳下去洗澡。织女关在机房⑧里太久了，能够在湖水里无拘无束⑨地游泳，心里真痛快，就想多玩一会儿，没想到就落在后边。

牛郎听完织女的话，就说："姑娘，既然天上没什么好，你就不用回去了。你能干活，我也能干活，咱们两个结了婚，一块儿在人间过一辈子吧。"

织女想了想，说："你说得很对，咱们结婚，一块儿过日子吧。"

他们俩手拉着手，穿过树林，翻过山头，回到茅屋。牛郎把老

---

① 装饰（zhuāng shì）：to decorate
② 云霞（yún xiá）：rosy clouds
③ 成天成夜（chéng tiān chéng yè）：day and night
④ 监狱（jiān yù）：prison, jail
⑤ 要紧（yào jǐn）：important
⑥ 放（fàng）：to let go
⑦ 闷得慌（mèn de huāng）：bored and oppressed
⑧ 机房（jī fáng）：the weaving room
⑨ 无拘无束（wú jū wú shù）：to be free to do as one likes

牛指给织女看，说它就是从小到大的伴儿。织女拍拍老牛的脖子①，用腮帮挨挨它的耳朵，算是跟它行见面礼。老牛也眉开眼笑地朝她看，仿佛说："正是这个新娘子。"

从此，牛郎在地里耕种②，织女在家里纺织③。有时候，织女也帮助牛郎干些地里的活。两个人你勤④我俭⑤，不怕劳累，日子过得挺美满⑥。转眼间两三年过去了，他们生了一个男孩、一个女孩。到孩子能说话的时候，晚上，织女就指着星星，给孩子讲天上的故事。天上虽然富丽堂皇⑦，可是没有自由，她不喜欢。她喜欢人间的生活。跟爸爸一块儿干活，她喜欢。逗⑧着兄妹俩玩，她喜欢。看门前小溪的水流过去，她喜欢。听风吹过树林，她喜欢。两个孩子偎在她怀里，叫一声妈妈，回过头来又叫一声爸爸。她乐极了，可是有时候也发愁。愁什么呢？她没告诉牛郎。她怕外祖母找她，知道她在这儿。

一天，牛郎去喂牛⑨，那头牛又说话了，眼里满是眼泪。它说："我不能帮你们干活了！咱们分手了！我死以后，你可以把我的皮剥⑩下来留着。碰见⑪特别紧急⑫的事，你就披上我的皮，这对你会有帮助。"老牛说完就死了。牛郎听老牛的话，忍着悲痛剥下牛皮。

---

① 脖子（bó zi）: neck
② 耕种（gēng zhòng）: to plough and sow
③ 纺织（fǎng zhī）: to spin and weave
④ 勤（qín）: diligent
⑤ 俭（jiǎn）: thrifty
⑥ 美满（měi mǎn）: happy
⑦ 富丽堂皇（fù lì táng huáng）: grandeur, splendor
⑧ 逗（dòu）: to play with
⑨ 喂牛（wèi niú）: to feed cattle
⑩ 剥（bō）: to skin
⑪ 碰见（pèng jiàn）: to encounter
⑫ 紧急（jǐn jí）: urgent

夫妻两个痛哭了一场，把老牛的尸骨①埋②在屋后边的山坡上。

再说天上，仙女们溜到人间洗澡的事让王母娘娘知道了。王母娘娘罚她们，把她们关在黑屋子里，要等她们不再有贪玩③的心才放出来。她尤其恨织女，竟敢留在人间不回来，简直是损害④她的尊严⑤。她发誓⑥要把织女捉⑦回来，给她惩罚。

王母娘娘派了天兵天将到人间察访⑧，知道织女在牛郎家里，跟牛郎做了夫妻。一天，她亲自到牛郎家里，可巧⑨牛郎在地里干活，她就带着织女一齐飞起来。织女望着两个可爱的儿女，有话说不出来，只喊了一句："快去找爸爸!"

牛郎决定上天去追，把织女救回来。可是怎么能上天呢? 他忽然想起老牛临死说的话，这不正是特别紧急的事吗? 他赶紧披上牛皮，找了两个筐⑩，一个筐里放一个孩子，挑起来就往外跑。一出屋门，他就飞起来了。飞了一会儿，望见妻子和老太婆了，他就喊"我来了"，两个孩子也连声叫妈妈。越来越近，要赶上了，王母娘娘拔下头上的玉簪⑪往背后一画，牛郎的前边忽然显出一条天河。天河很宽，波浪很大，牛郎飞不过去了。

从此以后，牛郎在天河的这边，织女在天河的那边，只能远远

---

① 尸骨（shī gǔ）: bones
② 埋（mái）: to bury
③ 贪玩（tān wán）: playful
④ 损害（sǔn hài）: to harm
⑤ 尊严（zūn yán）: dignity
⑥ 发誓（fā shì）: to swear
⑦ 捉（zhuō）: to catch
⑧ 察访（chá fǎng）: to go about to find out
⑨ 可巧（kě qiǎo）: it happened that
⑩ 筐（kuāng）: basket
⑪ 玉簪（yù zān）: jade hairpin

地望着。他们就是天河两边的牵牛星和织女星。

织女受了很厉害的惩罚，可是不肯死心，一定要跟牛郎一块儿过日子。日久天长，王母娘娘就允许她每年七月七日跟牛郎会一次面。

每年七月七日，成群的喜鹊①在天河上边搭②一座桥，让牛郎织女在桥上会面。所以，人们说，那一天，空中很少见喜鹊，它们都往天河那儿搭桥去了。还有人说，那一天夜里，要是在葡萄架③下静静地听，还可以听见牛郎织女在桥上亲密地说话呢。

---

① 喜鹊（xǐ què）: magpie
② 搭（dā）: to build
③ 葡萄架（pú táo jià）: grape trellis

35. 梁山伯与祝英台[①]
Butterfly Love

三月春光明媚[②]，满眼的树木，长出嫩绿的叶子，树上开满了鲜艳的花朵。

有一个女子，她叫祝英台，在树下荡秋千[③]，旁边站着她的丫鬟[④]，叫银心。银心说："小姐，下来吧，我有事要告诉小姐。"

祝英台一听，就停了下来，叹了口气，说："我就是因为太闷了，才玩会儿秋千。你有什么话，就快告诉我吧。"

丫鬟说："我是有话要告诉小姐，不过在花园里谈，怕有人听见，我们到房里去谈吧。"

回到房里，银心说："你就是因为太闷了，才去荡秋千的。我知道你的心事。你时常说，你要像男子一样，也要外出跟从名师，求

---

① 《梁山伯与祝英台》是中国古代有名的民间爱情传说。本篇根据张恨水的小说《梁山伯与祝英台》（1954）简写。

　张恨水：Zhang Henshui（1895—1967），中国现代著名作家，现代通俗文学代表作家。

② 明媚（míng mèi）：fine, radiant and enchanting

③ 荡秋千（dàng qiū qiān）：to swing, play on the swing

④ 丫鬟（yā huan）：servant girl

学①几年，回家来，满腹诗书②，才不辜负③父母所生。听到有一位周老师，满腹文章，而且道德高尚，你想去杭州拜周先生为师④，不过，最近听说周老师要离开杭州，所以你闷闷不乐。听说周老师要在尼山设馆⑤。"

祝英台说："如果是这样，今天就去和父母大人提出来，我要去杭州求学。"

祝英台高高兴兴地去见父母。她对父亲说："感谢父母看得起我，自我八岁时，就给我请了一位先生教授我读书，教我为人之道。我十五岁的时候，爹爹告老还乡⑥，先生就被辞退⑦了。这实在可惜，好比爬楼梯只爬了一半，梯子就搬走了。如今是登楼梯既不能够，又不在地面上，就这样不高不低，这可是读书人的大不幸！现在好了，周先生还在尼山设馆授徒⑧，女儿想和国内少年男子一样，也往杭州拜周先生为师，当几年好学生。父母的意思怎么样？"

父亲听了哈哈大笑，说："我儿为什么在这里说许多梦话？我们就从孔子说起吧。他有弟子三千人，可是这三千人里面，哪一个是女子呢？孔子设馆，都没有女子，周先生会教授女子吗？"

祝英台早有准备，自信地说："孔子当年设馆，三千人里面，

---

① 求学（qiú xué）：to go to school
② 满腹诗书（mǎn fù shī shū）：profoundly learned
③ 辜负（gū fù）：to disappoint
④ 拜（bài）……为师（wéi shī）：to intend to learn from, to acknowledge sb. as one's teacher
⑤ 设馆（shè guǎn）：to set up an academy, to start a school
⑥ 告老还乡（gào lǎo huán xiāng）：to resign and return to hometown
⑦ 辞退（cí tuì）：to dismiss
⑧ 授徒（shòu tú）：to enroll students and impart knowledge or skills

谁能说没有女子改装①少年的呢？女扮男装②，无论什么人，都会被瞒③过的呀。女儿如果去，自然要女扮男装。再说，如果一个女子，从小就不看轻自己，和男子一样读书用功，那么，男子可以做的，女子当然可以做。男子们可以成为治国④有用的人才，女子当然也可以成为治国有用的人才。所以我认为，女子有没有才，关键⑤是看自己的想法和行动，所以女儿才想去读书。"

可是父母亲就是不同意祝英台离开家去杭州，更不同意她女扮男装。祝英台日夜想着求学的事，睡不着，连着几天不吃饭。母亲只好去劝说父亲，父亲没有办法，最后终于答应了她。

祝英台和银心主仆二人都换上男装，祝英台打扮成书生，银心打扮成书童，辞别⑥了父母，骑着马，离开了村子。

她们走了大半天，天色大变，乌云密布⑦，马上就要下大雨了。于是，她们就在一个草亭子里避雨，风吹着周围的绿色的麦田，麦田中有几块油菜⑧地，正开着黄花，旁边还有柳⑨树林，一条小溪。

主仆二人陶醉⑩在这田野美景中，就在这时，她们看到一个年轻的男子也过来避雨，这男子拉着一匹灰马，书童跟在后面挑⑪着行李。

---

① 改装（gǎi zhuāng）: to disguise
② 女扮男装（nǚ bàn nán zhuāng）: a girl in the guise of a boy
③ 瞒（mán）: to conceal, to keep in the dark
④ 治国（zhì guó）: to manage state affairs
⑤ 关键（guān jiàn）: key
⑥ 辞别（cí bié）: to farewell
⑦ 黑云密布（wū yún mì bù）: dark clouds gathering
⑧ 油菜（yóu cài）: oilseed rape
⑨ 柳（liǔ）: willow
⑩ 陶醉（táo zuì）: to be enchanted with
⑪ 挑（tiāo）: to carry

祝英台问:"请问仁兄①贵姓? 仁兄今天要去哪里?"

那书生道:"在下②梁山伯,去杭州读书。请问仁兄贵姓?"

祝英台道:"祝英台,祝福的祝,英雄的英,楼台的台。不知仁兄前往杭州跟哪位名师呢?"

梁山伯道:"周先生。仁兄前往杭州跟哪位名师呢?"

祝英台道:"正和仁兄一样,我也要拜在周先生门下。"

二人相谈甚欢,梁山伯见祝英台满腹诗书,抱负不凡③,约定到了杭州互相照应。不久,大雨停了,天气晴朗了,他们继续赶路。

三天后,他们到了杭州,拜周先生为师。周先生见他们是意气相投④的朋友,就把书堂后面的两间大房给他们读书、休息,二位书童就住在他们对面的小房间里。两个人的桌子都靠着窗户,梁山伯对着两棵大樟树⑤,祝英台的窗外有一小片竹林。他们白天听周先生讲课,晚上点烛⑥读书。

有一天,梁山伯对祝英台说:"我们两间房,各点一支烛,过于浪费,以后可以在一个桌子上读书,共点一支蜡烛,仁兄觉得怎样?"

祝英台说:"是的,以后可以俭省⑦一些。"于是,祝英台把自己桌子上的蜡烛吹熄⑧,坐在梁山伯书桌的对面,温习功课。梁山伯与祝英台白天读书、作文,晚上温习功课,或者外出散步。

---

① 仁兄(rén xiōng):对于兄弟或男性朋友的礼貌称呼
② 在下(zài xià):古人对于自己的谦称
③ 抱负不凡(bào fù bú fán):ambitious
④ 意气相投(yì qì xiāng tóu):congenial
⑤ 樟树(zhāng shù):camphor tree
⑥ 点烛(diǎn zhú):to light a candle
⑦ 俭省(jiǎn shěng):thrifty
⑧ 吹熄(chuī xī):to blow out

有一天下午，天上下着细雨，梁山伯走到祝英台窗前，指着柳树道："我想与仁兄结为金兰之好^①，虽不能说共享富贵，但至少可以互相帮助，你愿意吗？"

祝英台开心地说："你大我一岁，我敬你为兄。"

两人焚^②好了一炉檀香^③，在香案^④前跪下，对天三拜，二人对拜。祝英台为弟，梁山伯为兄。

转眼一年了。有一天，梁山伯接到家中来信，说家里无钱继续接济^⑤他读书了，他很忧心。祝英台知道后就说："如果只是钱的事，就好办，家里给小弟的接济很充裕^⑥，以后梁兄用钱，小弟拿给梁兄便是了。"梁山伯不好意思接受，祝英台说："你我如同手足^⑦一般，这点儿财物，不值得一提。"

后来，祝英台生病了，梁山伯细心照顾。两人的友谊更进了一步。梁山伯想要个什么东西，还没有开口，祝英台就把东西拿到他手边了，并且对梁山伯说："小弟情愿侍候^⑧兄长一辈子。"

梁山伯说："贤弟只兄弟一人，将来读书回家之后，支撑门户^⑨，哪能随兄一辈子？贤弟的话像三五岁的孩子。"

又过了三个月，英台收到家里的一封信，说母亲病了，父亲要她即刻回家。祝英台第二天就上路返家，但想到要和梁山伯分开，

---

① 金兰之好（jīn lán zhī hǎo）：sworn brothers

② 焚（fén）：to burn

③ 檀香（tán xiāng）：incense made of sandalwood

④ 香案（xiāng àn）：a table on which the incense burner is placed

⑤ 接济（jiē jì）：financial help

⑥ 充裕（chōng yù）：abundant

⑦ 手足（shǒu zú）：brothers

⑧ 侍候（shì hòu）：to attend upon

⑨ 支撑门户（zhī chēng mén hù）：to sustain one's family

心中十分难受。她赠给梁山伯一些礼物，她暗示①梁山伯自己是女子，可是梁山伯始终没有料到②这个贤弟是女子。英台临别前，把自己的心事告诉了师母，并把一个玉蝴蝶③的扇坠④交给师母，请她交给梁山伯。

第二天，梁山伯送别祝英台，一路上，路过一座山，山上有座牡丹⑤园，英台对山伯说："我家花园有很多牡丹，仁兄到我家，牡丹归兄所有⑥，花园里所有的东西也都归兄所有。"看到水里一群鹅游来游去，英台说："这群雄鹅在前面游，雌鹅在后面游，雌的怕失散⑦了，只是叫着哥哥，哥哥。"经过一块古碑，英台说："这是埋葬夫妻之墓。你我百年之后，后人将双棺⑧埋在一处，将来有人经过，看到满墓树林，也夸赞⑨一番。"梁山伯说："这不行，你我是异姓兄弟。现在我送弟回家，只应说吉祥的话。"他们走到一座亭子那里，英台说："十八里长亭已到，就送到这里吧。两人依依不舍⑩地告别"。祝英台见梁山伯至今不明白她是女儿身，就说："我有一个妹妹，与我长得一样，知书识字，若仁兄愿意结亲的话，我回家就告诉父母。希望梁兄早些来。"梁山伯答应她一个月内就去她家提亲⑪。

———————

① 暗示（àn shì）：to hint
② 料到（liào dào）：to expect
③ 玉蝴蝶（yù hú dié）：jade butterfly
④ 扇坠（shàn zhuì）：fan pendant
⑤ 牡丹（mǔ dān）：peony
⑥ 归兄所有（guī xiōng suǒ yǒu）：belong to you, my brother
⑦ 失散（shī sàn）：to be separated from
⑧ 双棺（shuāng guān）：two coffins
⑨ 夸赞（kuā zàn）：to speak highly of
⑩ 依依不舍（yī yī bù shě）：reluctant to part
⑪ 提亲（tí qīn）：to propose a marriage

梁山伯返回学堂，师母把玉蝴蝶扇坠给了他，告诉了他一切。他这才恍然大悟①，立刻回家，告诉了父母，就准备去祝家提亲。

祝英台回到家中，才知道母亲并没有生病，父亲写信骗她回家成亲，他已经把英台许②给了太守的儿子。

祝英台着急地说："儿对这门亲事，不愿意，一千个不愿意，一万个不愿意。"

父母非常生气，祝英台担心父母气坏身体，就告诉父母：她与梁山伯相遇，一起读书，结为异姓兄弟，并托言③家中妹妹，与梁山伯私定终身④，爹妈既然疼爱女儿，希望能支持女儿。不久梁山伯就要来提亲了，希望二位老人作主⑤。父母听了当然非常生气。

很快，梁山伯来到祝家提亲，但是被祝家赶了出去。

梁山伯回到家里，就生了一场大病，不久，他就死了。祝英台知道了梁山伯的死讯⑥，非常伤心，她又穿上男装，到梁家吊唁⑦。回到家中，日夜思念梁山伯，拒绝嫁给太守的儿子，她对父母说："就是皇上下圣旨⑧，也不嫁。"但是父母不停地逼迫她。

又过了两个月，英台终于答应了父母的要求，但她向父母提出了一个条件：出嫁那天，迎亲的队伍要经过梁山伯的坟地，她要去

① 恍然大悟（huǎng rán dà wù）：to suddenly realize
② 许（xǔ）：to be betrothed to
③ 托言（tuō yán）：in the name of
④ 私定终身（sī dìng zhōng shēn）：to pledge to marry without the approval of parents
⑤ 作主（zuò zhǔ）：to approve of the marriage
⑥ 死讯（sǐ xùn）：news of death
⑦ 吊唁（diào yàn）：to mourn
⑧ 圣旨（shèng zhǐ）：imperial edict

祭拜①，以便了却②今生未了情③。因为路远，要走水路，娶亲④的船队开入江中，下起了暴雨，不得不靠岸。

祝英台得知停靠的岸边，正是埋葬梁山伯的地方，她化了妆，换上华丽的服装，带着银心，下了船，向梁山伯的墓地走去。到了一片树林，看见一个土堆，前面立着一块石碑，上面写着"梁山伯之墓"。祝英台跪下哭道："梁兄啊，以前约好，在这坟上，安放两块碑。一块是梁山伯，一块是祝英台，现在只有梁山伯呀"。她两手按住梁山伯的墓碑。突然，天上黑云密布，电光闪耀，接着一个大雷。梁山伯的坟边忽然裂开一条缝⑤，一块石碑直立起来，碑上写着五个字"祝英台之墓"。祝英台看见墓碑，大喊道："梁兄，请开门，小妹来了。"忽然，坟墓正面出现了一个地洞，祝英台跃入地洞，洞口合了起来。跟在后面的银心，不见了祝英台，却看见一只大蝴蝶飞过她的头，慢慢地飞扬，飞入树枝，不见了。

又过了些时候，又是二月，江南已是百花开放的季节。两个书童来祭拜梁山伯与祝英台，他们看到，两只大蝴蝶展开翅膀，一上一下，一左一右，在树丛中，墓碑间，飞来飞去，越飞越高。

---

① 祭拜（jì bài）: to pay tribute to
② 了却（liǎo què）: to end
③ 未了情（wèi liǎo qíng）: promised love
④ 娶亲（qǔ qīn）: to escort the bride to the wedding
⑤ 缝（fèng）: crack

36. 西 厢 记①

Romance of the Western Chamber

———————❦———————

　　崔老夫人的丈夫是朝廷的宰相②,因病去世了。他们有一个女儿叫崔莺莺③,十九岁,针线女红④,诗词书算,没有不会的。崔相国⑤在世的时候,已经把莺莺许给了朝廷大官的儿子郑恒,因为莺莺孝服⑥未满,没有成亲⑦。父亲去世后,崔莺莺和母亲送灵柩⑧回老家安葬。她们把灵柩暂时寄放在普救寺。这寺院是女皇武则天造的,后来损坏了,又是崔相国重修的,因此,崔莺莺和母亲就在寺里西厢的一座宅子⑨里住下,写信到京城,请莺莺的未婚夫⑩郑恒来帮忙运送灵柩回老家。

────────────

① 本文根据王实甫的杂剧《西厢记》(大约写于1295—1307年间)简写。
　　王实甫:Wang Shifu(1260—1336),元代著名剧作家。
② 宰相(zǎi xiàng):prime minister
③ 崔莺莺:Cui Yingying, name of the female protagonist
④ 女红(nǚ gōng):needlework
⑤ 崔相国(cuī xiàng guó):Prime Minister Cui
⑥ 孝服(xiào fú):the mourning period
⑦ 成亲(chéng qīn):to get married
⑧ 灵柩(líng jiù):coffin
⑨ 宅子(zhái zi):residence
⑩ 未婚夫(wèi hūn fū):fiancé

　　张生本是洛阳人，先人曾经也是朝廷的大官，可惜因病身亡，母亲也已离世。张生一人云游四方，寄住在咸阳。他饱读诗书，去京城参加考试，途经河中府，打算去拜访他的一个同学，也是他的结拜兄弟——杜君实，他是武举状元①，现在是统领十万大军的大元帅。张生到了城里，就住在叫状元店的旅店里。他听说这里有一个寺，叫普救寺，是女皇武则天的香火院，建筑非比寻常②，南来北往、三教九流，没有不去瞻仰③的。于是，张生便带着琴童前往普救寺。

　　到了普救寺，寺内长老④外出，小和尚引导张生游览了普救寺，佛殿、宝塔、长廊、钟楼……张生连声赞叹："是造得好啊！"

　　莺莺和她的侍女红娘在园子里采了花，正要去佛殿。莺莺对红娘说："红娘，你看，寂寥⑤的僧房⑥没有人来，台阶上长满了苔藓⑦，上面落满了红花。"

　　张生看见了莺莺，惊得眼花、难言，他惊叹："这里也不是天宫，谁能想到在这寺里也能遇到神仙！"

　　红娘发现了张生，就对莺莺说："那边有人，咱们回家去吧"。莺莺离开时偷偷看了张生一眼。

　　张生问和尚："和尚，观音⑧怎么现身了？"

　　和尚说："不要胡说，那是崔相国的小姐"。

---

① 武举状元（wǔ jǔ zhuàng yuán）：number one in the imperial examination on military knowledge and skills
② 非比寻常（fēi bǐ xún cháng）：marvelous
③ 瞻仰（zhān yǎng）：to admire
④ 长老（zhǎng lǎo）：abbot
⑤ 寂寥（jì liáo）：lonesome
⑥ 僧房（sēng fáng）：monastery
⑦ 苔藓（tái xiǎn）：moss
⑧ 观音（guān yīn）：Bodhisattva

张生说:"我参加科举考试十年,也没有见到皇帝的面,我不去京城参加科考了。可否麻烦和尚给长老说一下,借我半间僧房,早晚在这里温习经史。"

第二天,张生再次来到普救寺。寺内长老接待了张生,张生告诉长老,父亲曾经是礼部尚书①,父亲一生正直,做官清廉,因病身亡,什么也没有留给他。张生请求长老,借半间僧房,温习经史,房租按月支付。长老答应了张生。

张生虽然住进了寺院,但却见不到莺莺。他想请莺莺的侍女红娘帮忙。有一天,他在路上等红娘。红娘认出了张生,并且猜到了张生的意图。

张生对红娘说:"小生姓张,洛阳人,二十三岁,还没有娶妻……"

红娘说:"谁问你了?"

张生问:"请问你家小姐经常出来吗?"

红娘怒道:"先生是读书君子,孟子说:'男女授受不亲'②。我们老夫人治家严肃③,家风严谨④,家里连一个男子都没有。年纪超过十二三岁的,没有老夫人的召唤,都不敢私自进入府内。昨日莺莺偷跑出来,夫人知道了,立刻叫来责问:'你是一个女子,不告诉长辈而外出,如果被游客或小和尚看见了,岂不是自找羞辱吗?'小姐听后立刻道歉:'一定改正错误,今后不再犯同样的错'。老夫人对待自己的女儿都这么严厉,更何况是对我这样的侍女呢?先生学习礼法,应该懂得道理,与你无关的事情,不要过问。今天你问的

---

① 礼部尚书(lǐ bù shàng shū):Minister of Rites
② 男女授受不亲(nán nǚ shòu shòu bù qīn):some distance kept between men and women
③ 严肃(yán sù):strict, serious
④ 严谨(yán jǐn):rigorous

是我，可以原谅，如果被老夫人知道，决不会放过你。今后该问的可以问，不该问的不要胡说！"红娘说完就离开了。

张生听完，心中抑郁，一天的忧愁都表现在脸上。

红娘回去以后，把遇到张生的经过告诉了莺莺。莺莺说："不要让老夫人知道这件事，天色晚了，我们去花园烧香。"

张生从小和尚那里知道，莺莺每天晚上都会去花园烧香，因此，他躲在花园里。夜深人静，明月当空，张生躲在假山后面。为了引起莺莺的注意，张生吟诵①诗句。莺莺知道是张生，同样作诗回应。张生忍不住从假山后面走出来。红娘怕被老夫人知道了会责怪她，连忙拉着莺莺离开了。

莺莺和张生见过几次面以后，已经对他产生了情意。虽然他们住得很近，可是却比天涯②还远。莺莺整日茶饭不思，无心梳妆③，感叹春光易逝④。

有一个名叫孙飞虎的人，统领五千人马，镇守河桥，后来沦落为盗匪。他听说崔相国的女儿崔莺莺，有倾国倾城⑤的美貌，现在借住在普救寺，就打算带兵去普救寺，强掳⑥莺莺作为自己的妻子。孙飞虎带兵包围了普救寺，说三天之内不把莺莺献⑦出去，就放火烧了普救寺。

莺莺为了保全⑧家人和寺庙，请求老夫人说："母亲啊，你就

---

① 吟诵（yín sòng）：to recite
② 天涯（tiān yá）：the end of the world
③ 梳妆（shū zhuāng）：to dress and make up
④ 春光易逝（chūn guāng yì shì）：spring is fleeting
⑤ 倾国倾城（qīng guó qīng chéng）：breath-taking beauty
⑥ 掳（lǔ）：to take away by force
⑦ 献（xiàn）：to give
⑧ 保全（bǎo quán）：to assure the safety of

让孩儿自尽^①吧，在我死后，将我的尸首交给强盗，这样既不会辱没^②家门，也能让他们退兵。"

老夫人听后更加痛苦，她怎么会舍得让自己的女儿白白去死呢？于是她想出一计^③，向众人说："不论是什么人，只要能够想出办法击退强盗，就将莺莺许配给她做妻子，不仅不收彩礼^④，反而送他钱财。"

张生一听，非常高兴，他赶忙写了一封求救信，让人送给他的好友杜君实。不到三日，杜君实就带领五千人，击退了贼兵，救了普救寺和崔莺莺。

崔夫人宴请张生，张生以为，击退了贼兵，就能和莺莺成亲，可是，夫人却让莺莺认张生为哥哥。老夫人说："崔相国在世时，已把莺莺许配给了郑恒，前几日已经写信到京城叫他回来。如果他回来了，这件事该怎么办呢？不如给你金银财物，你可以选豪门^⑤之女为妻。"

张生说："既然夫人不给莺莺，我怎么会贪图金银财物呢？"张生说完，就要离开。因为张生喝醉了，夫人让红娘扶他回房休息。张生对红娘说："自从在寺中见到莺莺，寝不安枕^⑥，忍受着无限的痛苦，本来以为可以成婚了，夫人却不守诺言，我没有任何办法了。你若可怜我，就告诉莺莺我的心意，我这就在你面前吊死自己吧。"

红娘说："你不要傻，不要慌，我来帮你一起想办法。"

---

① 自尽（zì jìn）: to commit suicide
② 辱没（rǔ mò）: to bring disgrace to
③ 计（jì）: an idea
④ 彩礼（cǎi lǐ）: betrothal gifts
⑤ 豪门（háo mén）: rich and powerful family
⑥ 寝不安枕（qǐn bù ān zhěn）: to toss and turn all night

莺莺不能抵抗母亲的命令，也犯了相思病①。红娘不忍心看他们相思成疾，就背着②老夫人，帮二人传情书。这情书一来一往，莺莺写下"待月西厢下，迎风户半开；隔墙花影动，疑是玉人来"。张生看了信，明白莺莺约他晚上幽会，他只怪太阳不快点下山。到了晚上，张生如约而至③，莺莺却突然改变了主意，不仅不承认信中的约定，还将张生数落④了一番。张生郁郁寡欢⑤，相思病更重了。

第二天，莺莺得知张生病了，就让红娘送药方⑥给张生，名义上是药方，实际上是宽慰⑦张生的信。信里写道："你不要把不愉快的事情放在心上，也不要浪费自己的才华。昨夜我是为了保全声誉才临时反悔的，没想到让你生病。为了报答你的深情，我也顾不得遵守家规礼法了。今天晚上再见吧。"

过了几天，老夫人听说，晚上莺莺和红娘去花园烧香，过了很久才回来，她感到事情有些不简单。她叫红娘来盘问⑧，红娘承认了她帮助张生和莺莺的事，但红娘认为莺莺与张生幽会的原因在于老夫人。她说："先是夫人不信守诺言，又不打发张生离开，而且让他们以兄妹相称，他们两个人住得这么近，产生情意是必然的。如今他们两个人的事情如果传出去，不仅辱没了崔家的声誉，而且，如果将来张生考取了功名，今天的事情也会使他受辱，这不是对待恩人的道理。"

---

① 相思病（xiāng sī bìng）：lovesickness
② 背着（bèi zhe）：without sb's knowledge
③ 如约而至（rú yuē ér zhì）：to arrive as promised
④ 数落（shǔ luò）：to reprove, to scold
⑤ 郁郁寡欢（yù yù guǎ huān）：to feel depressed
⑥ 药方（yào fāng）：prescription
⑦ 宽慰（kuān wèi）：to comfort
⑧ 盘问（pán wèn）：to interrogate

　　老夫人觉得红娘说得有道理，于是决定先把这件事情隐瞒起来。她把张生叫来，说："我现在把莺莺许配给你，不过我们崔家三辈①不招白衣②女婿，你明天就上京城参加科考，等你考中了，才能和莺莺成亲。如果考不中，你就不要来见我了。"张生一听，很高兴，收拾行李，第二天就离开去京城了。

　　半年以后，张生中了状元，终于和莺莺成了亲。

　　愿天下有情人都成眷属③。

---

① 辈（bèi）：generation
② 白衣（bái yī）：a person who holds no title
③ 天下有情人都成眷属（juàn shǔ）：May all lovers unite in marriage.

37. 牡 丹 亭①

The Peony Pavilion

　　南安太守杜宝,为官清正廉洁。他和夫人只养育了一个女儿,名叫杜丽娘,美貌清秀,聪明伶俐。杜太守希望自己的女儿多读诗书,勤练女红,并且能够嫁给读书人。

　　杜宝发现女儿整天贪睡,懒于读书,就请了一位六十岁的老先生来家中教学管教②。这位老先生叫陈最良,虽然饱读诗书,却古板③迂腐④。在他看来,《关雎》是歌颂后妃⑤之德的作品,可杜丽娘却被"窈窕淑女,君子好逑"这一句勾起了情思,她感叹:"男女之情,自古如此,如今我和古人有相同的情愫⑥,不也是人之常情吗?"由于内心的愁绪无法排遣⑦,再加上读书苦闷,杜丽娘就趁着父亲不在家,偷跑到后花园游玩。

---

① 本文根据汤显祖戏剧《牡丹亭还魂记》(刊行于1617年)简写。

　汤显祖:Tang Xianzu(1550—1616),明代(1368—1644)文学家、戏曲家。

② 管教(guǎn jiào):to discipline

③ 古板(gǔ bǎn):old-fashioned and inflexible

④ 迂腐(yū fǔ):stubborn adherence to outworn rules and idea

⑤ 后妃(hòu fēi):empress and imperial concubine

⑥ 情愫(qíng sù):sincere feeling

⑦ 排遣(pái qiǎn):to divert oneself from loneliness or boredom

时值春天，春和景明。杜丽娘对着镜子梳妆打扮："穿上鲜亮的裙衫①，戴上镶着宝石的簪子，爱美是我的天性呀！可我这沉鱼落雁②、闭月羞花③的容貌，就像美好的春光一样，没人欣赏。还是到后花园去看看春天的景色吧！"

到了花园，鲜花烂漫，开满整个庭院，杜丽娘触景伤情："春色恼人是可信的吗？我曾经在诗经中读到，古代女子容易在春天触动情思，这确实不假吗？我今年十六岁了，在这美好的春光里，却没有遇到科举及第④的君子。唉，我从小生长在名门望族⑤，虽然已经到了婚配的年纪，却没有如意郎君⑥，这实在是虚度青春啊！"哀叹许久，杜丽娘觉得困乏，靠着桌子睡着了。

刚刚合眼，杜丽娘就看见一位二十岁的男子，手拿柳枝走来，说："小姐既然通读诗书，可以以此柳枝作诗一首吗？"

杜丽娘又惊又喜，心想："我与这书生素昧平生⑦，为何他会出现在此地与我攀谈⑧？"

书生说："小姐，我爱慕你许久了，虽然您有花朵儿似的美丽容颜，但岁月似流水，一去不复返，不如我们趁着这般好景致⑨，转过芍药丛⑩，一边讲话去？"杜丽娘娇羞低头。

---

① 裙衫（qún shān）：clothes, dress
② 沉鱼落雁（chén yú luò yàn）：so beautiful that fish sink and wild geese alight; beauty captivating even the birds and beasts
③ 闭月羞花（bì yuè xiū huā）：so beautiful that the moon hides and flowers blush
④ 及第（jí dì）：to pass the imperial examination
⑤ 名门望族（míng mén wàng zú）：rich, noble and powerful family
⑥ 如意郎君（rú yì láng jūn）：Mr. Right
⑦ 素昧平生（sù mèi píng shēng）：to have never met before
⑧ 攀谈（pān tán）：to have a chat with
⑨ 景致（jǐng zhì）：scenery, view
⑩ 芍药丛（sháo yào cóng）：cluster of Chinese herbaceous peony

忽然，杜丽娘听到母亲的呼唤醒了过来，才发现原来刚才只是一场梦。

从那日以后，杜丽娘整日茶饭不思，寝食难安①。请来医生，说是得了相思病。正所谓心病难医，杜丽娘虽然看了医生，也吃了不少药，但病情仍不见好转。

转眼半年已过，又到了中秋佳节，丽娘感于秋日萧瑟，悲从中来，竟然一命呜呼②了。

杜丽娘死后，杜宝依照女儿的遗愿③，把她葬在后花园的梅树下，并修了一座梅花庵④，请一位道姑⑤看守，自己便奉命去江苏任职了。

柳梦梅本是名门望族出身，无奈家道中落⑥，如今只能刻苦求学，希望能考中状元，改变处境。半月之前，他做了一个梦，梦里来到了一座花园，在梅花树下，碰到了一个美人，美人对他说："柳公子遇到我才能成就⑦一段好姻缘，也能功成名就⑧。"从此柳梦梅带着对梦中女子的思念，奋发读书，期待金榜题名⑨，迎娶美人的那一天。

这日，柳梦梅在前往长安城的途中，不幸感染⑩风寒病倒了，因此不得不暂时在梅花庵住下。

由于心中烦闷，柳梦梅来到了后花园消遣，竟然在湖边捡到了

---

① 寝食难安（qǐn shí nán ān）：to stay awake at night and have no appetite for food
② 一命呜呼（yī mìng wū hū）：to die
③ 遗愿（yí yuàn）：last wish
④ 庵（ān）：nunnery
⑤ 道姑（dào gū）：Taoist nun
⑥ 家道中落（jiā dào zhōng luò）：The family is in straitened circumstances.
⑦ 成就（chéng jiù）：to accomplish
⑧ 功成名就（gōng chéng míng jiù）：to achieve success and win recognition, to acquire fame
⑨ 金榜题名（jīn bǎng tí míng）：to succeed in the imperial examination
⑩ 感染（gǎn rǎn）：to infect

一幅美人图。

　　柳梦梅被画中的女子吸引，他将画挂在书房里，早晚观赏。这日，他又立在画前，欣赏美人的面容，心中苦闷，不知何时才能和这位女子相会。夜晚凉风习习，柳梦梅只好卧床睡觉了。忽然听到门外有人敲门，开门一看，是一位美若天仙的女子，她快步走进屋内。

　　柳梦梅心中又惊又喜，问道："请问小姐尊姓大名？又为何深夜来到此地？"

　　女子答："我因为仰慕①公子的风采②，所以来到这里，想和公子成秦晋之欢③。"

　　柳梦梅心中十分欢喜，又不敢相信，便问道："这难道是在做梦吗？"

　　女子笑着说："这并不是梦啊，是真的！小女子还担心公子不肯收容④我呢"。

　　柳梦梅连忙说："美人怜爱我，我自然喜出望外⑤，怎么会拒绝呢？"

　　此后，那女子每晚深夜都会来到梦梅房中，与他相会，直至天亮之前离开。一天夜里，二人立下了"生同室，死同穴"⑥的誓言⑦。忽然，女子发现了柳梦梅房中的画像，问道："柳公子是从何处得来的画？"

　　柳梦梅答："在湖边的石缝里找到的"。

---

① 仰慕（yǎng mù）：to admire
② 风采（fēng cǎi）：elegant demeanor
③ 秦晋之欢（qín jìn zhī huān）：marriage
④ 收容（shōu róng）：to accept
⑤ 喜出望外（xǐ chū wàng wài）：to be overjoyed
⑥ 生同室，死同穴（shēng tóng shì, sǐ tóng xué）：to live and die together
⑦ 誓言（shì yán）：oath

女子说："公子可知道，我就是画中的女子啊！"柳梦梅震惊细看，果然眼前的女子与画中的美人是一个模样。原来这画是杜丽娘生前的自画像，画中还有题字。杜丽娘死后，侍女将这幅画藏在了湖边，竟被柳梦梅找到了。

那日杜丽娘死后，魂魄^①来到了地府^②，地府判官查看杜丽娘的生死簿^③后，发现她仍有寿命^④，而且还有一段未成的姻缘^⑤，这段姻缘的对象就是柳梦梅。因而判官放杜丽娘的魂魄回到了人间，允许她追寻柳梦梅，并且吩咐要保全杜丽娘的尸身不受损害，等待有一日开棺还魂^⑥。

原来与柳梦梅两情相悦^⑦的正是杜丽娘的魂魄啊！

杜丽娘将自己的经历一一向柳梦梅倾诉^⑧，请求柳梦梅开棺，让她的魂魄能够回到肉身。柳梦梅听后十分惊异，就和庵中道姑商量，挑了一个日子，来到后花园梅树之下，掘墓开棺。杜丽娘的尸身果然完好无损，美貌依旧。

在柳梦梅的呼唤下，杜丽娘渐渐苏醒了过来，又吃下了还魂丹^⑨和定魂散^⑩，慢慢地可以开口说话了。休养了几日之后，在道姑的见证^⑪下，二人简单地完成了婚礼。婚礼之后，杜丽娘就跟随柳

---

① 魂魄（hún pò）：ghost
② 地府（dì fǔ）：the nether world
③ 生死簿（shēng sǐ bù）：Book of Life and Death
④ 寿命（shòu mìng）：life span
⑤ 姻缘（yīn yuán）：marriage by destiny
⑥ 还魂（huán hún）：to revive after death
⑦ 两情相悦（liǎng qíng xiāng yuè）：deeply attached to each other
⑧ 倾诉（qīng sù）：to open one's heart to sb
⑨ 还魂丹（huán hún dān）：panacea which can bring the dead back to life
⑩ 定魂散（dìng hún sǎn）：medicine which can help soul settle in the body
⑪ 见证（jiàn zhèng）：to witness

梦梅参加科举考试去了。

　　杜宝离开江西以后，前往江苏淮扬^①任职，近日因为平定贼寇^②有功，被封为宰相。为了庆祝，杜宝设宴款待众人。宴席间，一个自称是杜家女婿^③的书生求见，杜宝心里感到奇怪："我女儿已经去世三年，生前并未嫁人，我哪里来的女婿？"于是他将书生抓起来审问^④。

　　原来因为杜丽娘十分想念父母，十分担心父母的安危，便让柳梦梅去打听^⑤父母的消息，并且带着自己的画像作为信物^⑥。但杜宝不知女儿重生^⑦的消息，当他看到柳梦梅拿着女儿的遗物^⑧时，便认为他是盗墓^⑨的人。

　　正当杜宝要审问柳梦梅时，消息传来，柳梦梅高中状元。众人都祝贺杜宝三喜临门，一喜是官升宰相，二喜是女儿重生，三喜是女婿高中状元。但是杜宝不相信人能重生，认为柳梦梅所说的一切辱没了杜家的声誉^⑩。于是他向皇帝禀明^⑪了此事，说柳梦梅是盗墓之人，不能做状元。

　　杜丽娘这边也听说了此事，赶忙前去作证。在皇帝的见证下，杜丽娘和杜宝父女相认，和柳梦梅夫妻相认，最终家人欢聚一堂，团团圆圆。

---

① 淮扬（huái yáng）：prefectures within Jiang Su province
② 贼寇（zéi kòu）：rebels
③ 女婿（nǚ xu）：son-in-law
④ 审问（shěn wèn）：to interrogate
⑤ 打听（dǎ ting）：to ask around
⑥ 信物（xìn wù）：token
⑦ 重生（chóng shēng）：to revive
⑧ 遗物（yí wù）：things left behind by the deceased
⑨ 盗墓（dào mù）：to rob a tomb
⑩ 声誉（shēng yù）：reputation
⑪ 禀明（bǐng míng）：to report to a superior

38. 白娘子永镇雷峰塔①

Lady White Jailed Neath the Leifeng Pagoda

西湖景致，山水鲜明。晋朝②时期，山水大发，流入西门。忽然，水中出现了一头牛，浑身③金色。水退后，牛也随着水走到北山，然后，就不知去向了。这件事轰动了杭州。杭州人建了一个寺，叫金牛寺，又在西门，也就是涌金门，立了一座庙。有一个和尚，云游到这里，看见一座山，就说："有一座小山峰，忽然不见了，原来飞到这里来了。"山前有一个亭子，又有一座孤山④，在西湖中。以前有一位先生隐居⑤在这里，修了一条路，叫孤山路。唐朝⑥的诗人白乐天到这里做官，修了一条路，叫做白公堤⑦。到了宋朝，大诗人苏东坡来这里做官，看见白堤被水冲坏，就叫人买了木

---

① 本文根据冯梦龙短篇小说《白娘子永镇雷峰塔》简写。
　 冯梦龙：Feng Menglong（1574—1646），明代文学家。
② 晋朝（jìn cháo）：the Jin Dynasty（265—420）
③ 浑身（hún shēn）：from head to foot
④ 孤山（gū shān）：a butte
⑤ 隐居（yǐn jū）：to live in seclusion
⑥ 唐朝（táng cháo）：the Tang Dynasty（618—907）
⑦ 白公堤（bái gōng dī）：the Bai Causeway

料①、石头，把它修好。桥上安了红色的栏杆②，堤上种了桃树、柳树，风景美丽入画。后人叫它做苏公堤③。孤山路边，造了两座石桥，东边的叫断桥④，西边叫西宁桥。

西湖美景，仙人古迹⑤。

宋朝⑥时，有一个俊俏⑦的后生⑧，因游玩西湖，遇见两个妇人，惹出⑨的故事，轰动⑩了杭州城大街小巷，有人把他的故事编成⑪了小说。

这个青年名叫许宣⑫，从小父母双亡，住在姐姐家里，二十二岁还没有娶妻，在一家药店里做主管⑬。

清明⑭时节，许宣换上新鞋新衣，走到寺庙，烧纸焚香⑮，祭拜了父母，又到佛殿观看和尚们念经。然后吃了斋饭⑯，别了和尚，离开寺庙，过了西宁桥、孤山路，到六一泉闲走。不料西北乌云，东南浓雾⑰，下起了小雨，渐渐地越下越大。许宣出来寻找船只，却不

---

① 木料（mù liào）：timber
② 栏杆（lán gān）：railing
③ 苏公堤（sū gōng dī）：the Su Causeway
④ 断桥（duàn qiáo）：the Broken Bridge on the West Lake
⑤ 古迹（gǔ jì）：historic site
⑥ 宋朝（sòng cháo）：the Song Dynasty（960—1279）
⑦ 俊俏（jùn qiào）：handsome
⑧ 后生（hòu shēng）：young man
⑨ 惹出（rě chū）：to cause to happen
⑩ 轰动（hōng dòng）：to cause a sensation
⑪ 编成（biān chéng）：to compile
⑫ 许宣（xǔ xuān）：name of the protagonist（现多称许仙）
⑬ 主管（zhǔ guǎn）：director
⑭ 清明（qīng míng）：Tomb-sweeping
⑮ 焚香（fén xiāng）：to burn incense
⑯ 斋饭（zhāi fàn）：food given to monks, vegetarian food
⑰ 浓雾（nóng wù）：heavy fog

见一只船，正不知如何是好，看见一个老者，摇着一只船过来。老者认出是许宣，就叫他赶忙上船。许宣告诉老者要在涌金门上岸。船走了一会儿，就看见岸上有人叫道："公公①，能不能搭船②啊？"许宣一看，是一个穿白衣的妇人，旁边有一个丫鬟，穿着青衣，名叫青青。老者把船靠了岸，就叫她们上了船。许宣和白衣女子互相介绍了自己。白衣女子说，她姓白，丈夫去世了，今天扫墓回家，没想到下起了雨。

不一会儿，船就到了岸，白衣女子说："今天出门忘了带钱，您可不可以借我点钱付船费？"许宣说："娘子③请便，没关系的，一点点船钱不必计较"④。许宣为白娘子付了船钱，扶她上了岸。白娘子邀请许宣改日⑤访问她家，还他的船钱。

雨越下越大，许宣自己走到涌金门，到一家药店借了一把伞，走到后街市口，听见有人叫自己的名字，回头一看，只见一个茶坊⑥的屋檐⑦下，站着一个妇人，正是一起搭船的白娘子。她说："雨太大，叫青青回家去取伞了。"许宣一听，就与白娘子合打一把伞，走了一会，就把伞给了白娘子，说明日自己来她家取。

第二天，许宣按照白娘子告诉他的地址，询问白娘子家，问了半天，没一个人知道。这时，青青走来，领他到了一所楼房前，许宣进到里面，白娘子说："多谢官人⑧借钱借伞，我敬官人三杯。可

---

① 公公（gōng gong）：对年老的男子的尊称
② 搭船（dā chuán）：to take a boat
③ 娘子（niáng zǐ）：对中青年妇女的尊称
④ 计较（jì jiào）：to mind
⑤ 改日（gǎi rì）：some other day
⑥ 茶坊（chá fáng）：a tea house
⑦ 屋檐（wū yán）：eaves
⑧ 官人（guān rén）：对一般男子的尊称

是，伞被亲戚借去了，明天再来取吧。"

许宣回去后很忙，过了几天，又去白娘子家取伞。白娘子对许宣说："我死了丈夫，想必和你有宿世姻缘①，我对你一见钟情②。如果你有心，能不能找一个媒人③，我和你成百年姻眷④，天生一对，不是很好吗？"

许宣听了，心想："这真是个好姻缘，娶了白娘子，我十分开心。但是我白天在药铺，晚上住在姐姐家，所有的钱只能买身衣服，哪来的钱娶妻呢？"因此，他没有说话。白娘子问他："为何不说话？"他只好说："多谢娘子，我身无分文，不敢答应你。"

娘子说："这个容易。我自己有钱，你不必忧虑。"说着，就叫青青取来一个包，递给许宣，说："这东西你拿去用，没有时再来。"许宣接过包，打开一看，是五十锭白银。他将银子收在袖中，起身告辞。

许宣拿出一锭银子，买了烧鹅、鱼、水果、酒回家，请姐姐和姐夫。姐夫很吃惊，就问："今日什么事，为什么花这么多钱？"许宣说："多谢姐夫姐姐照顾，我如今已经长成，现在有一门亲事，请姐夫姐姐答应。"夫妻二人没有说话。

过了三两日，许宣又问姐姐。姐姐说："这个事仓促⑤不得"。许宣说："姐姐，你是怕我叫姐夫出钱吧。"说着，便回到卧房中取来白娘子给的银子给姐姐。晚上，姐夫回来，姐姐把银子拿给丈夫看。姐夫仔细看了这些银子，大叫一声："不好了，全家要死了。"

---

① 宿世姻缘（sù shì yīn yuán）：marriage in previous existence
② 一见钟情（yī jiàn zhōng qíng）：to fall in love at first sight
③ 媒人（méi ren）：matchmaker
④ 姻眷（yīn juàn）：married couple
⑤ 仓促（cāng cù）：to hurry

姐姐大吃一惊。姐夫说:"前几天临安^①府库^②的锁没坏,也没有人挖洞^③进入,却少了50锭银子。现在命令抓捕^④贼人,如果抓住贼人,赏银50两。如果窝藏^⑤贼人,全家发配^⑥到边远地方。许宣的银子上刻有字号,毫无疑问,是临安府丢失的银子。火烧到身边,顾不得^⑦亲眷^⑧了。不管是他偷的还是借的,先把银子交还,免得^⑨害了一家。"于是,姐夫立刻拿着银子到了临安府。

第二天,许宣被捕,押^⑩到了临安府。许宣细说了银子的来历^⑪,府役^⑫立刻到白家抓捕白娘子。可是,他们到了那里,看见两扇大门外都是垃圾,于是就抓了邻人,他们都说这里从来没有什么白娘子,这屋子五六年前死了人,经常闹鬼^⑬,没有人敢在里面住。有一个胆大的府役,带领大家进到屋里,果然见一位白衣女子。突然,一声巨响,众人都惊倒了,起来后白娘子不见了,只见一堆^⑭白银,正是那丢失的官银。大家把银子抬到临安府,都说一定是妖怪^⑮在作怪^⑯。

---

① 临安(lín ān):南宋都城
② 府库(fǔ kù):government repository
③ 挖洞(wā dòng):to dig a hole
④ 抓捕(zhuā bǔ):to arrest
⑤ 窝藏(wō cáng):to harbour
⑥ 发配(fā pèi):to banish
⑦ 顾不得(gù bù dé):to take no account of
⑧ 亲眷(qīn juàn):relatives
⑨ 免得(miǎn de):for fear that
⑩ 押(yā):to take into custody
⑪ 来历(lái lì):origin, background
⑫ 府役(fǔ yì):law enforcement crew
⑬ 闹鬼(nào guǐ):be haunted
⑭ 一堆(yì duī):a pile
⑮ 妖怪(yāo guài):monster
⑯ 作怪(zuò guài):to make mischief

　　许宣被发配到苏州做苦工。姐夫把那50两赏银都给了许宣，并给朋友写了几封信，请他们照顾许宣。

　　许宣辞别了姐夫姐姐，到了苏州。姐夫的朋友王主人保释①了许宣，许宣就暂时住在他家。过了半年，一天，王主人在门口，远远看见一个轿子②，旁边有一个丫鬟跟着。那丫鬟非常礼貌地问："请问，这里是王主人家吗？许宣在府上吗？"王主人把许宣叫出来。许宣出来一看，正是青青和白娘子。姐夫之前给许宣写过一封信，信上说，白娘子是妖精③，库银也是她偷的。许宣就对白娘子说："自被你盗了官银，连累我吃了多少苦，今天你又来做什么？"白娘子说："你不要怪我，今天我来就是向你解释这件事情的，到里面说吧。"

　　许宣说："你是妖精，不能进来！"他挡住门不让他进来。白娘子对一旁的王主人深深鞠躬④，说："我怎么是妖怪？那银子的事，是前夫做的，不是我做的。今天特地来说清楚。"王主人听了，就把白娘子请到家里。许宣对主人说："因为官银的事，我吃了官司，如今到这里，有什么好说的？"白娘子说："前夫留下的银子，我好心给你，我也不知怎么来的。"许宣又问："为什么那天官兵抓你时，门前都是垃圾，一声响就不见了你？"

　　白娘子说："我听说官府抓了你，怕你说出我来，我就躲⑤在外面，又请人把垃圾堆在门前，把银子放在床上。我以为官府找到银子就没事了，哪里知道还有很多事。我听说你被发配到这里，我带

---

① 保释（bǎo shì）：to release on bail
② 轿子（jiào zi）：a sedan-chair
③ 妖精（yāo jing）：goblin
④ 鞠躬（jū gōng）：to bow
⑤ 躲（duǒ）：to hide

了钱搭船过来找你。如今都说明白了，那我也该走了。我和你前生①没有夫妻缘分②。"

王主人说："娘子远道而来，既然当初许嫁③许宣，就这里住几天吧。"

过了些日子，白娘子奉承④好了王主人的妈妈，那妈妈劝王主人与许宣说合⑤，定在十一月十一日结婚。

过了半年，到二月半⑥这天，男子妇人都去看卧佛⑦，许宣也走到殿⑧里看了一圈⑨，正要出寺，一个道士⑩在人群中看见许宣头上有一道黑气，就对许宣说："你近来有一个妖怪缠⑪你，我给你二道灵符，救你性命。"许宣接了灵符，心想"我也疑惑⑫那妇人是妖怪。"夜晚，白娘子对许宣说："你和我做了这么长时间的夫妻，你却相信别人的话。半夜三更烧灵符压镇⑬我。"

光阴似箭⑭，不觉到了五月初五端午节⑮。街上车水马龙，非常

---

① 前生（qián shēng）：previous life
② 缘分（yuán fèn）：lot or luck by which people are brought together
③ 许嫁（xǔ jià）：to promise to marry to
④ 奉承（fèng cheng）：to flatter
⑤ 说合（shuō he）：to bring two（or more）parties together
⑥ 二月半（èr yuè bàn）：Flowers Festival，农历二月十五日，中国古代传统节日花朝节
⑦ 卧佛（wò fó）：the statue of reclining Buddha
⑧ 殿（diàn）：temple
⑨ 一圈（yì quān）：a circle
⑩ 道士（dào shi）：Taoist priest
⑪ 缠（chán）：to entangle
⑫ 疑惑（yí huò）：to doubt
⑬ 压镇（yā zhèn）：to suppress
⑭ 光阴似箭（guāng yīn sì jiàn）：the flight of time
⑮ 端午节（duān wǔ jié）：the Dragon Boat Festival

热闹。端午节有一个习俗，为了驱邪避凶[1]，人们熏香[2]、插艾草[3]、喝雄黄[4]酒。许宣也在药铺挂上了艾草，又准备了雄黄酒。晚上，许宣请娘子饮酒，娘子说身子不舒服不喝，许宣发现妻子怀孕了，非常开心，要她喝下这杯喜酒[5]，娘子只好与他对饮一杯。白娘子坐卧不宁，先上床休息了。许宣端来一杯茶，请娘子喝，他掀开[6]帐子[7]，却看见一条白色巨蟒，当即被吓昏[8]了。白娘子酒醒[9]后看见许宣倒在地上，昏迷[10]不醒，立刻奔到嵩山[11]南极仙翁[12]处，求他的还魂仙草[13]来救许宣的性命。可是，南极仙翁抓住了白娘子。白娘子请南极仙翁大发慈悲[14]，南极仙翁给了白娘子一棵仙草，放她下山，去救许宣。白娘子赶紧回家，将仙草煎了给许宣喝，一会儿许宣就醒了。

金山寺法海和尚来向许宣化取[15]一块檀香[16]，许宣答应第二日送去。白娘子不让他去，许宣非去不可。第二天，许宣被带到法海那里。白娘子赶到金山寺，要求法海放回[17]许宣，法海不但不

---

① 驱邪避凶（qū xié bì xiōng）：to expel and avoid evil
② 熏香（xūn xiāng）：to burn incense
③ 插艾草（chā ài cǎo）：to hang Asian mugwort or wormwood
④ 雄黄（xióng huáng）：realgar
⑤ 喜酒（xǐ jiǔ）：celebration wine
⑥ 掀开（xiān kāi）：to draw open, to lift
⑦ 帐子（zhàng zi）：bed-curtain
⑧ 吓昏（xià hūn）：to faint from fear
⑨ 酒醒（jiǔ xǐng）：to sober up
⑩ 昏迷（hūn mí）：in a coma
⑪ 嵩山（sōng shān）：Mount Song in Henan Province
⑫ 南极仙翁（nán jí xiān wēng）：the Immortal of the South Pole
⑬ 还魂仙草（huán hún xiān cǎo）：herbs to bring back life
⑭ 大发慈悲（dà fā cí bēi）：to show great mercy
⑮ 化取（huà qǔ）：to beg almslas a means for favorable karma
⑯ 檀香（tán xiāng）：sandalwood
⑰ 放回（fàng huí）：to release

答应，还召来护法神①收伏②白娘子。白娘子大怒，指挥蟹③、虾④、龟⑤、蛙⑥出战，大水漫过金山。法海让护法神用钵盂⑦来罩⑧白娘子，但白娘子腹中有孕，不能收服，法海便送许宣去临安，与白娘子了此孽缘⑨。白娘子逃脱，来到临安，她肚子疼痛，便在断桥亭休息。这时，许宣也到了临安。两人相遇，一起到许宣的姐姐家。不久，白娘子生下一个男儿。半月后，许宣去见法海。法海来到许宣姐姐家，将白娘子收入钵内，她化为蛇身。法海将白蛇镇压在雷峰塔⑩底。

许宣始终无法接受白娘子是妖怪的事实，他心如死灰，对俗世⑪再无留恋⑫，决定出家为僧⑬。

---

① 护法神（hù fǎ shén）：guardian of dharma
② 收伏（shōu fú）：to subdue
③ 蟹（xiè）：crab
④ 虾（xiā）：shrimp
⑤ 龟（guī）：turtle
⑥ 蛙（wā）：frog
⑦ 钵盂（bō yú）：alms bowl
⑧ 罩（zhào）：to cover
⑨ 孽缘（niè yuán）：ill-fated relationship
⑩ 雷峰塔（léi fēng tǎ）：Leifeng Pagoda
⑪ 俗世（sú shì）：earthly life
⑫ 留恋（liú liàn）：to linger upon
⑬ 出家为僧（chū jiā wéi sēng）：to become a monk

39. 杜十娘怒沉百宝箱①

The Courtesan's Jewelry Box

　　万历②二十年间，日本侵犯朝鲜，朝鲜国王求救，明朝皇帝发兵救援。有官吏上报皇帝说，粮饷③不足，并建议富裕人家，如果向朝廷捐④粮饷，他们的子弟就可以去京都做太学生⑤，以后还会有机会获得官职。

　　皇帝批准⑥了这个建议，于是，京城的太学生增加了千余人。其中有一位，名叫李甲。他是家中长子，从小在私塾⑦读书。李甲来到京城，与同乡⑧柳遇春一起游逛⑨妓院⑩，认识了一个名妓，叫杜十娘。她长得非常美丽，无数公子王孙⑪，为了她倾家荡产⑫。李甲

---

① 本文根据冯梦龙短篇小说《杜十娘怒沉百宝箱》简写。
② 万历（wàn lì）：公元1573—公元1620年
③ 粮饷（liáng xiǎng）：grain and silver
④ 捐赠（juān zèng）：to donate
⑤ 太学生（tài xué shēng）：students studying in the Imperial College
⑥ 批准（pī zhǔn）：to approve
⑦ 私塾（sī shú）：private school
⑧ 同乡（tóng xiāng）：fellow countryman
⑨ 游逛（yóu guàng）：to wander
⑩ 妓院（jì yuàn）：brothel
⑪ 公子王孙（gōng zǐ wáng sūn）：sons of officials and wealthy families
⑫ 倾家荡产（qīng jiā dàng chǎn）：to spend all fortune

年少，自遇见杜十娘，就被她深深地迷住了。李甲英俊、温柔，花钱豪爽①，与杜十娘情投意合②，终日相守③，如同夫妻一般，发誓永不分离。

日月往来，不觉一年多，李甲钱渐渐花光了。老鸨④见他已经没有钱了，就对他十分冷淡。李甲的父亲听说儿子沉迷妓院，在家发怒，几次写信叫他回家。李甲听说父亲发怒，更不敢回家。老鸨几次叫杜十娘打发李甲出院，但杜十娘不愿意离开李甲。老鸨对杜十娘说："你对那穷汉说，如果他能拿出一些银子给我，你就跟他去"。老鸨知道李甲已身无分文，肯定拿不出钱来。杜十娘说："真的吗？你要他多少银子？"老鸨说："三百两，三日内交来，左手交银，右手交人。"杜十娘说："三日太紧，十日可否？"老鸨同意了。

当天晚上，杜十娘对李甲说起这件事，李甲说："我也想带你走，可是要为你赎身，非有千两不可。我已经没有钱了，怎么办呢？"

杜十娘说："我与她说好三百两，但十日内要办好。你虽然没钱了，但可以向亲友们借，若你能够凑齐⑤银两，我就跟你走，也不用再受气了。"

李甲说："那我明天去找亲友们，就说是借回家的路费吧。"

但三天过去了，亲友知道李甲常逛妓院，没人借他一两银子。他很愧疚，不敢回去面对杜十娘，到了第四天，他不但没有借到银子，而且连住处都没有了，只好去找柳遇春，就在他那里住下。柳遇春认为，为她赎身，非千两银子不可，劝他早日放弃为好。

---

① 豪爽（háo shuǎng）：generous
② 情投意合（qíng tóu yì hé）：to find mutual attraction
③ 朝夕相处（zhāo xī xiāng chǔ）：to pass days and nights together
④ 老鸨（lǎo bǎo）：procuress
⑤ 凑齐（còu qí）：to gather up

到了第六天，杜十娘不见李甲回来，就派仆人四处寻找。仆人在街上遇见他，就叫他回到杜十娘那里。杜十娘得知他借不到银子，就拿出一百五十两银子给他，说："这是我多年存下来的，现在都给你，另外一半你去借吧。"

李甲万分惊喜，立刻去找柳遇春。柳遇春得知杜十娘自己拿出一百五十两银子，为十娘的真情所感动，就说："这个女子真是有心人啊，既然她是真情，你千万不要辜负①了她，那我去帮你借吧。"两天内，他借到了一百五十两银子给李甲。

李甲高兴地拿着银子去找杜十娘，杜十娘对李甲说："今天我们交了银子就离开这里，昨天我向姐妹们借了二十两，给你在路上用。"李甲把三百两银子交给老鸨，她没想到李甲能筹到这么多银子，很后悔。杜十娘说："我在这里八年，为您赚的金银，价值不下千金。如果您不放我走，我立刻自尽。那时你后悔也来不及了。"老鸨说："那你今日就离开，除了身上的衣服，平时穿戴的衣服、首饰一件都不能带走。"说着，就把李甲和十娘推出房门。

杜十娘和姐妹们告别，并在一个朋友家住宿，大摆宴席②，杜十娘的朋友们都来祝贺。

当天晚上，十娘问李甲："我们现在出去，在哪里安身？"

李甲说："我父亲要是知道我娶了一个妓女回去，一定会大发脾气，我还不知道怎么办呢。"

杜十娘说："我先在苏州或杭州暂时住下，你回去求亲友们劝你父亲，等你和父亲和解③了，再来接我回去。"李甲说："好，那就这么办吧。"

---

① 辜负（gū fù）: to fail, to betray
② 宴席（yàn xí）: banquet
③ 和解（hé jiě）: to make peace with

第二天，十娘的姐妹们来送行，说："你们要走那么远的路，得花不少钱，我们一起凑了一些财物，希望能帮到你们。"说完拿出一个描金①的箱子，锁着，杜十娘也不打开看，只是连连感谢她们。

杜十娘和李甲离开京城，走到一条江边，想要租船，李甲身无分文，他用十娘给他的那二十两银子赎回自己的衣服，又买了些东西，已经用光了。杜十娘打开那个描金的箱子，从里面拿出了五十两银子给李甲。李甲激动地说："要不是遇见你，我就流落②他乡，死无葬身之地了。我到死也不会忘了你的情意啊！"

二人乘船离开北方向江南行使，饮酒、聊天。李甲对杜十娘说："江清月明深夜无人，你愿意唱一首歌吗？"杜十娘唱了一曲，歌声美妙动听③。

旁边有一只船，有一个男子，名叫孙富，家里很有钱，也经常去妓院游逛，忽然听到附近船上传来的歌声，心想："这歌声一定不是良家女子唱的，怎样才能见到她呢？"

第二天，孙富把船停在李甲的船边，并吟诗两句，杜十娘探出头来看是什么人，正中了孙富的计④。李甲也出来看吟诗的人是谁，二人互相招呼，并问了对方⑤的姓名。孙富对李甲说："船中无聊，不如上岸去酒楼喝酒吧"。二人饮酒赏雪，说一些太学中的事，接着便聊起来逛妓院的事，李甲告诉孙富他与杜十娘的故事。

孙富对李甲说："你父亲是地方大官，怎么可能允许你娶一个妓女？再说了，杜十娘住在苏杭，也不是长久之计⑥。十娘既然是名妓，

① 描金（miáo jīn）：decorated with patterns in gold
② 流落（liú luò）：to exile
③ 美妙动听（měi miào dòng tīng）：pleasing to the ear
④ 中……计（zhòng jì）：to fall into one's trap
⑤ 对方（duì fāng）：each other
⑥ 计（jì）：plan

认识的人一定不少。你让这么一个美人单独居住，不怕有人贪图她的美貌吗？你若真把一个妓女带回家，不仅你父亲会生气，亲戚朋友也会嘲笑你。这样值得吗？"

李甲听了这些话，就问他："你有什么好办法吗？"

孙富狡猾①地说："你父亲生你的气，只不过是因为你流连妓院，花钱太多。你要是空手回去，他一定会大怒。如果你能把杜十娘让给我，我就给你一千两银子，你对父亲就说这些钱是你在京都做老师赚的。你父亲不仅不会骂你，还会很高兴的。"

李甲回到船上，杜十娘见他愁眉苦脸②，问他怎么回事。李甲只是不停地哭。杜十娘安慰他说："我们是夫妻，无论是生还是死，我都会和你在一起，有什么事我们一起商量吧。"

李甲就把孙富说的话告诉了杜十娘。杜十娘问他："那你打算怎么办呢？"李甲说："孙富愿意给我一千两银子换你，我得到钱后，回家就不会被父亲责骂③，而你也有了安定的地方。只是我舍不得你。"说完，不停地流泪。

十娘听了，心中一凉，冷笑④一声，说："孙富可真是个大英雄！他的主意可以让你得到一大笔钱，恢复你们的父子之情，又能让我有另外的家，真是个两全其美⑤的计策啊！"当天晚上，杜十娘穿上了最华丽的衣裳，精心打扮了一番。她一晚都没睡。

第二天早上，李甲到了孙富船中，告诉他杜十娘答应了，并要那一千两银子，孙富要他拿杜十娘的一件首饰作为信物。于是，杜

---

① 狡猾（jiǎo huá）：cunning
② 愁眉苦脸（chóu méi kǔ liǎn）：sad face
③ 责骂（zé mà）：to blame, to scold
④ 冷笑（lěng xiào）：to sneer
⑤ 两全其美（liǎng quán qí měi）：good for both sides

十娘让李甲把她的那个描金的箱子拿给孙富。然后，杜十娘亲自检查孙富给李甲的白银，的确是一千两。她又对孙富说："刚才的箱子里有李甲回家的通行证①，我要拿出来还给他。"

杜十娘打开箱子，叫李甲抽出第一层来看，只见里面装满了翡翠②明珠；接着，她让李甲抽出了第二层，都是珍贵的金银珠宝；又让他抽出第三层，全是价值连城③的古玩④珍器⑤，价值几千两。这些珍宝在日光下散发出耀眼⑥的光芒，引来众多行人围观⑦。

突然，杜十娘当着众人的面，一挥手，把箱子里的所有宝物全部扔进了江里。围观的人齐声⑧感叹："可惜啊，太可惜了！"

最后，杜十娘又抽出一个匣子⑨，里面装满了夜明珠⑩、祖母绿⑪等各种各样的奇珍异宝⑫。众人惊呆了。她又举起手，准备把这些珠宝扔进江中。

李甲看到杜十娘这样，悔恨无比，抱着杜十娘痛哭，孙富也上前劝解。

杜十娘推开李甲，大骂孙富："我和李甲好不容易走到这一步，你却破人姻缘，断人恩爱⑬，你就是我的仇人。我死后，一定要把你

---

① 通行证（tōng xíng zhèng）：travel permit
② 翡翠（fěi cuì）：jadeite
③ 价值连城（jià zhí lián chéng）：invaluable
④ 古玩（gǔ wán）：antique
⑤ 珍器（zhēn qì）：treasure
⑥ 耀眼（yào yǎn）：dazzling
⑦ 围观（wéi guān）：to gather and watch
⑧ 齐声（qí shēng）：in chorus
⑨ 匣子（xiá zi）：casket
⑩ 夜明珠（yè míng zhū）：a legendary luminous pearl
⑪ 祖母绿（zǔ mǔ lǜ）：emerald
⑫ 奇珍异宝（qí zhēn yì bǎo）：priceless treasures
⑬ 断人恩爱（duàn rén ēn ài）：to destroy one's love

做的事告诉神明！"又对李甲说："自从遇到你，我发誓生死都不离开你。先前离开京城时，我假装这金箱是姐妹们赠送，箱中珍宝，价值万两，都是我自己多年积攒^①下来的，本打算给你带回家，使你父母可怜我、接受我，使我终生无憾^②。谁知你中途抛弃我，辜负我一片真心。今日当众取出这些珍宝，让你明白千两银子根本不是难事。我的箱里有宝物，只恨你没长眼睛！今天大家在此作证，我没有辜负他，是他辜负了我！"旁边的人都被杜十娘感动，骂李甲是个负心汉。李甲万分羞愧^③，正想向杜十娘谢罪^④，不料，杜十娘抱着宝盒，头也不回，纵身^⑤跳入江中，瞬间消失在江水里了。

李甲回到家中，终日看着那千两银子，回忆十娘，十分后悔，不久就发了疯，终身不愈^⑥。孙富终日看见十娘在旁边骂他，最终也因病而死。

一天，柳遇春从京城回家，他坐船的时候，把一个铜盆掉进了水里，让渔夫去打捞，却打捞上一个小箱子，打开一看，里面全是昂贵的奇珍异宝。当天晚上，他梦见一个女子出现在江中，原来是杜十娘。杜十娘向他讲述了李甲的事，又说："你曾经慷慨^⑦地给我们一百五十两银子，我托渔夫捞起这小箱给你，以表达我的感激之情。"柳遇春猛然惊醒，才知道杜十娘已经死了。

---

① 积攒（jī zǎn）：to save
② 终生无憾（zhōng shēng wú hàn）：no regret in life
③ 羞愧（xiū kuì）：ashamed
④ 谢罪（xiè zuì）：to beg sb's forgiveness
⑤ 纵身（zòng shēn）：to leap into
⑥ 终身不愈（yù）：to remain insane all one's life
⑦ 慷慨（kāng kǎi）：generous

40. 红 楼 梦[①]

A Dream of Red Mansions

据说，女娲[②]炼石补天[③]，在大荒山炼成巨大顽石三万六千五百零一块，女娲只用了三万六千五百块，单单剩下一块未用，弃在青埂峰[④]下。谁知这块石头自经锻炼之后，灵性[⑤]已通，自去自来，可大可小。因为看见众石都能补天，唯独自己无才，没有入选，于是自怨自叹，日夜悲哭惭愧[⑥]。

一天，这块石头正在唉声叹气的时候，一个僧人[⑦]、一个道人[⑧]从远处走来，到了这山峰下，就坐在地上谈天。他们看见这块鲜亮洁白的石头，缩成扇坠[⑨]一样大小，非常可爱。那僧人捡起来托在

---

① 本文节选自曹雪芹长篇小说《红楼梦》（中华书局，2005）并简写。英文注释参考杨宪益、戴乃迭译本 *A Dream of Red Mansions*（北京：外文出版社，1999）。
曹雪芹：Cao Xueqin（约1715—约1763），清代（1636—1912）著名文学家。

② 女娲（nǚ wā）：goddess, creator of humans in Chinese mythology

③ 炼石补天（liàn shí bǔ tiān）：to melt down rocks to repair the sky

④ 青埂峰（qīng gěng fēng）：Blue Ridge Peak

⑤ 灵性（líng xìng）：spiritual understanding

⑥ 悲哭惭愧（cán kuì）：to lament in distress and shame

⑦ 僧人（sēng rén）：Buddhist monk

⑧ 道人（dào ren）：Taoist priest

⑨ 缩成扇坠（suō chéng shàn zhuì）：to shrink to the size of a fan-pendant

掌上，笑着说："形体看上去是个宝物①，只是没有实在的好处，须在上面刻上几个字，人人见了就知道这是件奇物，然后，把你带到那尘世的繁华、温柔、富贵之乡去。"

石头听了大喜，就问："不知刻什么字？又带我到什么地方？"

那僧人笑着说："你先不要问，以后你自然会明白的。"说完，便和那道人飘然而去，不知去向了。

又不知过了几个世纪，因为有个空空道人②访道求仙③，从这大荒山青埂峰经过，忽然看见一块大石头，上面刻着字迹，讲述了这石头的来历。空空道人从头看了一遍，原来是无才补天，变换了形体，被那茫茫大士④、渺渺真人⑤带到红尘⑥的一块顽石，上面讲述了石头的坠落之乡，投胎⑦之处，以及家庭琐事，闲情诗词谜语，非常详细。只是不知是什么朝代。后面还刻着几句诗："无才可去补苍天，枉入红尘若许年；此系身前身后事，倩谁记去作奇传？"⑧

空空道人看了一回，明白了这石头的来历，又把这《石头记》看了一遍，从头至尾抄了回来，改《石头记》为《情僧录》⑨。后来，曹雪芹在悼红轩⑩中批阅十载，增删五次⑪，编成目录，分出章回，

---

① 宝物（bǎo wù）：precious object
② 空空道人：a Taoist Known as Reserved Void
③ 访道求仙（fǎng dào qiú xiān）：to search for the Way and immortality
④ 茫茫（máng）大士：the Buddhist of Infinite Space
⑤ 渺渺（miǎo）真人：the Taoist of Boundless Time
⑥ 红尘（hóng chén）：the world of man
⑦ 投胎（tóu tāi）：incarnation
⑧ 无才可去补苍天……作奇传：Unfit to mend the azure sky, I passed some years on earth to no avail. My life in both worlds is recorded here. Whom can I ask to pass on this romantic tale?
⑨ 情僧录：*Record of the Passionate Monk*
⑩ 悼红轩（dào hóng xuān）：Mourning-the-Red Studio
⑪ 批阅十载，增删五次：to have pored over the book for ten years and rewrote it five times

又题名为《金陵十二钗》①。

传说，西方灵河岸上，三生石畔②，有一株绛珠草③。那时，因为这块石头因没有被女娲用去补天，逍遥自在，各处游玩。一天，来到警幻仙子④那里。那仙子知他有些来历，就留他在赤霞宫⑤居住，叫他赤霞宫侍者。他却常在河岸上行走，看见这株仙草可爱，就用甘露浇灌，使得这株仙草久延岁月。后来，这株草既受天地精华，又得甘露滋养，就脱了草木之胎，换了人形，修成女体⑥，终日游于"离恨天"⑦外，饿了吃"秘情果"⑧，渴了饮"灌愁水"⑨。她常说："自己受了他的雨露之惠，而又无此水可以回报，如果他下辈子为人，我也同去走一遭，把我一生所有的眼泪还他。"

于是，僧人就将仙草和石头都带到了凡间尘世。

金陵⑩，是六朝故都，在这个石头城里，有一条大街，街东是宁国府，街西是荣国府，两家相连，占了大半条街。这就是有名的贾家。

宝玉是荣国公的曾孙。他的曾祖父、祖父和父亲也都是朝廷大

---

① 金陵（jīn líng）十二钗（chāi）：The Twelve Beauties of Jinling
② 灵河岸上，三生石畔（pàn）：on the bank of the Sacred River, beside the Stone of Three Incarnations
③ 绛珠草（jiàng zhū cǎo）：Vermilion Pearl Plant
④ 警幻仙子：the Goddess of Disenchantment
⑤ 赤霞宫：Palacc of Rcd Jadc
⑥ 脱了草木之胎……修成女体：to cast off its plant nature and take human form as a girl
⑦ 离恨天（lí hèn tiān）：the Sphere of Parting Sorrow
⑧ 秘情果（mì qíng guǒ）：fruit Secret Love
⑨ 灌愁水（guàn chóu shuǐ）：the Sea of Brimming Grief
⑩ 金陵：present-day Nanjing

官。祖母和母亲都出身名门。宝玉出生时嘴里含着一块玉，上面还有字。人人都说他一定不平常，祖母爱他如珍宝。周岁时，他的父亲想试一下他将来的志向，便将那世上所有之物，摆在他面前，给他抓取。谁知他其他的都不拿，伸手只抓些脂粉首饰①来玩。父亲很不高兴，说这孩子将来一定是酒色之徒②，因此便不太喜欢他了，唯独祖母还是把他当作命根子一般。如今到了七八岁，虽然非常淘气，却很聪明，说起话来也奇怪，他说："女儿是水做的骨肉，男人是泥做的骨肉……"

林黛玉是贾宝玉的表妹，是他姑妈的女儿。林家虽然也是世代为官，但也是书香之族③。林黛玉非常聪明，父母视她为掌上明珠④，五岁时为她请了老师，教她识字读书。不久，黛玉的母亲因病而亡，黛玉过于哀痛，身体本来就弱，于是旧病复发。林家本是苏州人，现在一家居住在扬州。黛玉的母亲去世后，祖母想到黛玉年幼没有母亲照顾，就派船到扬州接黛玉到金陵。

黛玉到了金陵荣国府，见到了外祖母，祖母抱着她大哭，旁边的人也无人不流泪，黛玉也哭个不停，大家好不容易才劝她止住了泪。众人见黛玉年纪虽小，但是言谈举止不俗。黛玉见了祖母，又拜见了舅舅、舅妈、表姐表妹，又回到祖母那里吃晚饭。祖母问黛玉念什么书，黛玉回答说："刚念了四书⑤。"

这时，只听外面一阵脚步声，是宝玉来了。

---

① 脂粉首饰（zhī fěn shǒu shì）：powder-boxes, hair ornaments
② 酒色之徒（jiǔ sè zhī tú）：dissolute rake
③ 书香之族（shū xiāng zhī zú）：noble and cultured family
④ 掌上明珠（zhǎng shàng míng zhū）：pearl in the palm, apple of the eye
⑤ 四书（sì shū）：the Four Books（《论语》《孟子》《大学》《中庸》）

黛玉一见宝玉,吃了一惊,心中想道:"好奇怪,好像在哪里见过的,好眼熟!"

祖母对宝玉笑道:"还不去见你妹妹?"

宝玉料定是林姑妈的女儿,赶忙过来相见。宝玉笑道:"这个妹妹我曾见过的。"

祖母笑道:"又是胡说①,你什么时候在哪里见过她?"

宝玉笑道:"虽然未曾见过,然而,看着面善,心里倒像是旧相识,好像远别重逢②的一般。"

祖母笑道:"好,好!如果这样就更和睦③了。"

宝玉走向林黛玉身边坐下,问:"妹妹可曾读书?"

黛玉道:"不曾读书,只上了一年学,认得几个字。"

宝玉问黛玉名,黛玉便说了名。又问黛玉:"有玉没有?"众人都不理解他为什么这么问。黛玉心想:"因他有玉,所以问我有没有。"因此答道:"我没有。那玉是稀罕④的东西,哪里能人人都有呢?"

宝玉听了,突然摘下那玉来,摔⑤了。众人吃了一惊,祖母说:"为何要摔了这个命根子⑥呢?"

宝玉说:"家里姐姐妹妹都没有,只有我有,我说没趣。如今来了这个神仙似的妹妹也没有,可知这不是个好东西。"

贾母急忙哄他道:"这妹妹原来也是有玉的。"

宝玉一听,就把玉又戴上了。

从此以后,黛玉就住在外祖母家。荣国府人口众多,还有很大

---

① 胡说(hú shuō):nonsense

② 重逢(chóng féng):to meet again

③ 和睦(hé mù):to be good friends

④ 稀罕(xī han):rare, uncommon

⑤ 摔(shuāi):to throw

⑥ 命根子(mìng gēn zi):the precious thing life depends on

的一个园子。

一天，宝玉不自在起来，这也不好，那也不好，出来进去，只是闷闷的。园中那些女孩子，哪里知道宝玉此时的心事？那宝玉内心不自在，他的仆人看他闷闷不乐，想法让他开心，于是，便走出园子到书市去，买了很多古今小说，拿给宝玉。宝玉一看，如得珍宝。仆人说，不可以拿进园里。可是，宝玉忍不住，还是选了一些拿进园里，藏在书房。

三月的一天，早饭后，宝玉拿了一本《会真记①》，走到桥边桃树底下，在一块石上坐着，打开《会真记》，从头细看。一阵风吹过，树上的桃花被吹下一大片来，落得满身、满书、满地都是花片。宝玉想抖下来，又恐怕脚把花践踏了，只得兜②了那些花瓣③，来到池边，抖④在池内。那花瓣浮在水面，飘飘荡荡，流出园子去了。回来看见地下还有许多花瓣，宝玉正犹豫⑤间，只听背后有人说道："你在这里做什么？"

宝玉一回头，是林黛玉来了。她肩上担着花锄⑥，花锄上挂着纱袋，手里拿着花帚⑦。宝玉笑道："好，好，来把这些花扫起来，撂⑧在那水里去罢。我才撂了好些在那里呢。"

黛玉道："撂在水里不好，你看这里的水干净，可是，只要一流出去，有人家的地方什么没有？仍旧把花糟蹋⑨了。那边角上我有

①　会真记（huì zhēn jì）：唐代诗人元稹（Yuan Zhen, 779—831）创作的爱情故事
②　兜（dōu）: to hold sth. in clothes
③　花瓣（huā bàn）: petal
④　抖（dǒu）: to shake
⑤　犹豫（yóu yù）: to hesitate
⑥　锄（chú）: hoe
⑦　帚（zhǒu）: broom
⑧　撂（liào）: to throw
⑨　糟蹋（zāo tà）: to spoil

一个花冢①，现在把花扫了，装在这纱袋里，埋在那里，时间长了就随土化了，岂不干净？"

宝玉听了，喜不自禁，笑道："等我放下书，帮你来收拾。"

黛玉道："什么书？"宝玉见问，急忙藏起来，说道："不过是《中庸》②《大学》③。"

黛玉道："你又在我跟前弄鬼④。趁早儿给我瞧瞧，好多着呢。"

宝玉道："妹妹，你，我是不怕的。你看了，千万别告诉别人。真正这是好文章！你若看了，连饭也不想吃呢。"一面说，一面递了过去。

黛玉把花具放下，接过书来看，从头开始看下去，越看越爱。

宝玉笑道："妹妹，你说好不好？"

林黛玉笑道："果然有趣。"

宝玉笑道："我就是个'多愁多病的身'，你就是那'倾国倾城的貌⑤'"。

林黛玉听了，不觉得满脸通红，瞪了两只眼睛，指着宝玉说："你胡说。我告诉舅舅、舅母去。"说着转身就走。

宝玉急忙拦住她说："好妹妹，千万饶我这一回。是我说错了。我如果有心欺负你，明天我掉进池子里，变个……"说得林黛玉笑了。

宝玉一面收书，一面笑道："快把花埋了罢，别提那些了。"二人便收拾落花。

---

① 花冢（huā zhǒng）：tomb of flowers
② 中庸（zhōng yōng）：*Doctrine of the Mean*
③ 大学（dà xué）：*Great Learning*
④ 弄鬼（nòng guǐ）：to play tricks
⑤ 倾国倾城的貌（qīng guó qīng chéng de mào）：the beauty which caused cities and kingdoms to fall, bewitchingly beautiful

44. 雨　　巷①

A Lane in the Rain

撑②着油纸伞，独自
彷徨③在悠长，悠长
又寂寥④的雨巷，
我希望逢⑤着
一个丁香⑥一样地
结着愁怨⑦的姑娘。

她是有
丁香一样的颜色，
丁香一样的芬芳⑧，

---

① 《雨巷》，是戴望舒的代表作之一，创作于1927年。
　　戴望舒：Dai Wangshu（1905—1950），中国现代著名诗人、翻译家。
② 撑（chēng）：to hold
③ 彷徨（páng huáng）：to wander along
④ 寂寥（jì liáo）：solitary
⑤ 逢（féng）：to encounter
⑥ 丁香（dīng xiāng）：lilacs
⑦ 愁怨（chóu yuàn）：anxiety and resentment
⑧ 芬芳（fēn fāng）：fragrance

丁香一样的忧愁①，
在雨中哀怨②，
哀怨又彷徨。

她彷徨在寂寥的雨巷，
撑着油纸伞
像我一样，
像我一样地，
默默彳亍③着，
冷漠④，凄清⑤，又惆怅⑥。

她静默地走近
走近，又投出
太息⑦一般的眼光，
她飘过
像梦一般的
像梦一般的凄婉迷茫⑧。

像梦中飘过

---

① 忧愁（yōu chóu）：worries
② 哀怨（āi yuàn）：plaintive
③ 彳亍（chì chù）：to walk slowly
④ 冷漠（lěng mò）：aloof
⑤ 凄清（qī qīng）：sad
⑥ 惆怅（chóu chàng）：melancholy
⑦ 太息（tài xī）：to sigh
⑧ 凄婉迷茫（qī wǎn mí máng）：dreary and blank

一枝丁香地，
我身旁飘过这女郎；
她静静地远了，远了，
到了颓圮①的篱墙②，
走尽这雨巷。

在雨的哀曲里，
消了她的颜色，
散了她的芬芳，
消散了，甚至她的
太息般的眼光，
丁香般的惆怅。

撑着油纸伞，独自
彷徨在悠长，悠长
又寂寥的雨巷，
我希望飘过
一个丁香一样的
结着愁怨的姑娘。

---

① 颓圮（tuí pǐ）：crumbling
② 篱墙（lí qiáng）：wall fence

A Lane in the Rain

By Dai Wangshu

Trans. YANG Xianyi and Gladys B. Tayler

Alone, holding an oil-paper umbrella,

I wander along a long

Solitary lane in the rain,

Hoping to encounter

A girl like a bouquet of lilac

Gnawed by anxiety and resentment.

A girl

The colour of lilac,

The fragrance of lilac,

With the worries of lilac,

Feeling melancholy in the rain,

Plaintive and hesitating.

She wanders along the solitary lane in the rain,

Holding an oil-paper umbrella

Just as I do,

Just like me,

Walking slowly in silence,

Aloof, sad and melancholy.

Silently she comes closer,

Closer, giving me
A glance like a sigh;
Then she floats past
Like a dream,
Dreary and blank like a dream.

Like a lilac
Floating past in a dream,
the girl floats past me;
Silently she goes further and further,
To the crumbling wall,
Out of the lane in the rain.

In the mournful melody of the rain,
Her colour has faded,
Her fragrance has disappeared,
Vanished into the void;
Even her glance like a sigh,
Melancholy like lilac.

Alone, holding an oil-paper umbrella,
I wander along a long
Solitary lane in the rain,
Hoping to pass
A girl like a bouquet of lilac
Gnawed by anxiety and resentment.

五

社会与人生

45. 人　生①
Life

人生，
你是一支曲子②，
我是歌唱的；

你是河流
我是条船，一片小白帆③
我是个行旅者④的时候，
你，田野，山林，峰峦⑤。

无论怎样，

---

① 《人生》，是林徽因诗歌代表作之一。
　　林徽因：Lin Huiyin（1904—1955），中国现代著名作家、诗人，中国第一位女建筑学家，曾参与设计人民英雄纪念碑。
② 曲子（qǔ zi）：tune
③ 白帆（bái fān）：white sail
④ 行旅者（xíng lǚ zhě）：traveler
⑤ 峰峦（fēng luán）：peak

颠倒①密切中牵连着
你和我，
我永从你中间经过；

我生存，
你是我生存的河道，
理由同力量。
你的存在
则是我胸前心跳里
五色的绚彩②
但我们彼此交错③
并未彼此留难④。

……
现在我死了，
你，——
我把你再交给他人负担⑤！

---

① 颠倒（diān dǎo）：up and down
② 绚彩（xuàn cǎi）：brilliance
③ 交错（jiāo cuò）：to be in each other
④ 留难（liú nàn）：to blame
⑤ 负担（fù dān）：in one's care

Life

By LIN Huiyin

Trans. ZHAO Yanchun

Life,
You are a tune,
And I'm a singer.

You are a river
I am a boat, a white sail
When I'm a traveler
You, a wood, a peak, a dale.

No matter how,
Closely linked, up and down, here and there
You and me,
I go through you as e'er;

I live a life
And you are the riverbed for my life,
The cause and the force.
Your existence
Is the hued brilliance
At my heartbeat, in my chest,
But I am in you and you in me,

Blaming each other ne'er.

…………

Now I'm dead,

You,——

I leave you in some other's care!

46. 孙悟空三打白骨精①

Monkey King Subdues the White-Bone Demon

　　三藏②师徒，次日天明，辞别上路，远远地看见一座高山，三藏叫徒弟小心。行者③道："师父放心，我们会小心的。"猴王在马前担着棒④，上了山崖，三藏道："悟空，我这一日，肚中饥了，你去化些斋⑤吃吧"。行者跳上云端，四下观看，西边没有人家，南边有一座高山，山阳处有一片红，行者道："师父，有吃的了！这里没有人家，那南山有一片红的，想必是熟透了的山桃，我去摘几个来。"三藏喜道："出家人有桃子吃，就很好了。"行者一跃，就飞到南山摘桃子去了。

　　自古道："山高必有怪，峻岭却生精。"⑥果然这山上有一个妖

---

① 本文节选自吴承恩长篇小说《西游记》（*Journey to the West*）第二十七回"尸魔三戏唐三藏　圣僧恨逐美猴王"（The Corpse Fiend Thrice Tricks Tang Sanzang　The Holy Monk Angrily Dismisses the Handsome Monkey King）并简写。

　　吴承恩：Wu Chengen（约1500—1582），明代著名文学家。

② 三藏（sān zàng）：唐僧

③ 行者（xíng zhě）：孙悟空

④ 棒（bàng）：cudgel

⑤ 化斋（huà zhāi）：to beg food

⑥ 山高必有怪，峻岭却生精（shān gāo bì yǒu guài, jùn lǐng què shēng jīng）：If the mountain is high it's bound to have fiends; if the ridge is steep there will live spirits.

怪，他在云中踏着阴风①，看见长老坐在地上，心中大喜："造化②，造化！几年家人都说东土的和尚取经，他本是金蝉子化身③，十世修行的原体④，吃他一块肉，延寿长生⑤。今日到了。"那妖精上前就要拿他，只见长老左右有八戒和沙僧守护，不敢靠近。于是，妖精变成了一个月貌花容⑥的女儿。她左手提着罐⑦儿，右手拎⑧着瓶儿，从西向东走来。

三藏见了，叫八戒、沙僧："悟空才说这里无人，你看那里不走出一个人来？"

八戒说："等老猪去看看。"那呆子⑨一看那女子，就动了凡心⑩，叫道："女菩萨⑪，你往哪里去？手里提着什么东西？"

那女子说："长老，我这罐中是香米饭，特来这里还愿斋僧⑫。"八戒听了，满心欢喜，急忙跑回去报告三藏说："师父！吉人自有天相⑬，师父饿了，那猴子不知去哪里玩了，你看那不是个斋僧的来了？"

三藏道："我们走了这么长时间，好人也不曾遇着一个，斋僧的从何而来？"

---

① 阴风（yīn fēng）：negative wind, evil wind
② 造化（zào huà）：lucky
③ 金蝉子化身（jīn chán zi huà shēn）：reincarnation of Golden Cicada
④ 原体（yuán tǐ）：original body
⑤ 延寿长生（yán shòu cháng shēng）：to live forever
⑥ 月貌花容（yuè mào huā róng）：pretty as the moon and flowers
⑦ 罐（guàn）：jar
⑧ 拎（līn）：to take
⑨ 呆子（dāi zi）：blockhead
⑩ 凡心（fán xīn）：earthly desires
⑪ 菩萨（pú sà）：bodhisattva
⑫ 还愿斋僧（huán yuàn zhāi sēng）：to fulfill a vow to feed monks
⑬ 吉人自有天相（jí rén zì yǒu tiān xiàng）：Heaven rewards the good

八戒道："师父，这不到了！"

三藏一见，连忙站起来说："女菩萨，你府上在哪？什么人家？有什么心愿，为什么斋僧？"

那妖精道："长老，这里是白虎岭，那边山脚下就是我家，我父母看经①好善，我丈夫也是善人，供佛②斋僧。今日有缘③，遇见师父，就把这饭当作一斋吧。"三藏还在犹豫，那八戒把罐子提过来正要吃。

只见那行者一个筋斗就回来了，他睁着火眼金睛④观看，认得那女子是个妖精，拿着铁棒就打，唐僧赶忙拦住他，问："悟空！你走来打谁？"行者道："师父，你面前这个女子，莫当作好人，她是个妖精，来骗你的。"三藏道："这女菩萨善心，拿饭来给我们吃，你怎么说她是个妖精？"行者道："师父，你哪里认得？妖魔要想吃人肉时就幻化成⑤这样。我若来迟了，你一定遭毒手。"⑥三藏哪里信，只说她是个好人。行者说："师父，我知道你见了她的容貌，动了凡心，如果真是这样，就在这里搭个房子和她圆房⑦，我们大家散了，何必又去取什么经！"三藏被这几句话羞得满面通红。

行者又挥起铁棒，但那妖精在铁棒落下前就飞走了，只留下一个假尸首在地上，吓得三藏发抖，口中念道："这猴无礼，无故伤人性命。"行者道："师父，你来看看那妖精的瓶、罐里是什么东西。"

———————

① 经（jīng）：Buddhist Scripture
② 供佛（gòng fó）：to worship Buddha
③ 缘（yuán）：predestined relationship
④ 火眼金睛（huǒ yǎn jīn jīng）：the golden pupils in fiery eyes, sharp eyes
⑤ 幻化成（huàn huà chéng）：to turn into
⑥ 遭毒手（zāo dú shǒu）：to be murdered
⑦ 圆房（yuán fáng）：to marry

三藏一看,竟然是长蛆①、癞蛤蟆②。三藏吃了一惊,有点信了。但是,八戒在一边生气,说:"这个女子是农妇,怎么说她是妖怪,哥哥把他打死了,怕师父你念《紧箍儿咒》③,故意使出法术把她变做这些东西。"

三藏听信了八戒的话,默念咒语,行者叫道:"头疼,头疼,莫念!莫念!有话就说吧。"

三藏道:"有什么话说!出家人常怀善心,扫地害怕伤到蚂蚁,点灯怕烧到飞蛾。你怎么无故打死平人,取经有何用?你回去吧!"

行者道:"师父,你叫我回哪里去?"

三藏道:"我不要你做我的徒弟。"

行者道:"师父,你不要我做徒弟,只怕你西天去不成。"

三藏道:"我命在天。你快回去。"

行者道:"我回去也罢了,只是不曾报师父的恩。老孙当年大闹天宫,被压在两界山④,多亏了师父救我,如果不与你同去西天,显得我知恩不报!"

唐僧是个慈悲的圣僧,见行者哀告,就说:"既如此说,就饶了你这次,如果还像前面那样作恶,这咒语就念二十遍!"

行者道:"三十遍也由你,只是我不打人了。"

那妖精逃命升空,在云端里非常痛恨孙悟空,道:"那唐僧不认得我,正要吃饭,若低头闻一闻,我就一把抓住。没想到他来了,几乎被他打了一棒。我还要下去戏他一戏。"那妖精就在山坡下,变作一个80岁的老妇人,手拄着一根竹杖,哭着走来了。

---

① 长蛆(cháng qū):long maggot
② 癞蛤蟆(lài há ma):toad
③ 紧箍儿咒(jǐn gūr zhòu):the Band-tightening Spell
④ 两界山(liǎng jiè shān):the Double Boundary Mountain

八戒见了，大惊道："师父！不好了！师兄打杀的定是她女儿，这个是她娘寻来了。"

行者道："兄弟莫胡说！那女子十八岁，这老妇有八十岁，难道六十多岁还生产？一定是个假的，等老孙去看。"

行者近前观看，认得她是妖精，举起棒来便打。那妖怪见棍子起时，依然逃脱，留下一个假尸首。唐僧一见，惊下马来，什么也不说，只是把《紧箍儿咒》念了二十遍。可怜行者疼痛难忍，哀告道："师父莫念了！有话说了罢！"

唐僧道："有什么话说！出家人耳听善言。我这样劝化你，你怎么只是行凶？把人打死一个，又打死一个？"行者道："他是妖怪。"

唐僧道："这个猴子乱说！哪有这许多妖怪！你是个无心向善，有意作恶之人，你去罢！"

行者道："师父又教我去，回去便也回去了，只是师父若真的不要我，就请把那个《松箍儿咒》①念一念，退下这个箍子，交还给你，我就快活地回去了。"

唐僧大惊道："悟空，当时只是菩萨传我《紧箍儿咒》，却没有《松箍儿咒》。"

行者道："若无《松箍儿咒》，你还带我去罢。"长老道："你起来吧，我再饶你这一次，不可再行凶了。"

行者道："再不敢了，再不敢了。"又和师父前进。

那妖精在半空中道："好个猴王，我那样变了去，他也还认得我。这些和尚去得快，若过此山，西下四十里，就不由我管了。我再下去戏他一戏。"那妖怪在山坡下又变成一个老公公，念着经走来了。

---

① 松箍儿咒（sōng gūr zhòu）：the Band-loosening Spell

唐僧见了，喜道："西方真是福地！那公公路也走不上来，却还念经哩。"

八戒道："师父，你莫夸奖，那个是祸根①哩！"

唐僧道："怎么是祸根？"

八戒道："行者打杀他的女儿，又打杀他的婆子②，这个正是寻来了。"

行者听道："这呆子胡说，等老孙再去看看。"他走上前道："往哪里去？怎么又走路，又念经？我认得你是妖精。"行者想前面两次都让他逃了，这次不能再放过他，他念出咒语，叫出土地、山神，说："这妖精三番来戏弄我师父，这次一定要打杀，不许他走了。"于是，一棍就把妖精打死了。

唐僧在马上吓得说不出话来。八戒说："好行者，只走了半天，就打死了三人！"唐僧正要念咒，行者急忙到马前，叫道："师父，莫念！莫念！你来看看他的模样。"却是一堆骷髅③。三藏大惊道："这个人才死了，怎么就化作一堆骷髅？"行者道："他是个潜灵作怪的僵尸④，被我打杀，现了本相⑤，他脊梁⑥上有一行字：'白骨夫人'"。三藏听这样说，信了。

可是八戒在一旁说："师父，他把人打死，怕你念那话，故意变成这样，骗你的。"

唐僧果然耳软，又信了八戒，又开始念咒。行者疼痛难忍，哀告："师父，莫念！莫念！有什么话就快说了吧！"

---

① 祸根（huò gēn）：origin of trouble
② 婆子（pó zi）：wife
③ 骷髅（kū lóu）：skeleton
④ 潜灵作怪的僵尸（qián líng zuò guài de jiāng shī）：demon corpse
⑤ 本相（běn xiàng）：original form
⑥ 脊梁（jǐ liáng）：backbone

唐僧道："你今日一连打死了三人，如此凶性不改，我怎能容你？你回去吧。"

行者道："师父，那明明是个妖怪，要来害你，我替你除了他，你倒信了那呆子的话，几次逐①我。我去便了，只是多了那《紧箍儿咒》。"

三藏道："我再不念了。"他取出纸笔，在山涧②取水，石上磨墨③，写了贬书④给行者，以后再不要他做自己的徒弟了。

行者接过贬书道："师父，我跟你一场，你请坐，受我一拜，我也去得安心。"

三藏道："我是个好和尚，不受歹人⑤的礼。"

行者别了师父，往花果山水帘洞去了。

---

① 逐（zhú）：to dismiss
② 涧（jiàn）：stream
③ 磨墨（mó mò）：to rub an inkstick
④ 贬书（biǎn shū）：letter of dismissal
⑤ 歹人（dǎi rén）：bad person, evildoer

47. 窦娥冤①

Dou E Wronged

元朝时期，楚州②有一位寡妇③，叫蔡婆，因为丈夫生前留下了许多财产，生活优渥④，靠放贷⑤为生。当地有一位穷秀才⑥，名叫窦天章，虽然饱读诗书⑦，非常有才华，但家中贫困，所以，他向蔡婆借了二十两银子，到期连本带利⑧要还四十两。眼看还款的日期就要到了，窦天章没有办法偿还，只好答应蔡婆的要求，把七岁的女儿窦娥卖给蔡婆。他拿着从蔡婆那里借来的银子，到京都考试去了。

时光飞逝，转眼窦娥十七岁了，她和蔡婆的儿子成了亲。但是好景不长，不久，丈夫就生病去世了。

---

① 本文根据关汉卿的杂剧《感天动地窦娥冤》简写。
   关汉卿：Guan Hanqing（约1234—约1300），元代（1271—1368）著名剧作家。
② 楚州：现江苏淮安一带
③ 寡妇（guǎ fù）：widow
④ 优渥（yōu wò）：well off
⑤ 放贷（fàng dài）：to lend money
⑥ 秀才（xiù cai）：scholar, one who passed the imperial examination at the county level
⑦ 饱读诗书（bǎo dú shī shū）：erudite, well-read
⑧ 连本带利（lián běn dài lì）：both capital and interest

有一天，蔡婆出门去赛卢医家索要①欠款，赛卢医因为还不起银子，就把蔡婆骗到郊外想害死她。幸亏张驴儿父子经过，救了蔡婆。张驴儿父子本来就不是好人，他们在和蔡婆的交谈中得知她家中还有一个守寡②的媳妇，张驴儿便威胁③蔡婆，要她嫁给自己的父亲，让窦娥嫁给自己。蔡婆只好答应了他的要求，把张驴儿父子带回了家中。

蔡婆告诉窦娥她在张家父子的逼迫下，答应的婚事。窦娥知道后非常生气地说："婆婆，这恐怕不好吧？我们家又不是吃不饱、穿不暖，也没有欠别人钱，您年纪也大了，怎么好招夫婿④呢？"

蔡婆说："当时我非常害怕，我不仅答应了和张驴儿父亲的婚事，连你也许给了张驴儿。"

窦娥听后坚决不答应嫁给张驴儿，但是，蔡婆害怕张家父子，还是让他们住在了家中。张驴儿常常调戏⑤窦娥，窦娥不愿意，张驴儿很生气，就想害死蔡婆，占有窦娥。

一天，蔡婆生了病，张驴儿来到了一家药铺，正巧是赛卢医开的。张驴儿要买毒药，赛卢医怕自己谋害蔡婆的事情被张驴儿告发，就按张驴儿的要求，把一副毒药卖给了他，然后就连忙逃到别的地方去了。

蔡婆想喝羊肉汤，窦娥就去熬汤，等熬好了，就把汤端来。张驴儿先尝了一口汤，说："少盐少醋，没有味道"。于是，窦娥就去取盐取醋。这时，张驴儿就把毒放进汤里。不料蔡婆感觉恶心，吃

---

① 索要（suǒ yào）：to ask for
② 守寡（shǒu guǎ）：to live in widowhood
③ 威胁（wēi xié）：to threaten
④ 夫婿（fū xù）：husband
⑤ 调戏（tiáo xì）：to molest

不下东西，就把汤给张驴儿的父亲喝。张父喝了汤，立刻七窍流血①，当场就死了。

张驴儿威胁窦娥，说："你毒死了我的父亲，是要官了②，还是私了③？"

窦娥问："官了是如何，私了又是如何？"

张驴儿说："你要官了，就把你告到公堂④，你这样瘦弱的身子，必定受不了酷刑⑤，只得承认毒死了我父亲。你要是想私了，早点和我成了亲，这件事就算了。"窦娥知道自己没有下毒，于是决定和张驴儿官了。

审理案件的楚州太守是个昏官⑥，贪恋钱财。如果有人来告状⑦，他就索要钱财，如果上司来审核案卷，他就说自己有病不出门。为了逼迫窦娥认罪，他命令对她用酷刑。窦娥好几次昏了过去，但她还是不屈服，不认罪。太守便下令打蔡婆，窦娥怕蔡婆年老，忍受不了酷刑，只好承认自己毒死了张驴儿的父亲。于是，窦娥被判处死刑。

在去刑场的路上，窦娥指天骂地，诉说自己的冤屈："我没有犯法，却遭受酷刑。怎么能不埋怨天地！天地啊，怎么能好坏不分？善良的人遭受贫穷又命短，作恶的人享受富贵又命长。天地啊，原来也是怕硬欺软！地啊，你不分好坏何为地？天啊，你错判贤愚何为天？"

---

① 七窍（qī qiào）流血：blood spurted out from the mouth, nose, ears and eyes
② 官了（guān liǎo）：to settle a case in public
③ 私了（sī liǎo）：to settle a case in private
④ 公堂（gōng táng）：court
⑤ 酷刑（kù xíng）：torture
⑥ 昏官（hūn guān）：corrupt official
⑦ 告状（gào zhuàng）：to file a suit

临刑前，窦娥请求监斩官准备白练①挂在旗杆上，发下誓愿②："如果我窦娥是真的冤枉，那么，刀过头落，一点儿鲜血也不落到地上，全洒在白练上。"

窦娥又发下第二个誓愿："现在是六月，一年中最热的时候，如果我窦娥确实冤枉，那么在我死后，天会降三尺大雪，掩盖我的尸首。"

监斩官说："天气如此酷热，即使你有冲天的怨气，也招不来一片雪花，可不要胡说。"

窦娥回答："如果真的有大冤情，那么一定会引得连绵大雪从天而降，免得我的尸首暴露在外。"

说完，窦娥再次跪下，发出第三个誓愿："我窦娥实在冤枉，从今以后，这楚州会大旱三年！"

监斩官斥责窦娥胡说，窦娥回答："难道说不能期盼上天？曾经在东海一带，因为让孝妇蒙了冤屈，大旱了三年。如今轮到这地方受惩罚，全是因为官吏们不公正执法，让百姓有口难言！"她刚说完，忽然天阴了下来。刽子手③砍下了窦娥的头，天下起了大雪，鲜血飞洒在白练上，没有半点儿溅到地上。

十几年前，窦娥的父亲窦天章，去京都参加科举考试，一举成功，后来担任了朝廷要职，便派人寻找女儿窦娥，但音信全无。有一年，窦天章任监察官，到各地审核案卷，惩办贪官污吏。

一天，他来到楚州，发现这地方已经干旱三年，觉得很奇怪。

晚间，窦天章在灯下查看案卷，第一份便是窦娥的案卷，因为女儿已改名，窦天章没有发现窦娥就是自己的女儿。忽然间，他

---

① 白练（bái liàn）：white silk
② 誓愿（shì yuàn）：vows
③ 刽子手（guì zi shǒu）：executioner

感到昏昏沉沉，伏在桌上睡着了。他做了一个梦，梦中听到女儿的声音。当他醒来时，发现旁边一个人也没有。他正准备继续看案卷，灯忽明忽暗，原先放在底部的窦娥的案卷，又被放在上面，窦天章心生疑虑："难道说这里有鬼魂吗？即使没有，这桩案件必然有冤情。"随后，窦娥的鬼魂就出现了。她向窦天章讲述了自己的冤屈。

窦天章十分痛苦，重新审理了这个案子，查清了窦娥的冤屈。张驴儿被判处死刑，赛卢医被发配到边远地区，太守被杖打一百，并被罢免了官职。

窦娥的鬼魂对父亲说："从今以后要摆正权势的位置，惩处贪官污吏，为天子分忧，为万民除害。"窦娥请求父亲照顾蔡婆，窦天章为女儿的孝心感动，收留了蔡婆。

48. 灰 阑 记①

The Chalk Circle

　　宋朝时, 郑州有一户姓张的人家, 祖传七代都是科第人家②, 不幸男主人早逝, 家庭陷入贫困, 妻子与一儿、一女一起生活。儿子名叫张林, 识了字, 读过书。女儿名叫张海棠, 琴棋书画, 吹弹歌舞, 无不通晓。为了养家糊口, 母亲不得不让女儿在青楼卖笑③。

　　郑州有一个姓马的人, 小的时候也念过书, 喜欢阅读经书和历史, 因家中有资财, 人们都称他马员外。他虽然有妻子, 但经常与张海棠约会, 很想娶张海棠为妾④。张海棠的哥哥张林, 觉得张家七辈都是科第出身, 妹妹在青楼卖笑已经给张家带来了耻辱, 现在还要做一个商人的妾, 让他感到很丢脸。他和母亲争吵, 骂妹妹是贱人⑤。母亲和妹妹说, 既然你觉得妹妹很丢脸, 那你就赶快想办法养家吧。于是, 张林离开郑州到开封去寻找机会。临行前, 张林对妹

---

① 本文根据李潜夫的戏剧《包待制智勘灰阑记》简写。
　　李潜夫：Li Qianfu（约1279—? ）, 元代剧作家。
② 科第人家（kē dì rén jiā）: the family of successful candidates in imperial examination
③ 青楼卖笑（qīng lóu mài xiào）: singing girl in brothels
④ 妾（qiè）: concubine
⑤ 贱人（jiàn ren）: slut

妹说："你这个小贱人，好好照顾母亲，如果有什么好歹①，我决饶②不了你。"

马员外听说张家的儿子离家去开封了，便准备了彩礼又来提亲，并答应以后张家的日常花费都由他负担。张家母亲想到儿子的争吵，就说："女儿在家也是受气，不如嫁了去吧。只是你家里有大老婆，我女孩儿过来，如果受她欺负，还不如在家的好。"

马员外说："您放心，您女儿到家时，与我大老婆姐妹称呼，并不分什么大小。若是您女儿生了男孩，我的财产都由她掌管③。您就不要忧虑了。"

张海棠说："为了我白发苍苍的老母亲，我本来想今生不嫁人。可是，我嫁了马员外，从此后不教人笑我有辱家门④。"

于是，张海棠嫁给了马员外，给他生了一个儿子，叫寿郎。马员外很爱这个孩子，因此也更加爱张海棠，他希望寿郎长大后继承家业。马员外的妻子马夫人没有生孩子，非常嫉妒张海棠。她与郑州府一个小官吏赵令史偷情，她很想与赵令史做永远的夫妻。于是与赵令史谋划杀死自己的丈夫马员外，并夺得所有的家产，赵令史为她准备了毒药。

寿郎五岁生日那天，马员外带着马夫人和儿子寿郎去寺庙里拜佛、烧香，希望佛爷保佑寿郎平安长寿。张海棠一人在做家务。他的哥哥张林在开封依然一事无成，现在从开封回到郑州家中，才发现家里的房子已经没有了，母亲也已经死了几年了，妹妹已嫁给了马员外。他一无所有，穿着破旧的衣服，来到马家找妹妹张海

---

① 好歹（hǎo dǎi）：anything wrong
② 饶（ráo）：to forgive
③ 掌管（zhǎng guǎn）：in charge of
④ 有辱家门（yǒu rǔ jiā mén）：to bring disgrace to family name

棠。他一见面就责备妹妹没有好好照顾母亲，妹妹也责备他离家那么长时间，没有对母亲尽孝心。张林希望妹妹给他一些钱，他好再去开封找机会。张海棠说她家里的财产都是丈夫和马夫人做主，她的东西都是丈夫给的，她自己不能做主，因此，她没有钱给哥哥。哥哥很生气，说："我今天不回去，就在门口等马员外来，或许他能给我一些。"于是，他站在马家门口。这时，马夫人回家了，她看见家门口站着一个乞丐一样的男人，就上前询问，才知道他就是张海棠的哥哥。她告诉张林："自从张海棠嫁进来，生了一个孩子，家财都由她掌握，我什么也没有。不过你是她的哥哥，也是我的哥哥，我去帮你讨一些给你。"张林说："好一个贤惠的夫人啊。"

马夫人劝张海棠把首饰和外套给哥哥去兑些银两，张海棠听了她的话，便把首饰取下，外衫脱下，交给了马夫人。马夫人拿着张海棠的东西交给了张林，却说："你妹妹是个狠人，有很多首饰和衣服，但却不给你。这是我的首饰和衣服，你拿去换些银两用吧。"张林接受了东西，感谢大夫人，但对于妹妹却很生气："妹妹是我一母所生的亲妹妹，我问她要些路费，她一分也不给。这大夫人，与我毫无关系，却把自己的首饰和衣服给了我。我如今要拿着这些东西换些路费到开封府找个差事。"张林拿着妹妹的首饰和衣服离开了马家。

不久，马员外和儿子也回家了，他看到张海棠头上的首饰没有了，外套也没穿，就问她为什么这样。马夫人抢先回答说："我刚才回来，碰见了张海棠和奸夫会面，她把首饰和衣服都给了奸夫。"马员外非常生气，晕倒了。张海棠很害怕，马夫人命令她立刻去熬汤。等张海棠拿来汤，马夫人又让她去取盐，马夫人在张海棠离开的时候，立刻把准备好的毒药放进汤里。张海棠回来后给马员外喂了汤，马员外立刻就死了。

马夫人威胁张海棠毒死了马员外，如果自己净身出户^①，把孩子留给她，就什么也不追究，如果不愿意，那就告到官府，杀人偿命^②。

张海棠不愿意离开孩子，而且自己没有下毒，所以不怕马夫人告到官府。赵令史贿赂了官府中负责审理案子的官吏，马夫人贿赂了接生婆^③和邻居，教她们说寿郎是马夫人生的孩子。张海棠受不住酷刑，只好说孩子不是自己生的，丈夫是自己毒死的，于是张海棠被判处死刑。按当时的刑律，死刑犯人要上报到京城去复审。赵令史又买通了押解犯人的人，预谋在半路上将张海棠杀死。

张海棠的哥哥张林到了开封后在开封府当差，开封府尹^④包拯^⑤从外地赶回开封，张林正要去迎接。他在路上远远看见一个戴枷锁^⑥的妇人，张海棠远远看见张林，便叫道："哥哥，快救你妹妹啊。"张林一看是妹妹，便骂她以前多么无情。张海棠哭着说："哥哥啊，你妹妹这场大祸，都是因为这首饰和衣服啊……"接着，她告诉哥哥一切真相。

开封府尹包拯，公正无私，皇上赐予他金牌势剑^⑦，体察滥官污吏^⑧，为百姓申冤，允许他先斩后奏^⑨。包拯接到张海棠案以后，觉得

---

① 净身出户（jìng shēn chū hù）：to leave the family with nothing
② 杀人偿命（shā rén cháng mìng）：life for life
③ 接生婆（jiē shēng pó）：midwife
④ 府尹（fǔ yǐn）：governor
⑤ 包拯（bāo zhěng）：Bao Zheng（999—1062），a much-praised official in the Song Dynasty, just, honest and upright, known for his intolerance of corruption
⑥ 戴枷锁（dài jiā suǒ）：to be chained and shackled
⑦ 势剑（shì jiàn）：古代皇帝赐给大臣的宝剑
⑧ 滥官污吏（làn guān wū lì）：covetous and corrupt officers
⑨ 先斩后奏（xiān zhǎn hòu zòu）：to execute the criminal first and then report to the emperor, to act first and report later

恶妇人因奸毒死丈夫，常有此事，可是抢夺正妻所生之子，不合常理，别人的儿子怎么好抢夺呢？而且，奸夫是谁，不能确定，恐怕其中有冤情。

包拯派人把原告和所有人证带到开封，复查此案。马夫人、赵令史、邻居依然说孩子是马夫人所生，马员外是张海棠所毒杀。包大人命人取石灰来，在阶下画个栏，把孩子放在栏内，命令两个女人把孩子拽^①出栏外。并说，若是她生的孩子，便拽得出，若不是她生的，就拽不出。马夫人用力把孩子拽了出来，张海棠拽不出来。包拯问张海棠："我看你几次都不用气力拽那孩儿。为什么？"

张海棠说："望爷爷息雷霆之怒。我自嫁马员外，生下这孩儿，十月怀胎，三年乳哺，不知受了多少辛苦，才把他养到五岁。两人硬夺孩儿，中间必有损伤。孩儿幼小，可能会折断他的胳膊，爷爷就是打死妇人，我也不敢用力拽他出这灰栏外，只望爷爷可怜可怜我啊。"

一个小小的灰栏，却包藏着十分利害。为了家产赖^②子孙，灰栏辨出^③假和真。

包拯继续审问赵令史、马夫人，二人招认所有罪行。包拯判马家所有家财归张海棠所有，并带孩儿寿郎回家抚养，张林免除差役，与妹妹回家。赵令史、马夫人被判死刑。郑州府审理案件的官吏，其他做伪证的街坊邻里，判杖刑并流放外乡。

---

① 拽（zhuài）：to pull
② 赖（lài）：to disclaim
③ 辨出（biàn chū）：to distinguish

49. 十 五 贯^①

Fifteen Strings of Cash

熊友兰和他的弟弟熊友蕙相依为命^②。因为父母早早离世，家里很穷，友兰外出经商赚钱，供弟弟读书。

冯玉吾是熊家的邻居，家境优渥。他的儿子冯锦郎面貌丑陋，儿媳三姑貌美如花。冯玉吾担心三姑会嫌弃^③儿子，为了稳住她的心，就准备了一对金耳环和十五贯^④钱，让三姑保管^⑤。

隔壁的熊友蕙，十分用功地读书。三姑每天早晚听到友蕙的读书声，不禁感叹："经常听到那位书生的读书声，一字一句悦耳动听，他将来肯定会功成名就的"。冯玉吾听到这些话，更加不安，担心三姑会有二心^⑥，就让她从外室搬到内室去住。

晚上，三姑把金耳环和十五贯钱放在桌上，就去睡觉了。一只

---

① 本文根据朱素臣的戏剧《十五贯》简写。

　　朱素臣：Zhu Suchen（约1644—？），清代初期戏剧家。

② 相依为命（xiāng yī wéi mìng）：to depend on each other for life

③ 嫌弃（xián qì）：to turn one's back upon

④ 贯（guàn）：string of coins

⑤ 保管（bǎo guǎn）：to take care of

⑥ 二心（èr xīn）：disloyalty

老鼠把耳环和十五贯钱叼^①到了熊家。三姑发现金耳环和十五贯钱
不见了，以为是公公^②拿走了，没有再过问^③。

隔壁的友蕙每晚都听到邻居家的声响，老鼠的声响影响了友蕙
的睡眠，因而他就搬到内室去住了。这内室正好和三姑的卧室相隔
一面墙。

友蕙一早就起来读书，当他在书架上找书时，忽然发现一对金
耳环，心想："这窗户关得严实，墙边又无缝，这金耳环是哪里来的
呢？啊！可能是神灵可怜我虽然家里贫困，却艰苦读书，特意送来
金耳环，我明日就拿着这些耳环去冯家换些钱来买米。"这时，又
传来老鼠的声响，友蕙受老鼠的干扰^④已经很久了，又担心老鼠会
啃^⑤坏书本，就买了一些毒药，放在饼^⑥里，准备毒死老鼠。

第二天，友蕙拿着金耳环来到冯家，说要换些钱买米。冯玉
吾看到耳环，心中怀疑，就让儿子冯锦郎去问三姑金耳环在哪里？
没想到，老鼠把有毒的饼拖到了冯家，冯锦郎误食后，七窍流血而
死。冯玉吾认为三姑和友蕙偷情，他们不仅私吞^⑦了金耳环和十五
贯钱，还毒死了他的儿子，他把三姑和友蕙告上了公堂。

审理案件的官员叫过于执^⑧，从任职的那天开始，他就决心做一

---

① 叼（diāo）：to hold in the mouth
② 公公（gōng gong）：father-in-law
③ 过问（guò wèn）：to bother about
④ 干扰（gān rǎo）：to disturb
⑤ 啃（kěn）：to chew, to nibble
⑥ 饼（bǐng）：cake
⑦ 私吞（sī tūn）：to privately take possession of
⑧ 过于执（guò yú zhí）：name of a character

个公正严明①、执法如山②的清官③，但事实上，却因为过于死板④和执拗⑤，造成了冤案⑥。

　　面对三姑和熊友蕙的案子，过于执先审问熊友蕙："熊友蕙，你本是个读书人，看起来也斯文⑦明理⑧，状词⑨上说，你先和三姑偷情，又偷窃财物，现在又与三姑共谋⑩毒死了冯锦郎。这些罪名可都不小啊！如今人证⑪物证⑫俱全，你还有什么可辩解⑬的呢？"

　　熊友蕙答道："希望大人明察⑭，我每日闭门苦读，不曾见过三姑。那金耳环是我在书架上发现的，以为是上天可怜我是个寒酸⑮的读书人而赠予我的，我哪里知道这是冯家的东西啊？如果真是三姑私赠给我的，我又怎么会把这赃物⑯拿到冯家换钱呢？至于⑰冯锦郎的死，我也是分毫不知啊。"

　　过于执看到三姑如此美貌，认为她必然不愿意嫁给相貌丑陋的冯锦郎，因此，他断定三姑和友蕙偷情，合谋毒杀冯锦郎，是真实

---

① 公正严明（gōng zhèng yán míng）：just, strict and impartial
② 执法如山（zhí fǎ rú shān）：to enforce the law strictly
③ 清官（qīng guān）：honest and upright official
④ 死板（sǐ bǎn）：rigid
⑤ 执拗（zhí niù）：stubborn
⑥ 冤案（yuān àn）：unjust verdict
⑦ 斯文（sī wén）：refined
⑧ 明理（míng lǐ）：sensible
⑨ 状词（zhuàng cí）：plaint
⑩ 共谋（gòng móu）：to intrigue with
⑪ 人证（rén zhèng）：witness
⑫ 物证（wù zhèng）：evidence
⑬ 辩解（biàn jiě）：to explain for oneself
⑭ 明察（míng chá）：to scrutinize
⑮ 寒酸（hán suān）：miserable and shabby
⑯ 赃物（zāng wù）：stolen goods
⑰ 至于（zhì yú）：as for

可信的。

他又审三姑。三姑说："大人，我和熊友蕙虽然住得一墙之隔，但我并不认识他啊。再说，假如我与他共谋杀夫，为什么不在路上动手，为什么要在自己家里啊？"

但是，过于执认为自从任职以来，只要案件有一点儿疑点，他都会一一审核清楚，今日这案件人证物证俱全，没有什么再怀疑的，他因而坚持自己的判断。但是，三姑和友蕙仍然不认罪。过于执就对二人用刑，二人不能忍受，就承认了这些罪名，于是都被判了死刑。

熊友蕙的哥哥熊友兰离家外出后，就在商船上当差。有一天，他从一个客商的口中得知，弟弟友蕙被冤枉判了死刑，吓得晕了过去。船上有一个商人，听说了熊家兄弟二人的故事，愿意资助熊友兰十五贯钱去换回弟弟的性命。

友兰拿着十五贯钱，急忙赶回家。他在路上遇见一位年轻女子问路，因为二人要去的是同一个地方，就与她同行。

这女子叫苏戌娟①，前几年父亲因病去世，母亲改嫁②给了一名屠夫③，这个屠夫叫游二，经常酗酒④，生意也做得不好，母亲没几年就死了。一天晚上，游二拿着十五贯钱回家，这是游二的姐姐给他开店的，但是，他却对苏戌娟说，这钱是把她卖了换来的。

苏戌娟信以为真，连夜逃走，临走时忘了锁大门。他家有一个邻居，叫娄阿鼠⑤，好赌，深夜回来，看见游二家的门没锁，就进

---

① 苏戌娟（sū shù juān）：name of a character
② 改嫁（gǎi jià）：to remarry
③ 屠夫（tú fū）：butcher
④ 酗酒（xù jiǔ）：excessive drinking
⑤ 娄阿鼠（lóu ā shǔ）：name of a character

去偷东西，不料惊醒了游二，两人打了起来，结果娄阿鼠把游二杀了，并偷走了十五贯钱。

第二天，邻居发现游二被杀死在家中，苏戍娟也不见了。邻居就报了案。

官差①出去追捕②，在途中正好看到苏戍娟和熊友兰在一起，就把二人一起抓捕了。审理案子的又是过于执，因为熊友兰身上带着十五贯钱，而且和苏戍娟在一起，他就认定熊友兰和苏戍娟共谋杀害了游二，他们二人不认罪，过于执就对他们用刑，这两个人不能忍受，不得不认罪，于是被判了死刑。

刑期即将到来，负责监斩③的是苏州太守况钟。况钟重新审阅④了熊家两兄弟的案子，发现这两个案子有很多疑点。于是，况钟连夜赶到熊家和冯家，仔细地查看了案发现场。他发现了天花板⑤上的一个鼠洞，在鼠洞里找到了十五贯钱和一块饼。

况钟又扮作算字先生⑥，在游二家附近私访⑦，可是连续好几天，找不出一丝线索⑧。他又来到了城隍庙，忽然，他隐约听到里面有人说"游二"、"十五贯"，就悄悄地走了进去。

娄阿鼠因为偷了钱、杀了人，很害怕，就来到城隍庙求签⑨，想看看自己的吉凶。

假装成算字先生的况钟，让娄阿鼠写一个字，说可以根据这个

---

① 官差（guān chāi）：law enforcement crew
② 追捕（zhuī bǔ）：to pursue and capture
③ 监斩（jiān zhǎn）：to supervise the execution of criminal
④ 审阅（shěn yuè）：to review
⑤ 天花板（tiān huā bǎn）：ceiling
⑥ 算字先生（suàn zì xiān shēng）：fortune-teller
⑦ 私访（sī fǎng）：inspect in private
⑧ 线索（xiàn suǒ）：clue
⑨ 求签（qiú qiān）：to pray and draw divination sticks at a temple

字推测吉凶。娄阿鼠写了一个"鼠"字。

况钟说："鼠字不吉利，恐怕惹①了官司"②。

娄阿鼠吃了一惊，赶忙问："官司是否会牵连到我？"

况钟说："鼠是十二生肖③之首，恐怕也是导致灾祸的原因。老鼠喜欢偷窃，正是因为偷窃，才招来了灾祸啊！被偷的人家是否姓游呢？"

娄阿鼠心里一惊，问道："这个你怎么知道？"

况钟已经心中有数④，就说："老鼠爱偷油，所以这么说。"

娄阿鼠十分恐慌，连忙⑤问："这个祸能否逃得过啊？"

况钟一笑，说："当然可以，你只要今晚乘着码头⑥边的那艘船离开，就能摆脱⑦灾祸。"

"太好了！"娄阿鼠高兴得跳了起来，急忙回家收拾了行李，跑到码头边，上了船。他一上船，就被况钟安排的官差抓住了。

况钟带着新找到的证据和证人回去，重新审理了这两个案件。熊友蕙等四人宣告无罪，并当场释放⑧。

---

① 惹（rě）：to involve
② 官司（guān si）：lawsuit
③ 生肖（shēng xiāo）：Chinese Zodiac
④ 有数（yǒu shù）：to know how things stand
⑤ 连忙（lián máng）：promptly
⑥ 码头（mǎ tóu）：wharf
⑦ 摆脱（bǎi tuō）：to extricate oneself from
⑧ 释放（shì fàng）：to release

50. 促　　织①

The Cricket

　　明朝时期，皇宫中流行斗蟋蟀②的游戏，每年都向民间征收③大量蟋蟀。蟋蟀本不是陕西④特产⑤，陕西华阴县⑥的县令⑦，为了讨好上级官员，献⑧了一只蟋蟀。这只蟋蟀非常厉害。从此以后，上级官员就命令华阴县每年向皇宫供奉⑨蟋蟀。集市上那些游手好闲⑩的人，每得到一只好蟋蟀，便用笼子养着，当作奇货高价出售。地方的官吏把买蟋蟀的费用摊派⑪给乡民，每征收一只蟋蟀，都要使几家人破产。

　　华阴县有个叫成名的人，非常老实，不善言谈，被县令派去

---

① 本文根据蒲松龄短篇小说《促织》简写。
　　蒲松龄：Pu Songling（1640—1715），清代文学家，以短篇小说著称。
② 蟋蟀（xī shuài）：cricket
③ 征收（zhēng shōu）：to levy
④ 陕西（shǎn xī）：a province in China
⑤ 特产（tè chǎn）：special local product
⑥ 华阴县（huá yīn xiàn）：name of a county
⑦ 县令（xiàn lìng）：county magistrate
⑧ 献（xiàn）：to dedicate, to offer
⑨ 供奉（gòng fèng）：to offer as a token of tribute
⑩ 游手好闲（yóu shǒu hào xián）：to idle about
⑪ 摊派（tān pài）：to apportion

征收蟋蟀。不到一年，成名的家产都花光了。这一年，又要征收蟋蟀，成名不敢向百姓收费，自己又没钱，非常发愁，甚至想死。妻子说："死了有什么用？不如自己去捉①，说不定能捉到一只呢。"于是，成名早出晚归，在墙下、草丛中寻找，用尽各种办法，但却没有捉到一只可以进贡②的蟋蟀。即使捉到两三只，也是又弱又小。期限③就要到了，成名征收不到蟋蟀，被县令责打，他天天躺在床上，翻来覆去，只想自尽。

这时，村里来了一个巫婆④，算卦⑤非常灵验⑥。成名的妻子就向巫婆问卦，她也像其他人一样交了钱、烧香行礼⑦，巫婆扔给她一张纸片。她急忙拾起来一看，纸上不是字而是画。上面画着一个佛寺，寺后面的小山下，到处是石头和荆棘⑧，一只蟋蟀就藏在那里，旁边还有一只蛤蟆。成名的妻子看了又看，不懂它的意思，但看见画上有蟋蟀，就把纸片藏起来，带回家给成名看。

成名仔细察看了画上的景物，与村子东面的大佛寺很相似。于是，他拿着纸片来到村东面大佛寺的后面，看见在草丛中，有一座古坟。成名往前走，只见乱石和树丛与画中的很像。成名便在野草中，细细地听，慢慢地走，用尽心力，直到眼花耳聋，既没看到蟋蟀，也没听见蟋蟀的叫声。突然，一只蛤蟆跳了出来，成名吃了一

---

① 捉（zhuō）：to capture
② 进贡（jìn gòng）：to offer tribute
③ 期限（qī xiàn）：deadline
④ 巫婆（wū pó）：witch
⑤ 算卦（suàn guà）：fortune-telling
⑥ 灵验（líng yàn）：effective
⑦ 烧香行礼（shāo xiāng xíng lǐ）：to burn incense and perform rituals
⑧ 荆棘（jīng jí）：thorn

惊，急忙追赶过去，蛤蟆已钻①进草丛。他拨②开草丛，仔细寻找，看见一只蟋蟀趴③在那里，他急忙用手扑④，蟋蟀钻进了石洞中。成名用草拨它，用水灌⑤它，蟋蟀才出来。成名捉住它仔细地察看，这只蟋蟀个头很大，尾巴长，青脖子，金翅膀。成名非常高兴，赶忙装进笼子提回家中。全家庆贺，把它看得比宝玉还珍贵⑥，用盆子养着它，用好东西喂它，非常爱护，只等到了期限，送到县里去交差⑦。

成名有个儿子，才九岁，看到父亲不在家，偷偷打开盆盖去看。蟋蟀一下子跳了出来。儿子用手扑它，结果，蟋蟀的腿掉了，肚子也破了，一会儿就死了。孩子非常害怕，哭着告诉母亲。母亲一听，吓得面如死灰，骂道："你的死期到了！等你父亲回来，会和你算账⑧的！"孩子哭着出门走了。

不一会儿，成名回来，听了妻子的话，全身像被冰雪浸透⑨了，他怒气冲冲⑩地去找儿子，可是儿子不知到哪里去了。后来，他在井中找到了孩子的尸体，夫妻二人转怒为悲⑪，呼天喊地，几乎要死。二人哭泣，没有心情做饭，只是默默地坐着，感到活着好无趣。天快黑了，她们想简单地把孩子埋了。近前抚摸儿子的尸体，

---

① 钻（zuān）进：to jump into
② 拨（bō）：to part
③ 趴（pā）：to crouch
④ 扑（pū）：to pounce on
⑤ 灌（guàn）：to pour in
⑥ 珍贵（zhēn guì）：precious
⑦ 交差（jiāo chāi）：to report to the superior after accomplishing a task
⑧ 算账（suàn zhàng）：to punish
⑨ 浸透（jìn tòu）：to soak
⑩ 怒气冲冲（nù qì chōng chōng）：in a rage
⑪ 转怒为悲（zhuǎn nù wéi bēi）：to turn anger into grief

发现还有微弱①的气息，夫妻二人非常惊喜，把儿子放到床上。到了半夜，儿子醒了，夫妻二人感到了一点宽慰。但一看到蟋蟀的笼子是空的，又气得说不出话来，但也不敢再追究②儿子。从黄昏到天亮，他们没有合眼。

太阳从东方升起，成名仍躺在床上发愁。忽然，听到门外有蟋蟀的叫声，成名惊讶地起来察看，见那只蟋蟀还活着。成名高兴地捉它，蟋蟀叫着跳开了，跳得非常快。成名用手掌盖住它，刚一抬手，蟋蟀又远远地跳开了。成名急忙追赶，到处寻找，看见一只蟋蟀趴在墙上。仔细一看，这只蟋蟀身躯短小，黑红色，不是先前那只。成名嫌它小，不捉它，而是寻找刚才的那只。忽然，墙上的小蟋蟀跳到了成名的衣襟③上，成名再仔细一看，长着梅花样④翅膀，方头，长脖子，像是好品种⑤，这才高兴地捉起来。他将要献给官府时，又很不安，恐怕官府不满意，于是，就想让它先试斗一下看看。

村中有个好事⑥的少年，养了一只蟋蟀，天天同一些少年的蟋蟀角斗，没有一次不胜的。他想靠这只蟋蟀发财，便抬高⑦价钱，但却没人买。这天，这少年来到成名家，看到成名养的那只小蟋蟀，忍不住笑了。他拿出自己的蟋蟀，放进笼子里与成名的蟋蟀斗。成名见他的蟋蟀个头大，很羞愧，不敢和他的斗。少年再三要

---

① 微弱（wēi ruò）：weak
② 追究（zhuī jiū）：to blame
③ 衣襟（yī jīn）：front of garment
④ 梅花样（méi huā yàng）：plum flower pattern
⑤ 品种（pǐn zhǒng）：species
⑥ 好事（hào shì）：meddlesome
⑦ 抬高（tái gāo）：to raise

求，成名想，养一只劣等①的蟋蟀也没什么用，不如让它斗一次。于是就把两只蟋蟀都放到一个盆里，让它们斗。成名的那只小蟋蟀趴着一动不动，看样子很愚蠢，少年大笑起来，他用猪毛撩拨②小蟋蟀的须，一次又一次，小蟋蟀突然发怒了，直冲过去，和他的蟋蟀搏斗③了起来。小蟋蟀一跃而起，扑向对手，去咬它的脖子。少年大吃一惊，急忙把它们分开，中止了搏斗。小蟋蟀大声鸣叫着，好像要报告主人似的。成名高兴极了，大家正在赏玩④，突然来了一只鸡，径直⑤去啄⑥那只蟋蟀。成名惊骇⑦地呼喊，小蟋蟀跳出一两尺远，鸡又追上去，小蟋蟀已经在鸡爪下了。成名非常惊慌，不知怎么救它，脸色都变了。转眼间，鸡伸⑧着脖子，走近一看，小蟋蟀趴在鸡冠⑨上用力叮⑩着不放。成名更加惊喜，忙把小蟋蟀捧到笼子里。

第二天，成名把小蟋蟀献到县令那儿。县令见蟋蟀太小，愤怒地呵斥⑪成名。成名讲述了小蟋蟀的奇异本领⑫，县令不相信，就让它同别的蟋蟀试斗，结果，所有的蟋蟀都被斗败了。又让它同鸡斗，果然和成名说的一样。县令赏了成名，把这只蟋蟀献给巡

---

① 劣等（liè děng）：inferior
② 撩拨（liáo bō）：to tease
③ 搏斗（bó dòu）：to fight
④ 赏玩（shǎng wán）：to enjoy
⑤ 径直（jìng zhí）：directly
⑥ 啄（zhuó）：to peck
⑦ 惊骇（jīng hài）：horrified
⑧ 伸（shēn）：to stretch
⑨ 鸡冠（jī guān）：cockscomb
⑩ 叮（dīng）：to bite
⑪ 呵斥（hē chì）：to berate
⑫ 本领（běn lǐng）：skills

抚①。巡抚非常高兴，把蟋蟀放进金笼里献到宫中，并详细讲述了蟋蟀的本领。小蟋蟀入宫后，与天下进贡的各种蟋蟀角斗，没有能超过它的。小蟋蟀每当听到琴声，就按着节拍②舞蹈，人们更加觉得它奇特。天子③非常高兴，赏赐巡抚名马和绸缎，县令也得到了赏赐，升了官。县令很高兴，就免去了成名征收蟋蟀的差役。

过了一年多，成名的儿子精神恢复了，说自己的身子变成了蟋蟀，现在才苏醒过来。

没几年，成名又得到了重赏，有了很多田地、房屋、牛羊。出门穿着皮衣，骑着高头大马，非常富贵。

有人说："天子偶然用一个东西，过去就忘了，可是，奉行④的人却把它当作惯例⑤。再加上官吏贪婪暴虐⑥，更无休止。所以，天子迈出一小步，都关系到百姓的性命啊。"

---

① 巡抚（xún fǔ）：provincial governor
② 按节拍（àn jié pāi）：according to beat
③ 天子（tiān zǐ）：the emperor
④ 奉行（fèng xíng）：to carry out
⑤ 惯例（guàn lì）：convention
⑥ 暴虐（bào nuè）：brutal

51. 东郭先生和狼^①

Mr. Dongguo and Wolf

东郭先生赶着一头毛驴，沿大路往前走。毛驴背上放着一个口袋，口袋里装的是他的图书。

忽然后面跑来一只狼，惊慌地说："慈悲的先生，救救我吧！今天赵简子出来打猎，带着大队人马，还有十分厉害的猎鹰和猎狗。他们望见了我，死也不放地追来。你瞧，背后尘沙飞扬，他们马上就要到了。我想躲在你的口袋里。如果逃过了这场灾难，我永远不忘记你的恩惠！"

东郭先生说："赵简子有权有势，谁不知道。我把你藏了起来，说不定会遭到什么灾难。我看你可怜，也管不了这许多，救你就是了。"他取出图书，把口袋慢慢地套在狼身上，只怕狼不舒服，不敢使劲。

赵简子快追上来了，已经听得马蹄的声音了。

狼催促道："先生，能不能快一点？你这样哪里是救我，分明是招他们来捉我了。"狼把身子蜷^②做一团，头贴着尾巴，四条腿并在

---

① 本文写作于1934年，作者叶圣陶。

② 蜷（quán）：to curl up

278

一起，请东郭先生用绳子捆起来。东郭先生依狼说的做，把它放进口袋，塞上了一些图书，系住袋口，放在毛驴背上。他赶着毛驴仍旧沿着大路往前走。

一会儿，大队人马到了。赵简子见没有狼，拔剑在手，对东郭先生喝道："告诉我，狼往哪里去了？若要瞒我，我决不饶恕你！"

东郭先生回答道："我在这里赶路，并没有看见狼。这条路岔道多，狼也许从岔道逃走了。我知道狼又贪又狠。如果看见了，肯定会帮您捉住它的，又怎会瞒您？"赵简子听他说得不错，带领人马回去了。东郭先生也加快了脚步，急急地赶着毛驴向前走。

狼在口袋里听得马蹄声渐渐远了，渐渐听不见了，就喊道："先生，可以放我出来了。"东郭先生把狼放了出来。狼却狠狠地说："我肚子饿得很，如果找不到东西吃，就要饿死了。我想，饿死了躺在路旁，让野兽吃我的肉，还不如刚才被他们捉住的好。先生既然救了我一次，现在再救我一次，让我把你吃了吧！"说着就向东郭先生扑过来。

东郭先生只得靠毛驴来抵挡，狼扑到这边，他就逃到那边，连连喊道："你不能对不起我！"狼说："并不是我对不起你。你们人，本来就是供我们狼吃的。"

天色已晚，东郭先生脱不了身，心里着慌，和狼商量道："什么事情总得请教上了年纪的。我和你一同向前走，遇见上了年纪的就问。如果说我应当给你吃，你就吃；不然，就不该吃。"狼说："可以。"

东郭先生和狼一同向前走，没碰上一个行人。狼馋得耐不住^①

---

① 耐（nài）不住：受不住

了，看见路旁边有一棵干枯的老树，逼着东郭先生去问它。东郭先生先把他救狼的事告诉了那老树，问老树说："我应当给狼吃吗？"

老树说："我是杏树。他们当初种我，只费了一颗杏核。二十年来，我结了不知多少的杏子。他们一家人都吃了，把剩下的卖了，赚了很多钱。我对他们，功劳也算大了。现在我老了，不结果了，他们就要把我卖给木匠。唉，我迟早要挨木匠的斧头！你对狼的好处，比起我来，又算得什么？你应当给狼吃掉。"

狼听老树说完，就张开嘴要咬东郭先生。东郭先生说："它是树木，说的话不能算数。我们再向前走。"狼饿得发急了，看见一头老牛懒懒地躺在路边上，又逼着东郭先生去问老牛。东郭先生没法，照样地问了。

老牛说："老杏树说的不错。我小时候，农夫卖了一把刀，把我买了回来。我渐渐长大，替他耕田。他靠着每年的收成，渐渐富裕了，生活舒服起来了。我对他的功劳不能算小，不是吗？可是我现在老了，没有力气耕田了，他的妻子就说：'牛的身上没有一件废物，我们杀了它吧。'这样看来，我迟早总得挨他们这一刀！你对狼的好处，比起我来，又算得什么？你是应当给狼吃的。"

狼听说，又张开了嘴，露出了锋利的牙齿。东郭先生说："它是兽类，说的话不能算数。那边有一位老人来了，我宁愿听他的话。他怎么说，我就怎么办。"

东郭先生把一切经过告诉了那位老人，老人举起手杖对狼喝①道："受了人家的恩惠②，还要欺侮人家，那是顶可恶的。快滚开吧，不然，我要打死你！"狼说："你老人家不该只听他说的话。他刚才

① 喝（hè）：大声喊叫
② 恩惠（ēn huì）：受到的好处

捆住我的腿，把我塞进口袋，上面压着图书。又慢吞吞地和赵简子说了一番话，无非要把我闷死在口袋里。你说，这样的人不该吃掉吗？"

老人回头对东郭先生说："这么说，你也有不是了。"

东郭先生气愤极了，再三分辩①说，自己并没别的想法，只为了可怜那只狼。狼也争辩不休。老人说："你们的话都不足信。最好让我看一下，狼躲在口袋里到底吃了苦没有。"狼很高兴，说自己愿意再演一遍，就蜷做一团，把头贴着尾巴，四条腿并在一起，请东郭先生用绳子捆起来。东郭先生依它的话，把它塞进口袋；又加上图书，系紧了袋口，放在毛驴背上。

老人对东郭先生说："现在你安全了，把它带回家去打死吧。"

---

① 分辩（biàn）：辩解

52. 自 由 魂[①]

The Soul of Freedom

一九〇三年冬，在王廷钧[②]北京寓所的书房里，王在吸烟，秋瑾坐着看报。

秋瑾[③]：哼，中国政府，定要把祖国瓜分[④]了！你看，国家快要亡了，还一点儿好事不做，却把不愿做亡国奴的人抓到牢里！

王廷钧（不感兴趣）：唔。

秋：日本跟俄罗斯在中国的土地上打仗，而中国居然[⑤]能够宣布[⑥]什么局外中立[⑦]，这不是很奇怪吗？

王：得了，得了，你已经嚷[⑧]了三年了，可是有什么用？国家的事情，一个人在家里喊，是没有用的！

---

① 本文根据夏衍的话剧《自由魂》（1936年，后改名为《秋瑾传》）简写。
  夏衍：Xia Yan（1900—1995），中国现代作家、剧作家、社会活动家。
② 王廷钧（tíng jūn）：秋瑾的丈夫，任职于北京某军部。
③ 秋瑾：Qiu Jin（1875—1907），近代中国民主志士，中国女权思想的倡导者，兴办女学，创办《女报》，为中国的妇女解放做出了重要贡献。
④ 瓜分（guā fēn）：to carve up
⑤ 居然（jū rán）：unexpectedly
⑥ 宣布（xuān bù）：to announce
⑦ 局外中立（jú wài zhōng lì）：to remain neutral as an outsider
⑧ 嚷（rǎng）：to denounce

秋：对，在家里讲没有用，那么你为什么不准我到日本去？

王：我的意思是说，国家的盛衰，一半由于人为，一半由于天数①，你老是焦灼②有什么用呀！

秋：我不爱听，什么叫天数？

王：中国几千年来，没有一个永远不败的朝代，盛极了一定要衰，否极③了泰④才能来，这就是天数。对于天数，不论你有天大的本领，还是没有用的。

秋：照你说，我们得听天由命⑤，让中国衰下去。

王：那也不是这样说，古人说得好："不在其位，不谋其政⑥。"一个国家总该有个国法，像你一样，大家谈论国事，今天骂政府，明天谈革命⑦，恐怕国没有救成，国家的秩序⑧早已乱了。

秋：你开口古人，闭口圣贤，你知道古人和圣贤讲的话里面，有"天下兴亡，匹夫⑨有责"这一句没有？

王：有这么一句，可是你得听清，这只说"匹夫"，没有说"匹妇"。你是一个女人……

秋：女人不是人吗？

王：女人是人，但没有救国⑩的责任⑪。即使国家有了什么不

---

① 天数（tiān shù）：destiny
② 焦灼（jiāo zhuó）：anxious
③ 否极（pǐ jí）：deepest adversity
④ 泰（tài）：bliss
⑤ 听天由命（tīng tiān yóu mìng）：to submit to the will of Heaven
⑥ 不在其位，不谋其政（bù zài qí wèi, bù móu qí zhèng）：He who is not in a particular office does not plan for administration of its duties
⑦ 革命（gé mìng）：revolution
⑧ 秩序（zhì xù）：order
⑨ 匹夫（pǐ fū）：common people
⑩ 救国（jiù guó）：to save the motherland
⑪ 责任（zé rèn）：responsibility

幸，天下后世，也决不会责备你们女人。

　　秋：错了，救国是每个人的责任，不要夸奖，也不怕责备。对了，你不仅是一个有责的匹夫，而且是一个吃了国家俸禄①的官吏，你自己尽了你的责任没有？我跟你说，中国好好一个国度，弄成极穷极弱的地步②，大部分都是你们这般醉生梦死、只知自己、不知国家的官儿的责任！这样的黑暗世界，我再也呆不下去了！

　　王：呆不下，上哪儿去？

　　秋：到日本去！

　　王：咱王家是阀阅③人家，不能有革命党④的媳妇！

　　秋：到日本去念书就是革命党吗？

　　王：可以这么说。

　　秋：那么我就算是革命党！

　　王：我可不准你！

　　秋：你不能干涉⑤我！

　　王：我是你的丈夫！

　　秋：你做丈夫的不能干涉我念书，正像我做妻子的不能干涉你嫖赌⑥一样！

　　王（站起来）：我好好的规劝⑦你，你竟越说越不是话了。怎么说来说去，终是些男女平权，家庭革命，听了这种混账⑧的话，

———————————

① 俸禄（fèng lù）：salary of officials
② 地步（dì bù）：bad situation
③ 阀阅（fá yuè）：meritorious
④ 革命党（dǎng）：a political party engaged in overthrowing the old regime
⑤ 干涉（gān shè）：to interfere
⑥ 嫖赌（piáo dǔ）：whoring and gambling
⑦ 规劝（guī quàn）：to advise
⑧ 混账（hùn zhàng）：nonsense

就像着了魔①似的，永远也劝不醒了。你真个要去，你就去，但是，我得先休②了你，再让你到外面去！我可不能让我的妻子在外面丢丑。

秋：很好！我可以不做你的妻子，但是我不能不做一个中国人！你写休书给我。今后有什么事，我自个儿承当③，决不会连累你。

王：你当真要这样干？

秋：这不是开玩笑的事啊。

王：好了好了，别尽闹别扭④了。

秋：不，你话已经讲出了，你写休书给我，我明儿就回南边去……

王：你再仔细想一想，你已经是两个小孩的母亲，你家里还有一个年高的……

秋：这几句话我已经听厌了，你得讲给你自己听，你是两个孩子的父亲，你管教⑤了他们没有？花天酒地⑥的……唔，不跟你讲这些话，我已经听够了，想了几个月、几年……

王：你没有经历过世上的风霜⑦，凡事⑧看得太容易……

秋：别将话扯⑨开去，你已经讲了，写休书给我，你……

秋瑾的好友吴兰石来，与出门去的王遇见。

---

① 着了魔（zháo le mó）：bewitched
② 休（xiū）：to divorce
③ 承当（chéng dāng）：to undertake
④ 闹别扭（nào biè niu）：to get up against each other
⑤ 管教（guǎn jiào）：to discipline
⑥ 花天酒地（huā tiān jiǔ dì）：to be out on tiles
⑦ 风霜（fēng shuāng）：hardships
⑧ 凡事（fán shì）：all
⑨ 扯（chě）：to direct a conversation to other subjects

吴：怎么？这大冷天还有应酬？

王：不，一点儿小事情。……请坐，我少陪了。

秋瑾对奶妈说：叫王妈给我收拾①行李，今晚上要整好②的。

吴（吃惊）：什么，您要回南边去？怎么，又是两口儿拌嘴③？

秋：可是这已经是最后一次了，我决定了到日本去，他刚才说要给我写休书。

吴：唔，可是，您别生气，我还是怪您性子太躁④，为什么一定要闹到这个田地呐？日本现在正在跟俄国打仗……

秋：怎么，大姊，您也讲这样的话吗？

吴：我怕的是您志气⑤过高，年纪轻，不懂得人情世故⑥，万一有什么差错，我做大姊的放心不下。况且，家庭革命，男女平权，不是一朝一夕⑦能做到的事情，一定要脚踏实地⑧的……

秋：好了，大姊，我去念书，就是脚踏实地的第一步啊！把自己关在家庭里面，能做得出什么……

吴：那么您到日本去，打算研究些什么？

秋：您看，我应该学些什么好？

吴：您既然主张唤醒女界，改革家庭，那么，现在中国需要的是女子师范、家政学、保姆科……

秋：啊呀，大姊不要说了，这些都是家常的琐碎⑨事情，您知

---

① 收拾（shōu shi）：to pack up
② 整好（zhěng hǎo）：to be ready
③ 拌嘴（bàn zuǐ）：to quarrel
④ 躁（zào）：impatient
⑤ 志气（zhì qì）：ambition
⑥ 人情世故（rén qíng shì gù）：worldly wisdom
⑦ 一朝一夕（yī zhāo yī xī）：overnight
⑧ 脚踏实地（jiǎo tà shí dì）：down-to-earth
⑨ 琐碎（suǒ suì）：trivial

道我的性子①，我能做得这些事吗？我希望全中国的女人都能够和男子平权②，不依靠③男子。

吴：那么我猜错了，您一定去学什么医学、看护、蚕桑④，或者和女子职业有关系的工艺。

秋：医学、看护，固然也是救人的学问。可是它能救我所要救的吗？

吴：您别把这些太看轻了。在西洋，女人学医学和看护，都是很神圣⑤的；有许多贵族女子，都去当看护，平时救济同胞，战时到战场上去救济兵士。我看，您去学医，倒是最适当的⋯⋯

秋：您的话，也许不错，可是，天下的事情，都有本末⑥之分，假使根本问题没有解决，那么，不论怎样的学问，还是没有用的。我并不是说医学、看护没有好处。我只说这些学问，一定要在根本问题解决了以后，才有真的用处。现在，中国的女同胞还是在不自由、不平权的黑暗里面，不把中国弄得⑦强盛，不把政治弄得清明⑧，她们怎能从这黑暗里解放⑨出来呐？

吴：那么您的志向太大了，您主张的已经不单是家庭革命，而是⋯⋯

秋：我想救女界，同时我也想救中国，我情愿做上断头台⑩的

---

① 性子（xìng zi）：character
② 平权（píng quán）：equal rights
③ 依靠（yī kào）：to rely on
④ 蚕桑（cán sāng）：sericulture and mulberry planting
⑤ 神圣（shén shèng）：sacred
⑥ 本末（běn mò）：the fundamental and the incidental
⑦ 弄得（nòng de）：to make
⑧ 清明（qīng míng）：methodical, well-ordered
⑨ 解放（jiě fàng）：to liberate
⑩ 断头台（duàn tóu tái）：guillotine

法国的罗兰夫人!

吴:不过,像您这样的人,中国太少了,别人不懂得您的意思,也许会将您看作新奇怪诞①、不知世故的。

秋:大姊,您懂得我的心,看了这几天的报,我简直就呆不下去了。我这番出去,念书之外,还打算多交几个朋友,拣几个热心热血的真同志,将来大家可以有帮助。

吴:真的要去留学,也得给几个朋友知道,拣个日子,我给您饯行②,好吗?

秋:好,好极了,咱们可以畅快地谈一下,这几天我实在闷死了。不过,我就得走啊!

吴:忙什么,这样冷的天气。

秋:您以为我还怕冷吗?

吴:在日本住多久?

秋:说不定,最多也不过三两年,我的经费③不够,况且这样的时势④……

吴:等您回来的时候,我可以到上海来欢迎您。

秋:我等着那一天。可是大姊!您不怕吗?那时候,我也许会变了一个人呢!

吴:不,您是不会变的,您是好人,我知道不会变的。

秋:我的意思是说,在那时候,也许在您看来,我会变成更新奇、更怪诞、更危险的人了!

---

① 怪诞(guài dàn):eccentric
② 饯行(jiàn xíng):to give sb. a farewell dinner
③ 经费(jīng fèi):funds
④ 时势(shí shì):the trend of the times, situation

吴：不，我以为经过一次风霜，您就会变得更加沉着^①，那时候，您的小孩子脾气就会没有了。

秋：不，我不这样想，我把革命看作一团烈火，我跳进火里去，我想，我一定会跟着更猛烈地烧起来……

一九〇七年，在上海。秋瑾告诉大家，她要干一件惊天动地的大事。她到日本学了女子师范和看护，希望回到中国，唤醒女界、办教育、办《女报》，改变中国。可是，一切都很难，她认为，中国这睡狮睡得太熟了，需要打一个响雷，才能唤醒！

一九〇七年七月，秋瑾因参加革命暴动^②被捕。

贵福（绍兴知府^③）：你就是乱党首领^④秋瑾吗？为什么这样大胆造反？此刻还有余党几处？军火藏在什么地方？从实招来，免受刑罚。

秋：什么？你不认识我吗？在你问我之前，我倒正要问你，学生没有犯罪，你为什么带兵攻打学校，屠杀^⑤学生？

贵：秋瑾，你要革大清帝国的命！你是一个良家女子，为什么不安分守己，要这样奔走革命？

秋：你问我为什么要革命？清朝统治中国，已经三百年了，在上荒淫无度^⑥，在下民不聊生^⑦；对外割地赔款^⑧，对内压迫民众；表

---

① 沉着（chén zhuó）：unruffled, composed
② 暴动（bào dòng）：rebellion
③ 知府（zhī fǔ）：magistrate of a prefecture
④ 乱党首领（luàn dǎng shǒu lǐng）：leader of a rebel group
⑤ 屠杀（tú shā）：to slaughter
⑥ 荒淫无度（huāng yín wú dù）：dissolute
⑦ 民不聊生（mín bù liáo shēng）：people can hardly earn a living
⑧ 割地赔款（gē dì péi kuǎn）：to cede territory and pay indemnities

面上说是预备立宪①，实际上却是独夫专制。这种专制政治不推倒，中国……

贵：够了够了，这儿不是演说的地方……

一个差役送上一封密电，贵福接过密电，拆开看过。

贵：秋瑾，你在本城有几处机关？有多少同党？快快招来！

秋：革命党的内情，你不必多问，问了也是徒劳②！你可以砍我的头，你不能变我的志！

贵：你以为我不会砍你的头吗？这是密电，要将你就地正法③。你还有要讲的话吗？

秋：成仁取义④。我的头不会白断，我的血不会白淌⑤，全中国的同志，一定会继续我的遗志⑥，中国妇女的自由平等，中国民众的解放独立，一定会实现的！

七月十五日，秋瑾从容就义⑦。

---

① 预备立宪（yù bèi lì xiàn）：preparation for constitutional monarchy
② 徒劳（tú láo）：in vain
③ 就地正法（jiù dì zhèng fǎ）：to execute on the spot
④ 成仁取义（chéng rén qǔ yì）：to sacrifice one's life for the cause of justice
⑤ 淌（tǎng）：to flow
⑥ 遗志（yí zhì）：unfulfilled wish
⑦ 从容就义（cóng róng jiù yì）：to die a martyr

53. 狂人日记^①

Diary of A Madman

　　有兄弟两人，都是我在中学时良友，多年不见，渐渐地也就没有消息了，偶然听说其中一个得了大病，正好我回乡，就特地绕道去探望^②他们。可是只见到一人，他说生病的是他的弟弟，不过，他的病已经好了，到某地去"候补"^③了。于是就大笑，并且拿出两本日记，说可以看到当时生病时的状况^④，愿意送给旧友。我拿回去阅读，知道他患的可能是"迫害狂"^⑤之类的病。日记的语言错杂无伦次^⑥，而且多是荒唐之言^⑦，也不著明日月，墨色^⑧字体也不一样，知道不是一个时间写的。里面有些比较连贯^⑨的部分，现

---

① 本文节选自鲁迅《狂人日记》并简写。这是鲁迅的第一篇小说，也是中国现代文学的第一篇白话小说，发表于1918年5月《新青年》杂志。
　　鲁迅：Lu Xun（1881—1936），中国现代杰出的思想家、文学家、翻译家。
② 绕道（rào dào）探望（tàn wàng）：to break journey to call on
③ 候补（hòu bǔ）：ready to take up an official post
④ 状况（zhuàng kuàng）：state
⑤ 迫害狂（pò hài kuáng）：persecution complex
⑥ 错杂无伦次（cuò zá wú lún cì）：confused and incoherent
⑦ 荒唐之言（huāng táng zhī yán）：wild statements
⑧ 墨色（mò sè）：the colour of the ink
⑨ 连贯（lián guàn）：coherent

在选其中一篇，供医家研究^①。日记中的语误^②，一个字也不改，唯^③里面的人名，都是村人，不为世间所知，无关大体^④，不过全都改了。至于书名，是他本人痊愈^⑤后题^⑥的，因此不改。七年四月二日识^⑦

一

今天晚上，很好的月光。

我不见他，已是三十多年。今天见了，精神分外爽快^⑧。才知道以前的三十多年，全是发昏^⑨。然而须十分小心。不然，那赵家的狗，何以看我两眼呢？

我怕得有理^⑩。

二

今天全没月光，我知道不妙^⑪。早上小心出门，赵贵翁^⑫的眼色

---

① 供医家（gòng yī jiā）研究：for medical research
② 语误（yǔ wù）：illogicality
③ 唯（wéi）：only
④ 无关大体（wú guān dà tǐ）：to be of no consequence
⑤ 痊愈（quán yù）：recovery
⑥ 题（tí）：to entitle
⑦ 识（zhì）：to record
⑧ 分外爽快（shuǎng kuai）：to feel in unusually high spirit
⑨ 发昏（fā hūn）：to be in the dark
⑩ 有理（yǒu lǐ）：to have reason
⑪ 不妙（bù miào）：bad omen
⑫ 赵贵翁（zhào guì wēng）：name of a character, 贵：nobility, 翁：an old man

便怪，似乎怕我，似乎想害①我。还有七八个人，交头接耳②地议论我，张着嘴，对我笑了一笑。我便从头直冷到脚跟③，晓得他们都已布置妥当④了。

我可不怕，仍旧走我的路。前面一伙小孩子，也在那里议论我，眼色也同赵贵翁一样，脸色也铁青。我想我同小孩子有什么仇，他也这样。忍不住⑤大声说，"你告诉我!"他们可就跑了。

我想：我同赵贵翁有什么仇，同路上的人又有什么仇。但是小孩子呢？何以今天也睁着怪眼睛，似乎怕我，似乎想害我。这真教我怕，教我伤心。

我明白了。这是他们娘老子⑥教的!

三

晚上总是睡不着。凡事须得研究，才会明白。

最奇怪的是昨天街上的那个女人，打他儿子，嘴里说道："我要咬⑦你几口才出气!"他眼睛却看着我。我一惊，遮掩⑧不住，那一伙人⑨便都哄笑起来。陈老五赶上前，硬⑩把我拖⑪回家中了。

---

① 害（hài）：to murder
② 交头接耳（jiāo tóu jiē ěr）：to discuss in a whisper
③ 从头直冷到脚跟（cóng tóu zhí lěng dào jiǎo gēn）：to shiver from head to foot
④ 布置妥当（bù zhì tuǒ dàng）：preparations completed
⑤ 忍不住（rěn bú zhù）：cannot help
⑥ 娘老子（niáng lǎo zi）：父母，母亲
⑦ 咬（yǎo）：to bite
⑧ 遮掩（zhē yǎn）：to hide
⑨ 一伙人（yī huǒ rén）：a group of people
⑩ 硬（yìng）：forcefully
⑪ 拖（tuō）：to drag

拖我回家，家里的人都装作不认识我。他们的脸色，也全同别人一样。进了书房，便反扣①上门，宛然②关了一只鸡鸭。这一件事，越教我猜不出底细③。

前几天，狼子村的佃户④来告荒，对我大哥说，他们村里的一个大恶人，给大家打死了，几个人便挖出他的心肝来，用油煎炒了吃，可以壮壮胆子⑤。我插了一句嘴⑥，佃户和大哥便都看我几眼。今天才晓得他们的眼光，全同外面的那伙人一模一样⑦。想起来，我从顶上直冷到脚跟。他们会吃人，就未必不会吃我。

你看那女人"咬你几口"的话，和一伙人的笑，和前天佃户的话，明明⑧是暗号⑨。我看出他话中全是毒，笑中全是刀。他们的牙齿，全是白厉厉⑩地排着，这就是吃人的家伙⑪。

我也是人，他们想要吃我了！

四

早上，我静坐了一会儿。陈老五送进饭来，一碗菜，一碗蒸鱼。这鱼的眼睛，白而且硬，张着嘴，同那一伙想吃人的人一样。

---

① 反扣（fǎn kòu）：to lock from the outside
② 宛然（wǎn rán）：as if
③ 底细（dǐ xì）：ins and outs
④ 佃户（diàn hù）：tenant
⑤ 壮胆子（zhuàng dǎn zi）：to increase one's courage
⑥ 插嘴（chā zuǐ）：to interrupt
⑦ 一模一样（yī mú yī yàng）：exactly the same
⑧ 明明（míng míng）：obviously
⑨ 暗号（àn hào）：secret signs
⑩ 白厉厉（bái lì lì）：white and glistening
⑪ 家伙（jiā huo）：fellow

我说："老五，对大哥说，我闷得慌，想到园里走走。"老五不答应，走了。停一会，可就来开了门。

我也不动，研究他们如何摆布①我。知道他们一定不肯放松②。果然③！我大哥引了一个老头子，慢慢走来。他满眼凶光④，怕我看出，只是低头向着地，暗暗看我。

大哥说："今天你仿佛很好。"

我说："是的。"

大哥说："今天请何先生来，给你诊⑤一诊。"

我说："可以！"其实我岂⑥不知道这老头子是刽子手扮的！借了看脉⑦的名目，看一看肥瘦，也分一片肉吃。我也不怕。虽然不吃人，胆子却比他们还壮。伸出两个拳头⑧，看他如何下手。老头子坐着，闭了眼睛，摸了好一会，呆了好一会，便张开眼睛说："不要乱想，静静地养几天，就好了。"

不要乱想，静静地养！养肥了，他们自然可以多吃。我有什么好处⑨，怎么会"好了"？他们这群人，又想吃人，又不敢直接下手，真要令我笑死。我忍不住，便放声大笑起来，十分快活。

老头子出门，走不多远，便低声对大哥说道："赶紧吃罢！"大哥点点头。原来也有你！合伙吃我的人，便是我的哥哥！

吃人的是我哥哥！

———————

① 摆布（bǎi bù）: to manipulate
② 不肯放松（fàng sōng）: would not let go
③ 果然（guǒ rán）: sure enough, as expected
④ 凶光（xiōng guāng）: murderous gleam
⑤ 诊（zhěn）: to examine
⑥ 岂（qǐ）: how come
⑦ 看脉（kàn mài）: to feel the pulse
⑧ 拳头（quán tou）: fist
⑨ 好处（hǎo chù）: benefit

我是吃人的人的兄弟!

我自己被人吃了,可仍然是吃人的人的兄弟!

五

……

六

黑漆漆①的,不知是日是夜。赵家的狗又叫起来了。

狮子的雄心,兔子的怯弱②,狐狸的狡猾……

七

我晓得他们的方法,直接杀了,是不肯的,而且也不敢,所以他们逼我自戕③。最好是解下腰带,挂在梁上,自己紧紧勒死,他们没有杀人的罪名,又偿了心愿④,自然都欢天喜地地发出一种笑声。

前天赵家的狗,看我几眼,可见也是同谋⑤。

最可怜的是我的大哥。他也是人,何以毫不害怕,而且合伙吃我呢?还是历来惯了,不以为非⑥呢?还是丧了良心⑦,明知故

---

① 黑漆漆(hēi qī qī): pitch dark
② 怯弱(qiè ruò): timidity
③ 自戕(zì qiāng): to kill oneself
④ 偿了心愿(cháng le xīn yuàn): to enjoy one's desire
⑤ 同谋(tóng móu): accomplice
⑥ 不以为非(bù yǐ wéi fēi): not to think it wrong, blind sb. to what's wrong
⑦ 丧了良心(sàng le liáng xīn): heartless

犯^①呢？

我诅咒吃人的人，先从他起头。要劝转^②吃人的人，也先从他下手。

八

其实这种道理，到了现在，他们也该早已懂得。

忽然来了一个人，年纪不过二十左右，满面笑容，对我点头。他的笑也不像真笑。我便问他："吃人的事，对么？"他仍然笑着说："不是荒年，怎么会吃人。"我立刻就晓得，他也是一伙，喜欢吃人的。便勇气百倍，偏要问他："对么？"

"你真会……说笑话。……今天天气很好。"

天气是好，月色也很亮了。可是我要问你，"对么？"

他含含糊糊^③地答道："不……"

"不对？他们何以吃？！"

"没有的事……"

"没有的事？狼子村现吃；还有书上都写着！"

他变了脸，说："有许^④有的，这是从来如此……"

"从来如此，便对么？"

"我不同你讲这些道理^⑤。总之，你不该说。你说，便是你错！"

我直跳起来，张开眼，这人便不见了。全身出了汗。他的年

---

① 明知故犯（míng zhī gù fàn）：to knowingly commit a crime
② 劝转（quàn zhuǎn）：to dissuade
③ 含糊（hán hu）：to mutter
④ 许（xǔ）：maybe
⑤ 道理（dào lǐ）：reason

纪，比我大哥小得远，居然也是一伙。这一定是他娘老子教的，还怕已经教给他儿子了，所以连小孩子，也都恶狠狠地看我。

九

自己想吃人，又怕被别人吃了。

去了这心思，放心做事、走路、吃饭、睡觉，何等舒服！这只是一条门槛①，一个关头②。他们可是父子、兄弟、夫妇、朋友、师生、仇敌和各不相识的人，都结成一伙，死也不肯跨③过这一步。

十

大清早，去寻我大哥。他立在门外看天，我便走到他背后，拦住门，对他说：

"大哥，我有话告诉你。"

"你说就是。"他赶紧回过脸来，点点头。

"我只有几句话，可是说不出来。大哥，大约当初野蛮的人，都吃过一点人。后来因为心思不同，有的不吃人了，便变了人，变了真的人。有的却还吃，有的不要好……"

"他们要吃我，你一个人，也无法可想，然而又何必去入伙。吃人的人，什么事做不出。他们会吃我，也会吃你，一伙里面，也会自吃。但只要立刻改了，也就是人人太平。"

大门外立着一伙人，赵贵翁和他的狗，也在里面。我认识他们

---

① 门槛（mén kǎn）: threshold
② 关头（guān tóu）: a critical step
③ 跨（kuà）: to take step

是一伙，都是吃人的人。这时候，大哥也忽然高声喝道：

"都出去！疯子有什么好看！"

陈老五也气愤地走进来。那一伙人，都被陈老五赶走了。大哥也不知哪里去了。陈老五劝我回屋里去。屋里面全是黑沉沉的。

十一

太阳也不出，门也不开，日日是两顿饭。

我捏起^①筷子，便想起我大哥，晓得妹子死的缘故，也全在他。那时我妹子才五岁，可爱可怜的样子，还在眼前。母亲哭个不住，他却劝母亲不要哭。

妹子是被大哥吃了，母亲知道没有，我可不得而知^②。

母亲想也知道，不过哭的时候，却并没有说明，大约也以为应当的了。记得我四五岁时，大哥说爷娘生病，做儿子的须割下一片肉来，煮熟了请他吃，才算好人，母亲也没有说不行。一片吃得，整个的自然也吃得。

十二

不能想了。

四千年来时时吃人的地方，今天才明白，我也在其中混了多年，大哥正管着家务，妹子恰恰死了，他未必不和在饭菜里，暗暗给我们吃。

---

① 捏（niē）起：to pick up
② 不得而知（bù dé ér zhī）：unable to find out

我未必无意之中①不吃了我妹子的几片肉，现在也轮到②我自己。

……

有了四千年吃人履历③的我，当初虽然不知道，现在明白，难见真的人！

十三

没有吃过人的孩子，或者还有？

救救孩子……

---

① 无意之中（wú yì zhī zhōng）: unintentionally, without knowing
② 轮到（lún dào）: to be one's turn
③ 履历（lǚ lì）: history, resume

54. 药^①

Medicine

一

秋天的后半夜，月亮下去了，太阳还没有出，只剩下一片乌蓝的天；除了夜游的东西，什么都睡着。华老栓忽然坐起身，擦^②着火柴，点上灯。"小栓的爹，你就去么？"是一个老女人的声音。

里边的小屋子里，也发出一阵咳嗽。

"唔。"老栓扣上衣服，伸手过去说："你给我罢"。

华大妈在枕头底下掏^③了半天，掏出一包洋钱，交给老栓。老栓接了，装入衣袋，又在外面按了两下，走向里屋去了。那屋子里面，一通^④咳嗽。老栓道："小栓……你不要起来。……店么？你娘会安排的"。

老栓听得儿子不再说话，料^⑤他安心睡了，便出了门，走到街

---

① 本文根据鲁迅的短篇小说《药》简写。
② 擦（cā）：to strike
③ 掏（tāo）：to fumble
④ 一通（yī tōng）：a fit of（coughing）
⑤ 料（liào）：to assume

上。街上黑沉沉的一无所有，只有一条灰白的路。有时也遇到几只狗，可是一只也没有叫。

老栓正在专心走路，忽然吃了一惊，远远看见一条丁字街。他便退了几步，寻到一家关着门的铺子，靠门立住了。好一会，身上觉得有些发冷。

"哼，老头子"。

"倒高兴……"

老栓又吃一惊，睁眼看时，几个人从他面前过去了。一个还回头看他，样子不甚分明，但很像久饿的人见了食物一般。老栓按一按衣袋，硬硬的还在。两面一望，只见许多古怪的人，三三两两，鬼似的在那里徘徊①，定睛再看，却也看不出什么别的奇怪。

没有多久，又见几个兵，在那边走动。那三三两两的人，也忽然合作一堆，潮一般向前，将到丁字街口，便突然立住，簇成一个半圆②。

老栓也向那边看，却只见一堆人的后背。静了一会，似乎有点声音，便又动摇起来，轰的一声，都向后退，一直散到老栓立着的地方，几乎将他挤倒了。

"喂！一手交钱，一手交货！"一个浑身③黑色的人，站在老栓面前，眼光正像两把刀。那人一只大手，向他摊④着，一只手却撮⑤着一个鲜红的馒头，那红的还一点一点地往下滴。

老栓慌忙摸出钱，想交给他，却又不敢去接他的东西。那人便

---

① 徘徊（pái huái）：to wander
② 簇（cù）成一个半圆：to group in semi-circle
③ 浑身（hún shēn）：entirely
④ 摊（tān）：to extend
⑤ 撮（cuō）：to hold

焦急起来，道："怕什么？怎的不拿！"老栓还踌躇①着，黑的人便抢过灯笼②，一把扯下纸罩③，裹④了馒头，塞⑤与老栓，一手抓过钱，转身去了。

"这给谁治病的呀？"老栓似乎听得有人问他，但他并不答应。他的精神，现在只在一个包上，仿佛抱着一个十世单传⑥的婴儿。他现在要将这包里的新的生命，移植⑦到他家里，收获⑧许多幸福。太阳也出来了，在他面前，显出一条大道，直到他家中。

二

老栓走到家，店面早已经收拾干净，但是没有客人，只有小栓坐在桌前吃饭。他的女人，急急走出，睁着眼睛，嘴唇有些发抖。

"得了么？"

"得了。"

两个人一齐商量⑨了一会，华大妈便出去了。不多时，拿着一片老荷叶⑩回来，摊在桌上。老栓也打开灯笼罩，用荷叶重新包了那红的馒头。小栓也吃完饭，他的母亲慌忙说："小栓——你坐着，不要到这里来。"老栓便把一个碧绿的包，塞在灶里，一阵红黑的

---

① 踌躇（chóu chú）：to hesitate
② 灯笼（dēng lóng）：lantern
③ 纸罩（zhǐ zhào）：paper shade
④ 裹（guǒ）：to wrap up
⑤ 塞（sāi）：to thrust into
⑥ 十世单传（shí shì dān chuán）：the sole heir to an ancient house
⑦ 移植（yí zhí）：to transplant
⑧ 收获（shōu huò）：to reap
⑨ 商量（shāng liang）：to confer
⑩ 荷叶（hé yè）：lotus leaf

火焰过去时，店里散满了一种奇怪的香味。

"好香！你们吃什么点心呀？"驼背^①五少爷到了。这人每天总在茶馆里过日子，来得最早，去得最迟。此时坐下问话，然而没有人答应他。老栓匆匆走出，给他泡上茶。

"小栓进来罢！"华大妈叫小栓进了里面的屋子，他的母亲端过一碟乌黑的圆东西，轻轻说："吃下去罢，——病便好了"。

小栓撮起这黑东西，看了一会，似乎拿着自己的性命一般，心里说不出的奇怪。十分小心地拗^②开，是两半个白面的馒头。不多工夫，已经全在肚里了，却全忘了什么味。他的旁边，一面立着他的父亲，一面立着他的母亲，两人的眼光，仿佛要在他身上注进什么，又要取出什么似的，便禁不住心跳起来，又是一阵咳嗽。

"睡一会罢，——便好了"。

小栓依他母亲的话，咳着睡了。华大妈轻轻地给他盖上了夹被。

三

店里坐着许多人，老栓也忙了，提着大铜壶^③，给客人冲茶。

"老栓，你有些不舒服么？——你生病了么？"一个花白胡子的人说。

"没有。"

突然闯进了一个满脸横肉^④的人，刚进门，便对老栓嚷道："吃

---

① 驼背（tuó bèi）：hunchback
② 拗（ǎo）开：to split open
③ 铜壶（tóng hú）：copper kettle
④ 满脸横肉（mǎn liǎn héng ròu）：heavy-jowled

了么？好了么？老栓，就是你运气，要不是我信息灵……"

老栓一手提了茶壶，恭恭敬敬地，笑嘻嘻地听。满座的人，也都恭恭敬敬地听。华大妈也黑着眼眶，笑嘻嘻地送出茶碗、茶叶来，加上一个橄榄^①，老栓便去冲了水。

"包好^②！包好！这是与众不同的。你想，趁热的拿来，趁热的吃下，这样的人血馒头，什么痨病^③都包好！"康大叔嚷着。

华大妈听到"痨病"这两个字，变了一点脸色，似乎有些不高兴，但又立刻堆上笑，走开了。

"原来你家小栓碰到了这样的好运气了，这病自然一定全好，怪不得老栓整天笑着呢。"花白胡子一面说，一面走到康大叔面前，问道："康大叔，听说今天结果^④的一个犯人^⑤，便是夏家的孩子，那是谁的孩子？究竟是什么事？"

"谁的？不就是夏四奶奶的儿子么？那个小家伙！"康大叔见众人都听他，便格外高兴，大声说："这小东西不要命，不要就是了。我可是这一回一点没有得到好处，连剥下来的衣服，都给管牢的^⑥红眼睛阿义拿去了。第一要算栓叔运气，第二是夏三爷赏了二十五两银子。"

小栓慢慢地从小屋子里走出，不住地咳嗽。华大妈轻轻地问道："小栓，你好些么？"

"包好，包好！"康大叔瞥^⑦了小栓一眼，仍然对众人说，"夏

---

① 橄榄（gǎn lǎn）：olive
② 包好（bāo hǎo）：a guaranteed cure
③ 痨病（láo bìng）：tuberculosis, consumption
④ 结果（jiē guǒ）：to execute
⑤ 犯人（fàn rén）：criminal
⑥ 管牢的（guǎn láo de）：the jailer
⑦ 瞥（piē）：to glance

三爷要是不先告官①，连他满门抄斩②。现在怎样？银子！这小东西也真不成东西！关在牢里，还要劝牢头造反。"

"啊呀，那还了得。"一个二十多岁的人，很现出气愤模样。

"红眼睛阿义是去盘问底细③的，他却说：这大清的天下是我们大家的。你想：这是人话么？红眼睛没有料到他竟会这么穷，榨不出一点油水，他还要老虎头上搔痒④，便给他两个嘴巴！"

"他这贱骨头⑤打不怕，还说可怜哩。"

花白胡子的人说："打了这种东西，有什么可怜呢？"

康大叔冷笑着说："你没有听清我的话，他是说阿义可怜哩！"

"阿义可怜——疯话，简直是发了疯了。"花白胡子说。

"发了疯了。"二十多岁的人也说。

店里的坐客，便又谈笑起来。小栓也拼命咳嗽。康大叔走上前，拍他肩膀说：

"包好！小栓——你不要这么咳。包好！"

四

西关外⑥的一块官地，中间歪歪斜斜⑦一条细路。路的左边，都埋着死刑和瘐毙⑧的人，右边是穷人的丛冢⑨。

---

① 告官（gào guān）：to inform the local authority
② 满门抄斩（mǎn mén chāo zhǎn）：to execute the whole family
③ 盘问底细（pán wèn dǐ xì）：to sound out sb.
④ 老虎头上搔痒（sāo yǎng）：to scratch the tiger's head
⑤ 贱骨头（jiàn gǔ tou）：the rotter
⑥ 西关外（xī guān wài）：outside the West Gate
⑦ 歪歪斜斜（wāi wāi xié xié）：zigzag
⑧ 瘐毙（yǔ bì）：to die in prison
⑨ 丛冢（cóng zhǒng）：graves

这一年的清明①，分外②寒冷。天明未久，华大妈已在右边的一座新坟前面排好四碟菜，一碗饭，哭了一场。化过纸，呆呆地坐在地上，仿佛等候什么似的，但自己也说不出等候什么。风吹动她的短发，比去年白得多了。

小路上又来了一个女人，也是半白头发，提一个破旧的圆篮，三步一歇③地走。忽然见华大妈坐在地上看她，便有些踌躇，惨白④的脸上，现出些羞愧的颜色，但终于走到左边的一座坟前，放下了篮子。

那坟与小栓的坟，中间只隔一条小路。华大妈看他排好四碟菜，一碗饭，哭了一通，化过纸。心里想："这坟里的也是儿子。"

---

① 清明（qīng míng）：the Qing-Ming Festival, the Tomb Sweeping Day
② 分外（fèn wài）：unusually
③ 歇（xiē）：to have a break
④ 惨白（cǎn bái）：pale

55. 家^①

The Family

风很大，雪片^②在空中飞舞，没有目的地四处飘落^③。

已经到了傍晚，路旁的灯火还没有燃起来。街上的一切逐渐消失在灰暗的暮色^④里。路上尽是水和泥。空气寒冷。一个希望鼓舞着在街上走得很吃力的行人——那就是温暖、明亮的家。

"三弟，你觉得冷吗？"觉民关心地问。觉慧说："不，我很暖和，在路上谈着话，一点也不觉得冷。""那么，你为什么发抖？"

"因为我很激动。我激动的时候都是这样，我总是发抖，我的心跳得厉害。我想到演戏的事情，我就紧张。老实说，我很希望成功。"觉慧说着，掉过头去望了觉民一眼。

"三弟，"觉民对觉慧说，"我也很希望成功。我们都是一样。所以在课堂上先生的称赞，即使是一句简单的话，不论哪一个听到也会高兴。"

---

① 本文节选自巴金的长篇小说《家》（1933）并简写。
   巴金：Ba Jin（1904—2005），中国现代著名作家、翻译家。
② 雪片（xuě piàn）：snowflake
③ 飘落（piāo luò）：to float down
④ 暮色（mù sè）：twilight, dusk

"对，你说得不错。"弟弟的身子更挨近了哥哥的，两个人一块儿向前走着，忘却了寒冷，忘却了风雪，忘却了夜。

"二哥，你真好。"觉慧望着觉民的脸，露出天真的微笑。觉民也掉过头看觉慧的发光的眼睛，微笑一下，然后慢慢地说："你也好。"过后，他又向四周一望，知道就要到家了，便说："三弟，快走，转弯就到家了。"

觉慧点了点头，于是两个人加速了脚步，一转眼就走入了一条更清静的街道。

在一所公馆①门前，弟兄俩站住了。这所公馆和别的公馆一样，门口也有一对石狮子，屋檐②下也挂着一对大红灯笼，门墙上挂着一副木对联："国恩家庆，人寿年丰③。"

高公馆是城里一座有名的宅子④，高老太爷⑤是这个家的大家长。他年轻时努力奋斗，创立了家业⑥。如今他已年过六十，儿孙满堂⑦。

觉新在这个大家庭里是长房长孙⑧，就因为这个缘故，在他出世的时候，他的命运便决定了。他的相貌清秀，自小就很聪慧，在家里得着双亲的钟爱，在私塾得到先生的赞美。看见他的人都说他日后会有很大的成就。他在爱的环境中渐渐地长成，到了进中学的年纪。在中学里他是一个成绩优良的学生，四年课程修满毕业的时候

---

① 公馆（gōng guǎn）：mansion
② 屋檐（wū yán）：eave
③ 国恩家庆，人寿年丰（guó ēn jiā qìng，rén shòu nián fēng）：Benevolent rulers, happy family; long life, good harvests.
④ 宅子（zhái zi）：compound
⑤ 老太爷（lǎo tài yé）：the great grandfather
⑥ 家业（jiā yè）：family property
⑦ 儿孙满堂（ér sūn mǎn táng）：to have children and grandchildren around
⑧ 长房长孙（zhǎng fáng zhǎng sūn）：the eldest grandson from the eldest branch

又名列第一。他对于化学很感兴趣，打算毕业以后再到上海或北京的有名的大学里去继续研究，他还想到德国去留学。他的脑子里充满了美丽的幻想。在那个时期中他是一般同学所最羡慕①的人。

然而噩运来了，他在中学时失去了母亲，后来父亲又娶了一个年轻的继母②。觉新深切地感到母爱是没有什么东西能代替的，不过这不曾在他的心上了留下十分显著的伤痕，因为他还有更重要的东西，这就是他的前程③和他的美妙的幻梦。同时他还有一个了解他、安慰他的人，那就是他的一个表妹。

但是有一天他的幻梦终于被打破了，很残酷地打破了。事实是这样：他在师友的赞誉中得到毕业文凭归来后的那天晚上，父亲把他叫到房里去对他说："你现在中学毕业了。我已经给你看定了一门亲事。你爷爷希望有一个重孙④，我也希望早日抱孙⑤。你现在已经到了成家的年纪，我想早日给你接亲，也算了结我一桩心事。我在外面做官好几年，积蓄虽不多，可是个人衣食是不用愁的。我现在身体不大好，想在家休养，要你来帮我料理家事，所以你更少不掉一个内助。李家的亲事我已经准备好了。下个月十三是个好日子，就在那一天下定。……今年年内就结婚。"

这些话来得太突然了。他把它们都听懂了，却又好像不懂似的。他不做声，只是点着头。他不敢看父亲的眼睛，虽然父亲的眼光依旧是很温和的。

他不说一句反抗⑥的话，而且也没有反抗的思想。他只是点头，

---

① 羡慕（xiàn mù）：to admire
② 继母（jì mǔ）：stepmother
③ 前程（qián chéng）：prospect
④ 重孙（chóng sūn）：great-grandson
⑤ 抱孙（bào sūn）：to have a grandson
⑥ 反抗（fǎn kàng）：resistance

表示愿意顺从父亲的话。可是后来他回到自己的房里，关上门倒在床上蒙着头哭，为了他的破灭了的幻梦而哭。

他心目中有一个中意①的姑娘，就是那个能够了解他、安慰他的钱家表妹。有一个时期他甚至梦想他将来的配偶②就是她，而且祈祷③着一定是她。然而，现在父亲却给他挑选了一个他不认识的姑娘，还决定就在年内结婚，他的升学的希望成了泡影，而他所要娶的又不是他所中意的那个"她"。对于他，这实在是一个大的打击。他的前程断送了。他的美妙的幻梦破灭了。

他绝望地痛哭，他关上门，他蒙住头痛哭。他不反抗，也想不到反抗。他忍受了。他顺从④了父亲的意志⑤，没有怨言，可是在心里他却为着自己痛哭，为着他所爱的少女痛哭。

到了订婚的日子，他被人玩弄着，像一个傀儡⑥；又被人珍爱着，像一个宝贝。他做人家要他做的事，他没有快乐，也没有悲哀。他做这些事，好像这是他应尽的义务。到了晚上，把戏做完贺客散去以后，他疲倦地、忘掉一切地熟睡了。

从此他丢开⑦了化学，丢开了在学校里所学的一切。他把平日翻看的书籍整齐地放在书橱里，不再去动它们。他整天没有目的地游玩。他打牌，看戏，喝酒，或者听父亲的吩咐去做结婚时候的种种准备。他不大用思想，也不敢多用思想。

不到半年，新的配偶果然来了。祖父和父亲为了他的婚礼特别

---

① 中意（zhòng yì）：one's heart's desire
② 配偶（pèi ǒu）：spouse
③ 祈祷（qí dǎo）：to pray
④ 顺从（shùn cóng）：to obey
⑤ 意志（yì zhì）：will
⑥ 傀儡（kuǐ lěi）：puppet
⑦ 丢开（diū kāi）：to give up

在家里搭了戏台演戏庆祝。结婚仪式并不如他所想象的那样简单。他自己也在演戏，他一连演了三天的戏，才得到了他的配偶。这几天他又像傀儡似地被人玩弄着，像宝贝似地被人珍爱着。他没有快乐，也没有悲哀。他只有疲倦，但是多少还有点兴奋。可是这一次把戏做完贺客散去以后，他却不能够忘掉一切地熟睡了，因为在他的旁边还睡着一个不相识的姑娘。在这个时候他还要做戏。

他结婚，祖父有了孙媳①，父亲有了媳妇，他得到一个能够体贴他的温柔的姑娘，她的相貌也并不比他那个表妹的差。他满意了，在短时期内他享受了他以前不曾料想到的种种乐趣，在短时期内他忘记了过去的美妙的幻梦，忘记了另一个女郎，忘记了他的前程。他满足了。他陶醉了，陶醉在一个少女的爱情里。他的脸上常常带着笑容，而且整天躲在房里陪伴他的新婚的妻子。周围的人都羡慕他的幸福，他也以为自己是幸福的了。

这样地过了一个月，有一天晚上，父亲对他说："你现在成了家，应该靠自己挣钱过活了，也免得别人说闲话。我把你养到这样大，又给你娶了媳妇，总算尽了我做父亲的责任。以后的事就要完全靠你自己。……家里虽然有钱可以送你继续求学，但是一则你已经有了妻子，二则，现在没有分家，我自己又在管账，不好把你送去读书，爷爷也一定不赞成。闲在家里，于你也不好。……我已经给你找好了一个位置②，薪水③虽然不多，总够你们两个人零用。你只要好好做事，将来一定有出头的日子。明天你就到公司事务所去办事，我领你去。这个公司的股子我们家里也有好些，我还是一个董事。事务所里面几个同事都是我的朋友，他们会照料你……"父

---

① 孙媳（sūn xí）: grandchild's wife
② 位置（wèi zhì）: position
③ 薪水（xīn shuǐ）: salary

亲一句一句地说下去，好像这些话都是极其平常的。他听着，他应着。他并不说他愿意或是不愿意。一个念头在他的脑子里打转："一切都完了。"他的心里藏着不少的话，可是他一句话也不说。

　　第二天下午，父亲对他谈了一些关于在社会上做事待人应取的态度的话，他一一地记住了。他跟着父亲走到事务所去，见了那个四十多岁的黄经理，那个面貌跟老太婆相似的陈会计，以及其他两三个职员。经理问了他几句话，他都简单地像背书似地回答了。这些人虽然对他很客气，但是他总觉得在谈话上，在举动上，他们跟他不是一类的人；而且他也奇怪为什么以前就很少看见这种人。

　　父亲先走了，留下他在那里，惶恐而孤独，好像被抛弃在荒岛上面。他并没有办事，一个人坐在经理室里，看经理跟别人谈话。他这样地坐了两个多钟头。经理忽然发现了他，对他客气地说："今天没有事，世兄请回去罢。"他高兴地回家，他觉得世界上再没有比家更可爱的了。

　　他回到家里，先去见祖父，听了一番训话；然后去见父亲，又是一番训话。最后他回到自己的房里，妻又向他问长问短，到底从妻那里得到一些安慰。第二天上午十点在家吃过早饭后，他便到公司去，一直到下午四点钟才回家。这一天他有了自己的办公室，而且在经理和同事们的指导下开始做了工作。

　　这样在十九岁的年纪他便大步走进社会了。他逐渐地熟悉了这个环境，学到了新的生活方法，而且逐渐地把他在中学四年中所得到的学识忘掉。这种生活于他不再是陌生的了。他第一次领到三十元现金的薪水的时候，他心里充满着欢喜和悲哀，一方面因为这是自己第一次挣来的钱，另一方面却因为这是卖掉自己前程所得的代价。可是以后一个月一个月平淡地生活下去，他按月领到那三十元的薪水，便再没有什么特殊的感觉了，没有欢喜，也没有悲哀。

　　然而，不过半年，他一生中的另一个大变故又发生了：时疫夺去了父亲，他和弟妹们的哭声并不能够把父亲留住。父亲去了，把这一房的责任放在他的肩上。上面有一个继母，下面有两个在家的妹妹和两个在学校里读书的弟弟。这时候他还只有二十岁。又过了一些时候，他的第一个婴儿出世了，这是一个男孩。他很感激他的妻，因为儿子的出世给他带来了莫大的欢喜。他觉得自己已经是没有希望的人了，以前的美妙的幻梦永远没有实现的机会了。他活着只是为了挑起肩上的担子；他活着只是为了维持父亲遗留下的这个家庭。然而现在他有了一个儿子，他可以好好地教养他，把他的抱负拿来在儿子的身上实现。儿子的幸福就是他自己的幸福。这样想着他得到了一点安慰。他觉得他的牺牲并不是完全白费的。

　　他看见儿子慢慢地长大起来，从学爬到走路，说简短的话。这个孩子很可爱，很聪明，他差不多把全量的爱倾注①在这个孩子的身上，他想："我所想做而不能做到的，应当由他来替我完成。"

---

① 倾注（qīng zhù）：to devote to

56. 我 与 地 坛^①

Earth Altar Park and Me

我在好几篇小说中都提到过一座废弃的古园，实际上它就是地坛。

地坛离我家很近。或者说我家离地坛很近。总之，只好认为这是缘分。地坛在我出生前四百多年就坐落^②在那儿了，自从我的祖母年轻时带着我父亲来到北京，就一直住在离它不远的地方——五十多年间搬过几次家，可搬来搬去总是在它周围，而且是越搬离它越近了。我常觉得这中间有着宿命的味道：仿佛这古园就是为了等我，在那儿等待了四百多年。

它等待我出生，然后又等待我活到最狂妄^③的年龄上忽地残废^④了双腿。

自从十五年前的那个下午我无意中进了这园子，就再没长久地离开过它。

---

① 本文节选自史铁生《我与地坛》（2001）并简写。
  史铁生：Shi Tiesheng（1951—2010），中国当代作家、散文家。
② 坐落（zuò luò）：to locate
③ 狂妄（kuáng wàng）：conceited
④ 残废（cán fèi）：disabled

　　两条腿残废后的最初几年,我找不到工作,找不到去路,忽然间几乎什么都找不到了,我就摇了轮椅总是到它那儿去,仅为着那儿是可以逃避一个世界的另一个世界。

　　有时候待一会儿就回家,有时候就待到满地上都亮起月光。记不清都是在它的哪些角落里了。我一连几小时专心致志地想关于死的事,也以同样的耐心和方式想过我为什么要出生。这样想了好几年,最后事情终于弄明白了:一个人,出生了,这就不再是一个可以辩论的问题,而只是上帝交给他的一个事实;上帝在交给我们这件事实的时候,已经顺便保证了它的结果,所以死是一件不必急于求成的事,死是一个必然会降临①的节日。这样想过之后我安心多了,眼前的一切不再那么可怕。十五年了,我还是总得到那古园里去,去它的老树下或荒草边或颓墙②旁,去推开耳边的嘈杂③,理一理纷乱的思绪,去窥④看自己的心魂⑤。

　　现在我才想到,当年我总是独自跑到地坛去,曾经给母亲出了一个怎样的难题⑥。

　　我那时脾气坏到极点,经常是发了疯一样地离开家,从那园子里回来又中了魔似的什么话都不说。母亲知道有些事不宜问,每次我要动身时,她便无言地帮我准备,帮助我上了轮椅车,看着我摇车拐出小院。这以后她会怎样,当年我不曾想过。

　　现在我可以断定,她思来想去最后准是对自己说:"反正我不能不让他出去,未来的日子是他自己的,如果他真的要在那园子里出

---

① 降临(jiàng lín): to arrive
② 颓墙(tuí qiáng): collapsed wall
③ 嘈杂(cáo zá): noisy
④ 窥(kuī): to peep
⑤ 心魂(xīn hún): soul
⑥ 难题(nán tí): difficulty

了什么事，这苦难①也只好我来承担②。"

在我的头一篇小说发表的时候，在我的小说第一次获奖的那些日子里，我真是多么希望我的母亲还活着。我便又不能在家里呆了，又整天独自跑到地坛去，走遍整个园子却怎么也想不通：母亲为什么就不能再多活两年？后来我在《合欢树》中写道：也许是"她心里太苦了，上帝看她受不住了，就召她回去。"我似乎才能得到一点安慰。

因为这园子，我常感恩③于自己的命运。

我甚至现在就能清楚地看见，一旦有一天我不得不长久地离开它，我会怎样想念它，我会怎样想念它并且梦见它，我会怎样因为不敢想念它而梦也梦不到它。

设若有一位园神，他一定早已注意到了，这么多年我在这园里坐着，其实总共只有三个问题交替④着来骚扰⑤我，来陪伴我。第一个是要不要去死？第二个是为什么活？第三个，我干吗要写作？

你说，你看穿了死是一件无需乎着急去做的事，是一件无论怎样耽搁也不会错过的事，便决定活下去试试。是的，至少这是很关键的因素。为什么要活下去试试呢？好像仅仅是因为不甘心，机会难得，试一试不会额外⑥再有什么损失，说不定倒有额外的好处呢，是不是？这一来我轻松多了，自由多了。

为什么要写作呢？作家是两个被人看重的字，这谁都知道。为了让那个躲在园子深处坐轮椅的人，有朝一日在别人眼里也稍微有

---

① 苦难（kǔ nàn）：suffering
② 承担（chéng dān）：to undertake
③ 感恩（gǎn ēn）：to be grateful
④ 交替（jiāo tì）：by turn
⑤ 骚扰（sāo rǎo）：to disturb
⑥ 额外（é wài）：additional

点光彩①，在众人眼里也能有个位置，哪怕那时再去死呢，也就多少说得过去了。开始的时候就是这样想，这不用保密②，这些现在不用保密了。

我带着本子和笔，到园中找一个最不为人打扰的角落，偷偷地写，那时我完全是为了写作活着。我为写作而活下来，要是写作到底③不是我应该干的事，我想我再活下去是不是太傻气了？

我想人不如死了好，不如不出生的好，不如没有这个世界的好。人为什么活着？因为人想活着，说到底是这么回事，人真正的名字叫作：欲望。可我为什么活得恐慌，就像个人质？后来你明白了，你明白你错了，活着不是为了写作，而写作是为了活着。你明白了这一点是在一个挺滑稽④的时刻。那天你又说你不如死了好，这时候你忽然明白了：只是因为我活着，我才不得不写作。这样说过之后我竟然不那么恐慌了。

有一天我在这园子碰见一个老太太，她说："哟，你还在这儿哪？"她问我："你母亲还好吗？"

"您是谁？"

"你不记得我，我可记得你。有一回你母亲来这儿找你，她问我看没看见一个摇轮椅的孩子……"我忽然觉得，我一个人跑到这世界上来真是玩得太久了。

我说不好我想不想回去。我说不好是想还是不想，还是无所谓⑤。我来的时候是个孩子，他有那么多孩子气的念头⑥，所以才哭

---

① 光彩（guāng cǎi）：splendor
② 保密（bǎo mì）：to keep secret
③ 到底（dào dǐ）：after all
④ 滑稽（huá jī）：funny
⑤ 无所谓（wú suǒ wèi）：not to matter
⑥ 念头（niàn tou）：idea

着喊着闹着要来。他一来一见到这个世界便立刻成了不要命的情人，而对一个情人来说，不管多么漫长的时光也是稍纵即逝①。那时他便明白，每一步，其实一步步都是走在回去的路上。当牵牛花初开的时节，葬礼的号角②就已吹响。

但是太阳，它每时每刻都是夕阳也都是旭日。当它熄灭着走下山去收尽苍凉残照之际，正是它在另一面燃烧着爬上山巅③布散烈烈朝晖之时。那一天，我也将沉静④着走下山去，扶着我的拐杖。

有一天，在某一处山洼⑤里，势必会跑上来一个欢蹦的孩子，抱着他的玩具。

当然，那不是我。

但是，那不是我吗？宇宙以其不息的欲望将一个歌舞炼为永恒。这欲望有怎样一个人间的姓名，大可忽略⑥不计。

---

① 稍纵即逝（shāo zòng jí shì）：transient
② 号角（hào jiǎo）：horn
③ 山巅（shān diān）：top of the mountain
④ 沉静（chén jìng）：calm
⑤ 山洼（wā）：valley
⑥ 忽略（hū luè）：to neglect

六

城市与乡村

57. 蒋兴哥重会珍珠衫①

Jiang Xingge Retrieves the Pearl Vest

在襄阳②，有一个叫蒋兴哥的人，九岁时，母亲就去世了，父亲去广东做生意就带着他。然而，蒋兴哥十七岁那年，父亲也生病去世了。兴哥忍住悲痛，为父亲办了丧事③。

蒋兴哥小的时候，父亲听闻本县王公家生得好女儿，就送过彩礼，定下兴哥的婚事。丧事结束后，亲戚们劝说蒋兴哥与王家女孩早日成亲④，兴哥一开始不肯，但想到自己孤身一人，没有陪伴，就答应了。但是王公拒绝了，他说："我来不及准备嫁妆⑤，而且，蒋兴哥守孝⑥没有满一年，不符合礼节，如果要成亲，就等明年吧。"

光阴似箭⑦，一年过去了，蒋兴哥守孝期满了，他再一次去王家说亲，这次王公答应了。

---

① 本文根据冯梦龙同名小说简写。

② 襄阳（xiāng yáng）：a city in present-day Hubei province

③ 丧事（sāng shì）：funeral

④ 成亲（chéng qīn）：to get married

⑤ 嫁妆（jià zhuāng）：dowry

⑥ 守孝（shǒu xiào）：to observe mourning for parents

⑦ 光阴似箭（guāng yīn sì jiàn）：time flies like an arrow

不久，蒋兴哥娶了媳妇回家。这媳妇是王公的小女儿，她七月七日①生，名叫三巧儿，十分漂亮，和英俊的蒋兴哥很般配②。

两人结婚以后，恩恩爱爱地过了两年。

有一天，兴哥想起父亲以前在广东做生意，有许多账，没有收回来，已经耽误③了三年了。他和三巧商量，要出一趟远门，但想到路程遥远，两人又舍不得分离。

又过了两年，蒋兴哥下定决心要出远门。就对妻子说，我们夫妻二人，不能坐吃山空④，也要成家立业⑤。

妻子问道："此去几时可回？"

兴哥说："这次出去，一年就回。"

妻子指着楼前的一棵树说："明年这棵树发芽⑥时，盼望你回来啊！"说罢，泪如雨下。兴哥把家里的珠宝首饰和蒋家祖传⑦的一件珍珠衫，都交给妻子保管。自己只带了一个男仆出门，留下几个佣人和两个婢女⑧由妻子使唤⑨。

临走时，他对妻子说："这附近有许多轻薄⑩男子，你这么美丽，不要站在门前，小心被他们看见，招惹⑪坏事。"两人流着眼泪告别了。

---

① 七月七日：Tanabata Festival
② 般配（bān pèi）：well-matched
③ 耽误（dān wù）：to delay
④ 坐吃山空（zuò chī shān kōng）：to sit idle and eat up one's savings
⑤ 成家立业（chéng jiā lì yè）：to get married and develop career
⑥ 发芽（fā yá）：to sprout
⑦ 祖传（zǔ chuán）：ancestral
⑧ 婢女（bì nǚ）：maid
⑨ 使唤（shǐ huan）：to order about
⑩ 轻薄（qīng bó）：frivolous
⑪ 招惹（zhāo rě）：to provoke

蒋兴哥到了广东，许多旧相识和朋友，都来会面，吃饭喝酒，一连①二十多天，不得空闲，十分劳累，再加上饮食不节②，就生了疟疾③。他每天看病、喝药，生意都耽误了。一年到了，蒋兴哥虽然想家，但生意上的事情还没完，只得留下来。

三巧儿与丈夫分别后，几个月不出门，也不在窗前看外面的街景。过年时，家家户户燃放鞭炮④，吃团圆饭⑤，非常热闹，三巧儿却独自一人，思念着丈夫，十分可怜。

正月初一，婢女劝三巧儿去看看街上热闹的景象。她太寂寞了，就去窗前观望。

她看到街上很多人，就说："如果有算卦先生就好了，请他算一算，兴哥什么时候能回来。"

几天后，婢女找来了一个算卦的瞎子。三巧问他，远行的丈夫什么时候回来。

瞎子说："他已经在回家的路上，带着许多金银，月底就能到家。"

三巧听了欢天喜地，给了瞎子3分银子让他走了。真所谓："望梅止渴，画饼充饥"⑥。从此，她一日几次到窗前观望，盼着丈夫回来。

有一天，三巧远远地看见一个男子走在街上，和蒋兴哥十分相像，她以为是丈夫回来了，就掀开窗帘，仔细地看着他。然而，那

---

① 一连（yī lián）：in succession
② 饮食不节（yǐn shí bù jié）：irregular diet
③ 疟疾（nüè ji）：malaria
④ 燃放鞭炮（rán fàng biān pào）：to set off firecrackers
⑤ 团圆饭（tuán yuán fàn）：reunion dinner
⑥ 望梅止渴，画饼充饥（wàng méi zhǐ kě, huà bǐng chōng jī）：to console oneself with false hopes, to feed on illusions

不是蒋兴哥，而是陈商。陈商二十四岁，长得十分帅气，他是从外地来这儿做米、豆生意的。

三巧认错了人，羞得脸颊通红，赶忙关上窗户。

陈商被三巧的美貌吸引，心想："家中的妻子，哪里比得上她？不论花多少钱，我也要得到她！"他马上想到了卖珠子的薛婆①，她能说会道，认识很多人，她一定有办法帮他。

第二天，陈商带着十两金子、一百两银子，去找薛婆。陈商告诉她，自己急切地要找一个救命之宝，只有大市街上一家人家有，请薛婆帮忙去借。

薛婆说："我在这里住了二十多年，从来没有听说过有救命之宝。这宝贝在谁家？"

陈商说："就在大市街典铺②对面的那家。"

薛婆告诉陈商："这家男人出门一年多了，只有妻子在家。这件事太难了，我帮不了你"

陈商说："我这救命之宝就是要向她借的"。接着，便告诉薛婆自己怎样被她迷住，希望薛婆想办法帮他得到。他拿出带来的金银给薛婆，说："事成之后，再给你一百两银子"。薛婆看着这么多金银，就答应了。

第二天，陈商取了三、四百两银子。薛婆带着十几包珠宝首饰。两人先后来到蒋兴哥家对面的典铺里，假装谈生意。薛婆把珠宝都摆出来，陈商也把银子都拿出来，放在柜台上，他们大声地讨价还价③，吸引路人观看。三巧儿听见对面典铺的吵闹声，也开窗向外观看，她立刻被薛婆的首饰迷住了。她让婢女把薛婆请到自己

---

① 薛婆（xuē pó）：an old woman surnamed Xue

② 典铺（diǎn pù）：pawn shop

③ 讨价还价（tǎo jià huán jià）：to bargain

家来。薛婆告诉三巧儿自己就住在附近，与她也算是邻居。不一会儿，薛婆说自己还有要紧事要办，暂时把首饰放在三巧家，过几天再来。

三巧看上了好几件首饰，想买下来，等了六天，薛婆回来了。三巧买了几件首饰，又和薛婆聊了很久。三巧说自己平时很无聊，请薛婆婆多来拜访。之后，薛婆便经常过来。她能说会道，三巧和婢女们都很喜欢她，她们成了好朋友。

到了五月，薛婆对三巧说，自己家很简陋①，夏天十分炎热。三巧就邀请她来家里住，与她睡在同一间屋子里。薛婆经常装醉，说一些男女之事引诱②三巧。

七月初七是三巧的生日，薛婆与陈商约定晚上去三巧家。仆人们准备了丰盛的晚餐为三巧庆生，薛婆把三巧和仆人灌醉③，偷偷把陈商藏在三巧屋里，陈商乘机占有了三巧。第二天，醒来后，陈商对三巧甜言蜜语，三巧答应了与陈商往来。

不知不觉半年过去了。陈商经常为三巧买衣服、首饰，又给薛婆一百两银子，半年间花去了一千两银子。

古人说："天下没有不散的筵席④。"

陈商想回乡继续做生意，于是和三巧告别。临走时，三巧把蒋兴哥的传家宝物珍珠衫送给了陈商。她说："这件衫穿着，夏天凉快，冬天暖和。就像我陪在你身边。"陈商穿上了珍珠衫，恋恋不舍⑤地告别了三巧。

---

① 简陋（jiǎn lòu）：simple and crude
② 引诱（yǐn yòu）：to lure
③ 灌醉（guàn zuì）：to make sb. drunk
④ 筵席（yán xí）：feast
⑤ 恋恋不舍（liàn liàn bù shě）：reluctant to part with

陈商到了苏州。一天，他在一个酒席上，遇到了一位姓罗的客人，这人正是蒋兴哥。他听说"上有天堂，下有苏杭"，所以就从广东贩些货物来苏州卖。蒋兴哥在外面隐姓埋名①，说自己姓罗。

五月的一天，陈商与蒋兴哥一起喝酒，天气炎热，两人都把外套脱了。蒋兴哥看到陈商身上的珍珠衫，十分惊讶，但只是夸奖珍珠衫美。陈商很高兴，就问他："你老家有一个蒋兴哥，你认识吗？"并得意地说："这是他的妻子三巧送给我的。"接着便将自己与三巧的事情都告诉了蒋兴哥。

兴哥听了，气愤无比，但表面上却什么也没说。

第二天一早，蒋兴哥准备坐船回家，忽然看见陈商。他是来送蒋兴哥的，他让兴哥帮他带信给三巧。蒋兴哥虽然心里十分气愤，但却不表现出来。

陈商走后，蒋兴哥打开信，里面是一条红色汗巾②、一副玉簪③。他一怒，把东西摔了，但又一想："不如留着当证据④！"于是捡起东西，坐船回家。

到了家门口，兴哥落下泪，想："当初夫妻是多么恩爱，如今却出了这种丑事！"他忍住气愤，进了家门。

三巧看见兴哥回来，因为心虚⑤，不敢和他多说话。兴哥对三巧说，要去看望岳父岳母⑥，就出去在船上睡了一晚。

第二天回来，兴哥告诉三巧："你父母都生病了，我昨晚留下照顾他们，你赶紧回去看看。"三巧一听，赶紧回父母家去看望。兴

---

① 隐姓埋名（yǐn xìng mái míng）：to conceal one's identity

② 汗巾（hàn jīn）：handkerchief

③ 玉簪（yù zān）：jade hairpin

④ 证据（zhèng jù）：evidence

⑤ 心虚（xīn xū）：guilty

⑥ 岳（yuè）父岳母：parents-in-law, wife's parents

哥则派仆人送给岳父一封信。

三巧回到家，看到父母都很健康，吃了一惊。仆人把信交给了岳父，他打开信封，居然是一封休书，里面还有红色汗巾和玉簪。三巧看了，一句话也不说，只是大哭。

岳父去问蒋兴哥，兴哥说："你回去问问三巧，珍珠衫哪去了。"

岳父回来，问珍珠衫的事，三巧又是大哭。她看着那条红色的汗巾，以为是蒋兴哥要她自尽，于是就上吊自杀[①]，幸好被母亲发现救下，并劝说她放弃了自杀的念头。

蒋兴哥把两个婢女赶了出去，又带人把薛婆的家砸了，薛婆就逃到别的县去了。

后来，有一个路过的吴知县[②]，娶了三巧为妾[③]，带着她离开了襄阳。

陈商到家后，一直想着三巧，整日看着珍珠衫叹气。他妻子平氏[④]觉得珍珠衫来路不明，趁丈夫睡着，把珍珠衫藏了起来。陈商发现珍珠衫不见了，大发雷霆。他收拾东西离开家，去找三巧。路上遇到了强盗，钱被抢光了，仆人也被杀了。他逃得快，才活了下来。

陈商得知蒋兴哥回家了，三巧被休了，又嫁给了吴知县，薛婆的家被砸了。陈商生了大病，他写信给妻子平氏，让她带些钱来，接自己回家。妻子接到信后，带了钱，赶去找丈夫。然而，等她到时却发现丈夫已经死了，她悲痛欲绝。她带着丈夫的棺材，住在一

---

① 上吊自杀（shàng diào zì shā）：to commit suicide by hanging
② 知县（zhī xiàn）：county magistrate
③ 妾（qiè）：concubine
④ 平氏（píng shì）：surnamed Ping

间破屋子里，常常哭泣。一个邻居劝平氏再嫁①人，就把蒋兴哥介绍给了她。兴哥见平氏十分漂亮，又有情有义②，等她埋葬了丈夫，就把她娶回了家。

一天，蒋兴哥意外地看见了那件珍珠衫，惊讶地问："这件衫，从哪里来的？"平氏就把之前的事情，都告诉了兴哥。蒋兴哥得知妻子的前夫正是陈商，他仰天大笑，说："这件珍珠衫，是我蒋家的宝物。陈商奸骗③了我前妻，得到了这件珍珠衫。我在苏州看见了珍珠衫，才知此事，回来把妻子休了。你丈夫死了，我娶了你，只知你丈夫是陈姓的客商，谁知就是陈商！真是天理昭彰④，一报还一报⑤啊！"

---

① 再嫁（zài jià）：to remarry
② 有情有义（yǒu qíng yǒu yì）：loyalty and righteousness
③ 奸骗（jiān piàn）：to seduce and deceive
④ 天理昭彰（tiān lǐ zhāo zhāng）：nobody is outside the Law of Nature
⑤ 一报还一报：tit for tat

59. 祝　福①

The New Year's Sacrifice

旧历的年底，我回到故乡鲁镇，暂时住在本家②鲁四老爷的家里。鲁四老爷比"我"长一辈③，所以，我称他为"四叔"。

第二天，我出去看了几个本家和朋友。他们都没有什么大改变，只是老了些。到了年底，家中都忙着准备"祝福"。这是鲁镇年终的大典，迎接福神④，拜求未来一年中的好运气。杀鸡，宰鹅，买猪肉，准备好福礼⑤后，点上香烛，恭请⑥福神们来享用。拜完之后，放爆竹。年年如此，家家如此。今年也不例外。

我访问过一个朋友后，在河边遇见了祥林嫂。她是我在鲁镇所见的人们中改变最大的。五年前花白的头发，现在已经全白，完全不像四十上下的人。她一手提着竹篮，里面一个破碗，空的；一手拄着一支比她更长的竹竿⑦。显然她已经完全是一个乞丐了。

① 本文根据鲁迅短篇小说《祝福》（1924）简写。
② 本家（běn jiā）: member of the same clan
③ 辈（bèi）: generation in family
④ 福神（fú shén）: God of Fortune
⑤ 福礼（fú lǐ）: offering
⑥ 恭请（gōng qǐng）: to respectfully invite
⑦ 竹竿（zhú gān）: bamboo pole

我看到她向我走来，就站住，等着她来讨钱，却没想到她对我说："你是识字的，又是出门人，见识得多。我正要问你一件事，一个人死了之后，究竟有没有魂灵①？"

对于魂灵的有无，我自己从来毫不介意。我想，这里的人照例②相信鬼，或者她疑惑了？她是希望有还是希望无呢？ 为她考虑，不如说有罢。于是，我吞吞吐吐③地说："有吧"。

她紧接着问："那么，也就有地狱④了？"

"啊！地狱？"我很吃惊，只得支吾⑤着："地狱？——论理⑥，就该也有——然而也未必……谁来管这等事……"

"那么，死掉的一家的人，都能见面的？"

"唉唉，见面不见面呢？……"这时我已知道自己完全是一个愚人，无法回答她的疑问，就支支吾吾地说："那是……实在，我说不清……其实，究竟有没有魂灵，我也说不清。"

我便匆匆逃回四叔家中，心里很觉得不安。自己想，我这答话恐怕对她有些危险。

我总觉得不安，过了一夜，仍然时时想起，仿佛怀着什么不祥⑦的预感⑧。

傍晚，我听到有些人聚在内室里谈话，在发议论。原来是祥林嫂死了。

---

① 魂灵（hún líng）：ghost
② 照例（zhào lì）：as usual
③ 吞吞吐吐（tūn tūn tǔ tǔ）：to falter
④ 地狱（dì yù）：hell
⑤ 支吾（zhī wu）：to hesitate in speech
⑥ 论理（lùn lǐ）：logically speaking
⑦ 不祥（bù xiáng）：ominous
⑧ 预感（yù gǎn）：premonition

"什么时候死的？"

"昨天夜里，或者就是今天罢。"

"怎么死的？"

"还不是穷死的？"

我惊惶^①不安，还似乎有些负疚^②。晚饭摆出来了，我还想打听^③些关于祥林嫂的消息，但忌讳^④极多，当临近祝福的时候，是万不可提起死亡、疾病之类的话的。

冬季日短，又是雪天，夜色早已笼罩^⑤了全市镇。我独坐在灯下，想，这祥林嫂被人们弃在尘芥堆^⑥中的，现在总算被无常^⑦打扫得干干净净了。

她不是鲁镇人。有一年的冬初，四叔家里要换女工，做中人^⑧的卫老婆子带她进来。她年纪大约二十六七，脸色青黄，但两颊却还是红的，死了当家人^⑨，所以出来做工了。四叔讨厌她是一个寡妇，但是她很像一个安分耐劳^⑩的人，便将她留下了。

大家都叫她祥林嫂，没问她姓什么。她不很爱说话，别人问了才回答，答的也不多。直到十几天之后，才知道她家里还有严厉的婆婆，她是春天没了丈夫的。大家知道的就只是这一点。

---

① 惊惶（jīng huáng）：scared, panic

② 负疚（fù jiù）：guilty

③ 打听（dǎ tīng）：to ask about, to inquire about

④ 忌讳（jì huì）：taboo

⑤ 笼罩（lǒng zhào）：to envelop

⑥ 尘芥（chén jiè）：dust and weed

⑦ 无常（wú cháng）：death

⑧ 中人（zhōng rén）：go-between

⑨ 当家人（dāng jiā rén）：husband, head of a family

⑩ 安分耐劳（ān fèn nài láo）：to know one's place and work hard

日子很快过去了，人们都说鲁四老爷家里雇^①的女工，比勤快^②的男人还勤快。到年底，扫尘，洗地，杀鸡，宰鹅，煮福礼，全是她一人担当^③。

新年才过，她在河边淘米^④，远远地看见几个男人在对岸徘徊^⑤，恐怕是来找她的。四叔说："这不好，恐怕她是逃出来的。"

此后大约十几天，卫老婆子带了一个三十多岁的女人进来，说那是祥林嫂的婆婆^⑥，她来叫她的儿媳回家去，开春事务忙，家中人手^⑦不够。

于是算清了工钱，她全存在主人家，一文也没有用，都交给她的婆婆。

那天上午，河上停着一艘船。祥林嫂出去淘米，那船里突然跳出两个男人，一个抱住她，一个帮着把她拖进船里。祥林嫂哭喊了几声，便再没有什么声息，大概嘴被堵^⑧上了。

不久，祥林嫂也就被遗忘了。只有四婶，因为后来雇的女工，都不如意^⑨，所以还提起^⑩祥林嫂："她现在不知道怎么样了？"

又过年了，卫老婆子来拜年^⑪，自然就谈到祥林嫂。

卫老婆子说，祥林嫂现在交了好运。她婆婆来抓她回去的时

① 雇（gù）：to hire
② 勤快（qín kuài）：hardworking, diligent
③ 担当（dān dāng）：to take up
④ 淘米（táo mǐ）：to wash rice
⑤ 徘徊（pái huái）：to wander
⑥ 婆婆（pó po）：mother-in-law, husband's mother
⑦ 人手（rén shǒu）：manpower
⑧ 堵（dǔ）：to gag
⑨ 如意（rú yì）：satisfied
⑩ 提起（tí qǐ）：to mention
⑪ 拜年（bài nián）：to pay a New Year call

候，早已把她许给了贺老六。他的婆婆将她嫁到山里去，祥林嫂不依^①，哭闹得厉害，喉咙已经全哑了。抬到贺家，她就一头撞在香案角上，鲜血直流。

到年底，她就生了一个孩子，男的，新年就两岁了。母亲也胖，儿子也胖。男人有的是力气，会做活，房子是自家的。她真是交了好运了。

又过了两个新年，祥林嫂又站在四叔家的堂^②前了。她脸色青黄，只是两颊上已经消失了血色，眼光也没有先前那样精神了。

她的男人年纪轻轻，就断送^③在伤寒^④上。幸亏有儿子，她又能干，打柴、摘茶、养蚕都行，谁知道那孩子又会给狼吃了呢？大伯来收屋，又赶她。她只好来求老主人。

"我真傻，真的，"祥林嫂说，"我单^⑤知道下雪的时候，野兽在山里没有食吃，会到村里来。我不知道春天也会有。我一早起来就开了门，叫我们的阿毛坐在门槛上剥豆。他是很听话的，我的话句句听。他出去了。我就在屋后淘米。米下了锅，要蒸豆。我叫阿毛，没有应。出去看，只见豆撒得一地，没有我们的阿毛了。他是不到别家去玩的。各处去问，果然没有。我急了，央^⑥人出去寻。直到下半天，寻来寻去寻到山里，看见柴上挂着一只他的小鞋。大家都说，糟了，怕是遭了狼了。再进去，他果然躺在草窠^⑦

---

① 不依（bù yī）：unwilling
② 堂（táng）：hall
③ 断送（duàn sòng）：to die of
④ 伤寒（shāng hán）：typhoid fever
⑤ 单（dān）：only
⑥ 央（yāng）：to beg for help
⑦ 草窠（cǎo kē）：den

里，肚里的五脏①已经都给吃空了，手上还紧紧地捏②着那只小篮呢……"

祥林嫂从此又在鲁镇做女工了。

大家仍然叫她祥林嫂。

上工之后的两三天，主人们就觉得她手脚已没有先前一样灵活，记性也坏得多，死尸似的脸上整日没有笑影。四叔说，这种人虽然很可怜，但是败坏风俗，用她帮忙还可以，祭祀③时候可用不着她沾手，一切饭菜，自己做，否则，不干不净，祖宗是不吃的。

四叔家里最重大的事件是祭祀，祥林嫂在这一天可做的事就是坐在灶下烧火。

镇上的人们也仍然叫她祥林嫂，也还和她讲话，但笑容却冷冷的了。她只是直着眼睛，和大家讲她自己日夜不忘的故事：

"我真傻，真的……"

她反复向人说她悲惨的故事，不久，大家也都听得熟了，便是最慈悲的老太太们，眼里也再没有一点泪。后来全镇的人们几乎都能背诵她的话，一听到就厌烦得头痛。

她从人们的笑影上，觉得自己再没有开口的必要了。

又到年底了。下雪了。"唉唉，我真傻。"祥林嫂看了天空，叹息着。

柳妈是善女人，吃素，不杀生④的。柳妈看着祥林嫂说："祥林嫂，你再一强，撞死就好了。现在呢，你和你的第二个男人不到两

---

① 五脏（wǔ zàng）：innards
② 捏（niē）：to clutch
③ 祭祀（jì sì）：ancestral sacrifices
④ 杀生（shā shēng）：to kill living creatures

年，倒落了一件大罪名①。你想，你将来到阴司②去，那两个死鬼的男人还要争，你给了谁好呢？阎罗③大王只好把你锯④开来，分给他们。"

祥林嫂脸上就显出恐怖的神色来。

"你到镇西头的土地庙里去捐⑤一条门槛⑥，当作你的替身，给千人踏，万人跨，赎⑦了这一世的罪名，免得死了去受苦。"

她整日紧闭了嘴唇，默默地跑街，扫地，洗菜，淘米。快够一年，她才支取⑧了积存⑨的工钱，请假到镇的西头去。她回来时，高兴地对四婶说，自己已经在土地庙捐了门槛了。

冬至的祭祖时节，她看四婶装好祭品，把桌子抬到中央，便去拿酒杯和筷子。

"你放着罢，祥林嫂！"四婶慌忙大声说。

她立刻缩手，脸色也变作灰黑，失神⑩地站着。这以后，她的变化非常大，很胆怯，怕暗夜，怕黑影。不到半年，头发也花白了，记性尤其坏。

"祥林嫂怎么这样了？不如那时不留她。"四婶有时当面就这样说，似乎是警告她。

然而，她总如此。他们于是想打发她走了，教她回到卫老婆子

---

① 罪名（zuì míng）：sin
② 阴司（yīn sī）：the nether world
③ 阎罗（yán luó）：The King of Hell
④ 锯（jù）：to saw
⑤ 捐（juān）：to offer up
⑥ 门槛（mén kǎn）：threshold
⑦ 赎（shú）：to atone for
⑧ 支取（zhī qǔ）：to withdraw
⑨ 积存（jī cún）：to accumulate
⑩ 失神（shī shén）：in a daze

那里去。

　　她是从四叔家出去就成了乞丐的呢，还是先到卫老婆子家，然后再成乞丐的呢？那我可不知道。

60. 阿 Q 正 传①
The True Story of Ah Q

我要给阿Q做正传②，已经不止一两年了。

然而，感到万分的困难。

我不知道阿Q姓什么。他自己说姓赵，与赵老太爷是本家。但是赵太爷不许他姓赵，他对阿Q说："我怎么会有你这样的本家？你姓赵么？你怎么会姓赵！——你哪里配③姓赵！"并且**给了**阿Q一个嘴巴④。

知道的人都认为阿Q大约未必⑤姓赵，即使真姓赵，有赵太爷在这里，也不该如此胡说。此后便再没有人提起他的姓来，所以我终于不知道阿Q究竟⑥什么姓。

我也不知道阿Q的名字是怎么写的。他活着的时候，人都叫他阿Quei，死了以后，便没有一个人再叫阿Quei了。我曾仔细想：

---

① 本文节选自鲁迅短篇小说《阿Q正传》（1921）并简写。

② 正传（zhèng zhuàn）：true story

③ 配（pèi）：to be worthy of

④ 给了……嘴巴（zuǐ ba）：to give sb. a slap in the face

⑤ 未必（wèi bì）：not to be likely

⑥ 究竟（jiū jìng）：really

阿Quei，阿桂①还是阿贵②呢？于是，照英国流行的拼法，写他为阿Quei，略作阿Q。

阿Q的姓名不可靠，籍贯③也不确定。他虽然常住在未庄，然而也常常在别处住宿，因此，也不能说他是未庄人。

阿Q没有家，他住在未庄的土谷祠④里。他也没有固定的职业，只给人家做短工⑤。工作时间长时，他也住在临时⑥的主人家里，但一做完就走了。所以，人们忙的时候，还记起阿Q，一闲下来，就将阿Q忘了。

然而，阿Q却很自尊⑦。所有未庄的居民，他全不放在眼里，他以为自己的祖上先前比他们阔⑧，再加上⑨进了几回城，阿Q自然更加自负⑩。然而，他又很鄙薄⑪城里人，因为，未庄人叫"长凳"⑫，他也叫"长凳"，城里人却叫"条凳"⑬。他想：这是错的，可笑！油煎大头鱼，未庄人都加上半寸长的葱叶⑭，城里人却加上切细的葱丝⑮。他想：这也是错的，可笑！然而，未庄人真是没见过世面⑯的

① 桂（guì）：fragrant osmanthus
② 贵（guì）：nobility
③ 籍贯（jí guàn）：one's place of origin
④ 土谷祠（tǔ gǔ cí）：the Tutelary God's Temple
⑤ 短工（duǎn gōng）odd jobs
⑥ 临时（lín shí）：temporary
⑦ 自尊（zì zūn）：to have a high opinion of oneself
⑧ 阔（kuò）：rich, well off
⑨ 再加上（zài jiā shang）：moreover
⑩ 自负（zì fù）：conceited
⑪ 鄙薄（bǐ bó）：contempt
⑫ 长凳（cháng dèng）：long bench
⑬ 条凳（tiáo dèng）：straight bench
⑭ 葱叶（cōng yè）：shallot leaves
⑮ 葱丝（cōng sī）：finely shredded shallots
⑯ 见过世面（jiàn guo shì miàn）：a man of the world

可笑的乡下人，他们没有见过城里的煎鱼！

　　阿Q觉得自己"先前阔"，见识①高，几乎是一个"完人"②了。可惜他体质上还有一些缺点，他头上有几处癞疮疤③。因此，他讳④说"癞"以及一切近于"赖"的音，后来"光"也讳，"亮"也讳，再后来，连"灯""烛"都讳了。若有人犯讳⑤，阿Q便全疤通红地发起怒来，估量⑥对手，口讷⑦的他便骂，气力小的他便打。然而，不知怎么一回事，总是阿Q吃亏⑧的时候多。于是，他渐渐地改为怒目而视⑨了。

　　然而，阿Q采用怒目主义之后，未庄的闲人们便更加喜欢开他的玩笑。一见面，他们便假作⑩吃惊地说："亮起来了。"

　　阿Q照例发了怒，他怒目而视了。

　　阿Q没有法，只得另外想出报复的话来："你还不配……"

　　这时候，仿佛在他头上的是一种高尚⑪的癞头疮，并非平常的癞头疮了。

　　闲人们还不完，于是终于打了起来。阿Q被打败了，被人揪住⑫辫子，在壁上碰了四五个响头，闲人们心满意足地得胜地走了。阿Q心里想："我总算被儿子打了，现在的世界真不像样……"于

① 见识（jiàn shi）：knowledge
② 完人（wán rén）：perfect man
③ 癞疮疤（lài chuāng bā）：shining ringworm scars
④ 讳（huì）：to refrain from
⑤ 犯讳（fàn huì）：to disregard a taboo
⑥ 估量（gū liàng）：to look over
⑦ 口讷（kǒu nè）：to be weak in repartee
⑧ 吃亏（chī kuī）：to be worsted
⑨ 怒目而视（nù mù ér shì）：to glare furiously
⑩ 假作（jiǎ zuò）：to pretend to
⑪ 高尚（gāo shàng）：noble
⑫ 揪住（jiū zhu）：to pull

是，也心满意足地得胜地走了。

所以，凡是和阿Q玩笑的人们，全知道他有这一种精神上的胜利法。此后，每次揪住他黄辫子的时候，就先对他说：

"阿Q，这不是儿子打老子，是人打畜生①。自己说：人打畜生！"

阿Q说道："打虫豸②，好不好？我是虫豸——还不放么？"

但是，闲人们并不放了他，仍旧在什么地方给他碰了五六个响头，才心满意足地、得胜地走了。不到十秒钟，阿Q也心满意足地、得胜地走了。他觉得他是第一个能够自轻自贱③的人。

阿Q用这些妙法克服了怨敌④之后，便愉快地跑到酒店里喝几碗酒，又和别人调笑⑤一通⑥，口角⑦一通，又得了胜，愉快地回到土谷祠，倒头⑧就睡着了。

假使有钱，他便在未庄的赌摊⑨上，把自己的钱输掉。于是，站在别人的后面替别人着急，一直到散场⑩，然后恋恋不舍地回到土谷祠。钱不见了，他说："就算⑪被儿子拿去了罢"。

有一年的春天，阿Q在街上走，远远地走来一个人，这也是阿Q最厌恶的一个人。他先前跑进城里去进了洋学堂⑫，不知怎么又跑

---

① 畜生（chù sheng）：beast
② 虫豸（chóng zhì）：insects
③ 自轻自贱（zì qīng zì jiàn）：to belittle oneself
④ 怨敌（yuàn dí）：enemy
⑤ 调笑（tiáo xiào）：to joke with
⑥ 一通（yī tōng）：a little while
⑦ 口角（kǒu jué）：to quarrel with
⑧ 倒头（dǎo tóu）：to lie down
⑨ 赌摊（dǔ tān）：gambling stall
⑩ 散场（sàn chǎng）：to break up
⑪ 算（suàn）：to be tantamount to
⑫ 洋学堂（yáng xué táng）：a foreign-style school

到东洋①去了，半年之后他回到家里来，辫子不见了，阿Q称他为"假洋鬼子"②、"里通外国的人"③。阿Q历来只在肚子里骂，没有出过声。这回因为打了败仗④，正要报仇，就轻轻地说了一声"秃儿，驴……"不料，这秃儿拿着一支棍子，大踏步走了过来，"啪"的一声，打在阿Q头上了。

"我说他！"阿Q指着近旁的一个孩子说。

"啪！啪啪！"

在阿Q的记忆中，这要算是一件屈辱⑤。幸而"忘却"这一件祖传⑥的宝贝发生了效力⑦，他慢慢地走，将到酒店门口时，早已有些高兴了。

对面走来了一个小尼姑⑧。阿Q心想："我不知道今天为什么这样晦气⑨，原来就因为见了你！"他迎上去，大声地吐一口唾沫⑩！

小尼姑全不理睬⑪，低了头只是走。阿Q走近身旁，突然伸出手去摸她新剃⑫的头皮说："秃儿！快回去，和尚等着你……"

酒店里的人大笑了，阿Q愈加⑬得意。他似乎对于今天的一切

---

① 东洋（dōng yáng）：Japan
② 假洋鬼子（jiǎ yáng guǐ zi）：bogus foreign devil
③ 里通外国的人（lǐ tōng wài guó de rén）：traitor in foreign pay
④ 败仗（bài zhàng）：defeated
⑤ 屈辱（qū rǔ）：humiliation
⑥ 祖传（zǔ chuán）：handed down from one's ancestors
⑦ 发生了效力（fā shēng le xiào lì）：to come into play
⑧ 尼姑（ní gū）：nun
⑨ 晦气（huì qi）：bad luck
⑩ 唾沫（tuò mo）：spit
⑪ 不理睬（bù lǐ cǎi）：to ignore
⑫ 剃（tì）：to shave
⑬ 愈加（yù jiā）：even more

"晦气"都报了仇，飘飘然①的似乎要飞去了。

"这断子绝孙②的阿Q!"远远地听见小尼姑的带哭的声音。

有人说：有些胜利者，愿意敌手如虎，如鹰③，他才感得胜利的欢喜；假使如羊，如小鸡，他便反觉得胜利的无聊④。又有些胜利者，当克服一切之后，看见死的死了，降⑤的降了，他于是没有了敌人，没有了对手，没有了朋友，只有自己在上，便反而感到了胜利的悲哀。然而阿Q却是永远得意的。

晚上，睡在土谷祠里，阿Q的耳朵里又听到了这句话："断子绝孙的阿Q!"

他想：不错，应该有一个女人，断子绝孙便没有人供一碗饭。"女人，女人! ……"他想。

有一天，他在赵老爷家，看见女仆吴妈，便忽然跪下对她说："我和你困觉⑥，我和你困觉!"

吴妈因自己被调戏，哭叫着要自杀。阿Q被赶出了赵家。

他仍旧在街上逛，渐渐地觉得世上有些古怪⑦了。酒店不肯给他赊欠⑧了，土谷祠不能住了，很多日子没有一个人来叫他做短工了。阿Q肚子饿。棉被，布衫，棉袄⑨，都卖了，现在就只有裤子了。他想在路上拾到钱，但没有看见。于是，他决定出门求食去了。

……

---

① 飘飘然（piāo piāo rán）: to walk on air
② 断子绝孙（duàn zǐ jué sūn）: to die sonless
③ 鹰（yīng）: eagle
④ 无聊（wú liáo）: bored
⑤ 降（xiáng）: to surrender
⑥ 困觉（kùn jiào）: to sleep
⑦ 古怪（gǔ guài）: strange
⑧ 赊欠（shē qiàn）: to buy or sell on credit
⑨ 棉袄（mián ǎo）: cotton-padded jacket

在未庄再看见阿Q出现的时候，他与先前大不同了。他走近酒店柜台前，把钱在柜上一扔，说：“现钱！打酒来！”

“阿Q，你回来了！”

“发财了！”

“上城了！”阿Q说，“你们看见过杀头么？咳^①，好看。杀革命党。唉，好看好看……”听的人都凛然^②了。

阿Q回来的新闻，第二天便传遍了未庄。对于阿Q也十分地敬畏了。有一班闲人们却还要去探阿Q的底细^③。阿Q傲然地^④说出他的经验来，大家才知道他是一个偷儿^⑤。

传说革命党进了城，城里革命了。举人^⑥老爷到未庄逃难来了。阿Q本来早听到过革命党，今年又亲眼见过杀革命党。但他以为革命便是造反，所以是“深恶而痛绝”^⑦的。不料这却使举人老爷这样怕，于是，他也有些“神往”^⑧了，况且，未庄的一群男女的慌张的神情，也使阿Q更快意^⑨。

阿Q禁不住大声道：“造反了！造反了！”

未庄人都用惊惧的眼光看他。这一种可怜的眼光，是阿Q从来没有见过的。一见，又使他舒服得如六月里喝了雪水。他更加高兴地走而且喊道：“好，……我要什么就是什么，我欢喜谁就是谁。”

阿Q飘飘然地回到土谷祠，独自躺在自己的小屋里。他说不出

---

① 咳（hāi）：Ah

② 凛然（lǐn rán）：in awe

③ 探底细（tàn dǐ xì）：to question carefully

④ 傲然地（ào rán de）：proudly

⑤ 偷儿（tōur）：thief

⑥ 举人（jǔ rén）：a successful candidate in the imperial examinations at the provincial level

⑦ 深恶而痛绝（shēn wù ér tòng jué）：to detest and keep away from

⑧ 神往（shén wǎng）：fascinated

⑨ 快意（kuài yì）：pleased

的新鲜而且高兴："造反？有趣……未庄的一伙男女才好笑哩，跪下叫道：'阿Q，饶命①！'谁听他！第一个该死的是小D和赵太爷，还有假洋鬼子……都不要了。"

"东西，……直走进去打开箱子来：元宝，洋钱，床，桌椅。自己是不动手的，叫小D来搬，要搬得快，搬得不快打嘴巴……"

第二天他起得很迟，走出街上看时，样样都照旧。他也仍然肚饿，他想着，想不起什么来。

据传来的消息，革命党虽然进了城，倒还没有什么大异样②，但未庄也不能说无改革③，几天之后，将辫子盘④在顶上的逐渐增加起来了。阿Q很羡慕，下了决心，用一支竹筷把辫子盘在头顶上。

有一天，他照例混⑤到夜深，酒店要关门，才回土谷祠去。他忽而听到一种异样的声音。阿Q本来是爱看热闹、爱管闲事⑥的，便在暗中寻过去，猛然间⑦一个人从对面逃来了，说："赵……赵家遭抢⑧了！"

阿Q回到祠里去，躺了好一会，想："他们搬了许多好东西，又没有自己的份，不准我造反。"阿Q越想越气，终于禁不住痛恨起来："不准我造反，只准你造反？——好，你造反！造反是杀头的罪名呵。我要告状，看你抓进县里去杀头，——满门抄斩⑨！"

赵家遭抢之后，阿Q很快意而且恐慌。四天之后，夜里，兵、

① 饶命（ráo mìng）：to spare sb.'s life
② 异样（yì yàng）：difference
③ 改革（gǎi gé）：to reform
④ 盘（pán）：to coil, to wind
⑤ 混（hùn）：to loaf about
⑥ 爱管闲事（ài guǎn xián shì）：to poke one's nose into other people's business
⑦ 猛然间（měng rán jiān）：suddenly
⑧ 遭抢（zāo qiǎng）：to be robbed
⑨ 满门抄斩（mǎn mén chāo zhǎn）：to have whole family executed

警察、侦探，悄悄地到了未庄，围住①土谷祠，正对门②架好机关枪，将阿Q抓了出来。中午时进了城，阿Q被关了起来。到了大堂③，阿Q自然而然地跪下。

"站着说！不要跪！"穿长衫的人物说。

但阿Q总觉得站不住，身不由己④，终于跪下了。

"奴隶性！……"长衫人物鄙夷地⑤说，但也没有叫他起来。

"你从实招来⑥罢，免得吃苦。我早都知道了。招了可以放你。"

"招罢！"

"现在你的同党⑦在哪里？"

"什么……"

"那一晚打劫⑧赵家的一伙人。"

"他们没有来叫我。他们自己搬走了。"

"走到哪里去了呢？说出来便放你了。"

"我不知道……他们没有来叫我……"

阿Q又被抓进栅栏去了。他第二次被抓出栅栏时，是第二天的上午。阿Q仍然下了跪。

"你还有什么话说么？"

阿Q一想，没有话，便回答说："没有。"

一个人拿了一张纸、一支笔，送到阿Q的面前，将笔塞⑨在他

---

① 围住（wéi zhù）：to surround
② 正对门（zhèng duì mén）：to face the gate
③ 大堂（dà táng）：court of law
④ 身不由己（shēn bù yóu jǐ）：involuntarily
⑤ 鄙夷地（bǐ yí de）：contemptuously
⑥ 从实招来（cóng shí zhāo lái）：to tell the truth
⑦ 同党（tóng dǎng）：accomplice
⑧ 打劫（dǎ jié）：to rob
⑨ 塞（sāi）：to thrust into

手里。阿Q这时很吃惊，几乎"魂飞魄散"①了，因为他的手和笔相关，这是初次。他正不知怎样拿，那人却又指着一处地方教他画押②。

"我……我……不认得字。"阿Q一把抓住了笔，惶恐而且惭愧地说。

"那么，画一个圆圈！"

阿Q要画圆圈了，那手却只是抖③。于是那人替他将纸铺④在地上，阿Q使尽了平生的力气画圆圈。他生怕被人笑话，立志要画得圆，但这可恶的笔不但很沉重⑤，并且不听话，画成瓜子⑥模样了。

阿Q羞愧自己画得不圆。

他第二次被送进了栅栏，倒也不十分懊恼⑦。他以为人生天地之间，大约本来有时要抓进抓出，有时要在纸上画圆圈的，唯有圈不圆，但不多时也就释然⑧了。他想：孙子才画得很圆的圆圈呢。于是他睡着了。

阿Q第三次被抓出栅栏门。他到了大堂，照例下了跪。

"你还有什么话么？"

阿Q一想，没有话，便回答说："没有。"

忽然给他穿上一件白背心，上面有些黑字。他的两手被反缚⑨了。

---

① 魂飞魄散（hún fēi pò sàn）：frightened out of one's wits
② 画押（huà yā）：to sign one's name
③ 抖（dǒu）：to tremble
④ 铺（pū）：to spread
⑤ 沉重（chén zhòng）：heavy
⑥ 瓜子（guā zǐ）：melon seed
⑦ 懊恼（ào nǎo）：upset
⑧ 释然（shì rán）：to feel relieved
⑨ 缚（fù）：to bind

阿Q被抬上了一辆没有篷的车，这车立刻走动了。前面是背着洋炮的兵，两旁是许多张着嘴的看客①。但他突然觉到了：这岂不是去杀头么？他一急，两眼发黑，似乎发昏了。然而他又没有全发昏，有时虽然着急，有时却也泰然②。他似乎觉得人生天地间，大约本来有时也未免③要杀头的。

他还认得路，于是有些诧异④了：怎么不向着法场⑤走呢？他不知道这是在游街⑥，在示众⑦。但即使知道也一样，他便以为人生天地间，大约本来有时也未免要游街、要示众罢了。

他省悟了，这是绕到⑧法场去的路，这一定是去杀头。他向左右看，全跟着蚂蚁似的人。阿Q忽然很羞愧自己没志气，竟没有唱几句戏。

"过了二十年又是一个……"阿Q说出半句从来不说的话。

"好！！！"从人丛⑨里，便发出豺狼⑩的嗥叫一般的声音来。

阿Q再看那些喝彩⑪的人们。

他想起四年前，他曾在山脚下遇见一只饿狼，不近不远地跟着他，要吃他的肉。他那时吓得几乎要死，幸而手里有一把刀，才壮了胆⑫，支持到未庄。可是，他永远记得那狼眼睛，又凶又怯，像鬼

----

① 看客（kàn kè）：spectator
② 泰然（tài rán）：calm
③ 未免（wèi miǎn）：inevitable
④ 诧异（chà yì）：to be surprised
⑤ 法场（fǎ chǎng）：place of execution
⑥ 游街（yóu jiē）：to parade
⑦ 示众（shì zhòng）：as a public example
⑧ 绕到（rào dào）：to make a detour
⑨ 人丛（rén cóng）：crowd
⑩ 豺狼（chái láng）：jackals and wolves
⑪ 喝彩（hè cǎi）：to acclaim
⑫ 壮了胆（zhuàng le dǎn）：to give courage to

火，似乎穿透①了他的皮肉。而这回他又看见从来没有见过的、更可怕的眼睛了，不但咀嚼②了他的话，并且还要咀嚼他皮肉以外的东西。这些眼睛们似乎连成一气，已经在那里咬他的灵魂。

"救命……"

然而阿Q没有说。他早就两眼发黑，觉得全身仿佛微尘③似的散了。

---

① 穿透（chuān tòu）：to penetrate
② 咀嚼（jǔ jué）：to chew
③ 微尘（wēi chén）：light dust

61. 骆驼祥子①

Camel Xiangzi

我们要介绍的是祥子，不是骆驼②，因为"骆驼"只是个外号③。那么，我们就先说祥子。

祥子，在与"骆驼"这个外号发生关系以前，是个比较有自由的车夫。也就是说，自己的车，自己的生活，都在自己手里。

这绝不是件容易的事。一年，二年，至少三四年。一滴④汗，两滴汗，不知道多少万滴汗，才挣出那辆车。

在他租车拉的时候，从早到晚，由东到西，由南到北，他没有自己。可是他老想着有一辆车，可以使他自由、独立。

他不怕吃苦⑤，也没有一般车夫的恶习⑥，他的聪明和努力都足以使他的志愿⑦成为事实。

---

① 本文节选自老舍的长篇小说《骆驼祥子》（1936）并简写。

老舍：Lao She（1899—1966），中国现代作家、小说家、剧作家。

② 骆驼（luò tuo）：camel

③ 外号（wài hào）：nickname

④ 滴（dī）：a drop

⑤ 吃苦（chī kǔ）：to bear hardships

⑥ 恶习（è xí）：bad habits

⑦ 志愿（zhì yuàn）：ambition

他生长在乡间，失去了父母，十八岁的时候便跑到城里来，带着乡间小伙子的强壮与诚实。他有力气，年纪正轻。他希望能自己有一辆漂亮的车！看着自己的青年的肌肉①，他以为这只是时间的问题，这是必定能达到的一个志愿和目的，绝不是梦想！

祥子是乡下人，他天生不愿多说话，也不愿学城里人的样②，喜欢和别人讨论。因为嘴常闲着，所以，他有工夫去思想，他的眼老是看着自己的心。

他决定去拉车，就拉车去了。他租了辆破车。整整的三年，他凑足③了一百块钱！祥子花了九十六块，买了一辆车。祥子拉起这辆车，几乎要哭出来。他忽然想起来，今年是二十二岁。因为父母死得早，他忘了生日是在哪一天。自从到城里来，他没过一次生日。好吧，今天买上了新车，就算是生日吧。

他觉得用力拉车去挣④饭吃，是天下最有骨气⑤的事。

京城里传播⑥着战争的消息与谣言⑦，但是，他都不注意，他也不信。他是乡下人，不像城里人那样听见风便是雨⑧。

祥子不大关心战争，他只关心他的车，因为他的车能产出⑨一切吃食。因为战争的消息，粮食都涨了价。可是，他和城里人一样，只会抱怨粮食贵，他只顾⑩自己的生活。

---

① 肌肉（jī ròu）：muscle
② 学……的样（yàng）：to learn from
③ 凑足（còu zú）：to scrape together
④ 挣（zhèng）：to earn
⑤ 骨气（gǔ qì）：integrity
⑥ 传播（chuán bō）：to spread
⑦ 谣言（yáo yán）：rumor
⑧ 听见风便是雨（tīng jiàn fēng biàn shì yǔ）：to run after a shadow
⑨ 产出（chǎn chū）：to produce
⑩ 顾（gù）：to care

可是，战争，不管有没有人盼望①，总会来到。祥子照常拉车。有一天，他拉到了西城，有人喊："有上清华的没有？清华！两块钱！"

祥子明白，出城一定有危险。平常只是二三毛钱。两块钱，清华，为什么会没人抢呢？

可是，两块钱是两块钱，这不是天天能遇到的。危险？难道就那样巧②？这么一想，他把车拉过去了。

拉到西直门，几乎没有什么行人。出了西直门，连一辆车也没遇见。祥子低着头，不敢再看马路的左右，街上清静③得真可怕。

祥子想抄便道④走，可是，还没拉到便道上，就被十来个兵捉住！他的车，几年的血汗挣出来的那辆车，没了！

吃苦，他不怕。可是，再弄⑤上一辆车，至少还得几年！祥子落了泪⑥！他不但恨那些兵，而且恨世上的一切了："凭什么？"他喊了出来。

他被带到了哪里？他回答不出来。

忽然有一天，他远远地看见了平地，有几个兵牵⑦来几匹⑧骆驼。

夜里，祥子拉着三匹骆驼逃出了兵营⑨。他的将来全仗着⑩这三

---

① 盼望（pàn wàng）：to expect
② 巧（qiǎo）：coincidental
③ 清净（qīng jìng）：quiet
④ 抄便道（chāo biàn dào）：to take short cut
⑤ 弄（nòng）：to get
⑥ 落了泪（luò le lèi）：to shed tears
⑦ 牵（qiān）：to lead
⑧ 匹（pǐ）：classifier for horses and camels
⑨ 兵营（bīng yíng）：military camp
⑩ 仗着（zhàng zhe）：to rely on

个牲口①了。"为什么不去卖了它们，再买上一辆车呢？"他几乎要跳起来了！

想到骆驼与洋车的关系，他的精神壮了起来。假若他想到拿这三匹骆驼能买到一百亩②地，或者可以换几颗珍珠，他也不会这样高兴。

祥子拉着骆驼，走向远处的一个村子。他遇见了一个老者，把骆驼卖给他，得了三十五块钱。这三十五块钱，是用他的命换来的。

祥子回到京城里，住在旅馆里，他发烧，夜里说梦话：骆驼，骆驼。于是，祥子多了个外号"骆驼"。从一到城里来，他就是"祥子"，仿佛根本没有姓，也没有人关心他的姓。

他的铺盖③还在人和车厂，他自然就来到了人和车厂。

天还没黑，刘家父女正在吃晚饭。看见他进来，虎妞把筷子放下说："祥子！你让狼叼④了去，还是上非洲挖金矿去了？"

"你干什么去了？"刘四爷盯着⑤祥子问，"车呢？"

"车？"

……

祥子住在车厂里，他租了一辆车，继续拉车。一天，他回到车厂。虎妞说："把车放下，赶紧回来，有话跟你说。"他到她的门前，慢慢地走了进去，看到桌上有几个梨，一把酒壶⑥，三个酒盅⑦，一个

---

① 牲口（shēng kou）：animal
② 亩（mǔ）：a unit of area（=0.066 7 hectares）
③ 铺盖（pū gài）：bedding
④ 叼（diāo）：to carry away
⑤ 盯着（dīng zhe）：to stare at
⑥ 酒壶（jiǔ hú）：wine pot
⑦ 酒盅（jiǔ zhōng）：wine cup

大盘子。

虎妞给他一杯酒："喝吧。"

"我不喝酒！"

"不喝就滚出去。傻①骆驼！辣②不死你！连我还能喝四两呢。不信，你看看！"

祥子知道，虎姑娘一向对他不错，而且她对谁都是那么直爽，他不应当得罪③她。祥子素来④不大爱说话，可是今天似乎有千言万语，非说说不痛快。他把酒接过来，喝干。

今天虎妞有些异样，他觉出哪儿似乎有些不对，同时，他又舍不得出去。她的脸离他那么近，她的衣裳那么干净光滑，她的唇那么红，都使他觉到一种新的刺激⑤。她还是那么老丑，可是比往常添加⑥了一些活力，好似忽然变成了另一个人。他不敢随便⑦接受，可也不忍拒绝。他的脸红起来。他又喝了口酒，红着脸，他不由地多看了她几眼。越看，他心中越乱⑧。他警告⑨自己，要小心，可是他又要大胆。他连喝了三杯酒，忘了什么叫小心，迷迷糊糊⑩地看着她，他不知为什么觉得非常痛快，极勇敢地⑪要马上抓到一种新的经验与快乐。平日，他有点怕她，现在，她没有一点可怕的地

---

① 傻（shǎ）：silly
② 辣（là）：spicy
③ 得罪（dé zuì）：to offend
④ 素来（sù lái）：always
⑤ 刺激（cì jī）：excitement
⑥ 添加（tiān jiā）：to add to
⑦ 随便（suí biàn）：as one wishes
⑧ 乱（luàn）：messy
⑨ 警告（jǐng gào）：to warn
⑩ 迷迷糊糊（mí mí hū hū）：in a daze
⑪ 勇敢地（yǒng gǎn de）：bravely, courageously

方了。

屋内灭了灯，天上很黑。

第二天，祥子起得很早，拉起车就出去了。昨天夜里的事教他疑惑，羞愧，难过^①，并且觉得有点危险。到了晚间，他更难过了。他必须回车厂，可是真怕回去。假如遇上她呢，怎么办？他拉着空车在街上绕^②，两三次已离车厂不远，又掉头往别处走。祥子在街上遇见了曹先生。

曹先生说："祥子，上我那儿来吧？"

祥子痛快得要飞起来。曹先生是他的旧主人，是非常和气的人。

祥子回到车厂，告诉虎妞自己要去曹家拉车。

虎妞说："你不懂好歹！这儿有你的吃，有你的穿，非去出臭汗？我哪点不好？除了我比你大一点，也大不了多少！"

"我愿意去拉车！"祥子说。

祥子交了车，想以后再也不住车厂了。

祥子搬进了曹先生家。他在这里专为曹先生拉车。对虎姑娘，他觉得有点羞愧。可是，事儿既出于她的引诱^③，况且他又不想贪图她的金钱，他以为从此和她一刀两断^④，也就没有什么对不住她了。

一天晚上，有人告诉祥子：有一位小姐来找祥子。

祥子的脸忽然红得像一团火，他知道事情要坏！

祥子几乎没有力量迈出门槛。他借着街上的灯光，看见了虎妞。祥子不敢正眼看她。

---

① 难过（nán guò）：to feel sad
② 绕（rào）：to wander
③ 引诱（yǐn yòu）：seduction
④ 一刀两断（yì dāo liǎng duàn）：to make a clean break

看见祥子出来，她说："你可倒好！肉包子打狗，一去不回头啊！"

她的嗓门①很高。

"别嚷！这边来！"祥子用最大的力气说出这两个字，一边②往马路上走。

过了马路，祥子说："你干吗③来了？"

"祥子！我找你有事，要紧的事！"

他抬起头来，看着她，她还是没有什么可爱的地方。他低声地温和地说："什么事？"

"祥子，我有啦！"

"有了什么？"。

"这个！"她指了指肚子，"你打主意吧！"

他"啊"了一声，忽然全明白了。他没想到过的事，来得这么多，这么急，这么乱。祥子呆呆地④看着地，想不出什么，也不愿想什么。只觉得自己越来越小，可又不能完全缩⑤入地中去！

"你没主意呀？"她看了祥子一眼。

他没话可说。

"二十七，老头子的生日，你得来一趟。"

"忙，年底！"祥子说。

"你当我怕谁？你打算怎样？你要是不愿意听我的，我会堵着⑥你的门骂三天三夜！你上哪儿我也找得着！"

---

① 嗓门（sǎng mén）：voice
② 一边（yì biān）：while
③ 干吗（gàn má）：why
④ 呆呆地（dāi dāi de）：blankly
⑤ 缩（suō）：to shrink
⑥ 堵着（dǔ zhe）：to block

"别嚷行不行?"祥子躲①开她一步。

"我给你个好主意",虎姑娘面对面地对他说,"我喜欢你,我就挑②上了你。反正我已经有了,咱们俩谁也跑不了啦!"

虎妞边走边说,祥子没言语。他跟着她走到一座桥上,桥上几乎没有行人,他不愿再走,不愿再看,更不愿再陪着她。他真想一下子跳下去,头朝下③,砸④破了冰,沉下去,像个死鱼似的冻在冰里。

"祥子! 就那么办啦,二十七见!"她朝着祥子的背说完,叹了口气,向西走去。

---

① 躲 (duǒ): to step away
② 挑 (tiāo): to choose
③ 朝 (cháo) 下 : downward
④ 砸 (zá): to smash

62. 压 岁 钱①

Lucky Money

─────────❦─────────

一

一九三四年旧历除夕夜。

上海，南京路，一家大门前，两个人在大门上贴春联②。何家客厅的墙上挂着一副对联："花木四时③春，天人一切喜"。

餐桌上摆着火锅④，还有各样菜肴⑤，全家人围着餐桌在吃年夜饭⑥。

融融⑦是个天真活泼的女孩，融融的祖父五十多岁。他没有别的追求，只希望合家平安，家业年年发展。

───────────────

① 本文节选自夏衍的电影剧本《压岁钱》（1935）并简写。
  夏衍：Xia Yan（1900—1995），中国现代文学家、剧作家、社会活动家。
② 春联（chūn lián）：Spring Festival couplets
③ 四时（sì shí）：the four seasons
④ 火锅（huǒ guō）：hot pot
⑤ 菜肴（cài yáo）：dishes
⑥ 年夜饭（nián yè fàn）：New Year's Eve dinner, reunion dinner
⑦ 融融（róng róng）：name of a character

吃完年夜饭，大家走进了书房。桌上有文房四宝^①和一盏^②台灯。书房很宽敞，融融一边跳，一边唱着《压岁钱》。众人兴奋，爷爷的表情^③里充满了幸福和希望，他称赞^④着："好极了，好极了！"

午夜已过，客人起身告辞^⑤了："明年会，明年会！"

"明年。明天就是明年，来给爷爷拜年"。

送走客人后，爷爷从客厅回到书房。他拿出几枚银元^⑥，从中选了一枚，贴上红纸剪成的"囍"^⑦字。他在书桌前坐下，取出一张红纸，写了"年年如意"^⑧四个字。

融融已精疲力竭^⑨，打了一个哈欠^⑩。

"时候不早了，睡去吧！"爷爷说，"明天早点起来，穿新衣裳，吃年糕^⑪啊！"他领着^⑫融融上了楼。融融高兴地上了床，立刻进入了梦乡。

爷爷从衣袋^⑬中掏出红纸包，悄悄^⑭地放在融融的枕头下。

---

① 文房四宝（wén fáng sì bǎo）：four treasures of the study: paper, brush, ink and inkstone
② 一盏（zhǎn）灯：a lamp
③ 表情（biǎo qíng）：expression
④ 称赞（chēng zàn）：to praise
⑤ 告辞（gào cí）：to take leave
⑥ 几枚银元（jǐ méi yín yuán）：some silver coins
⑦ 囍（xǐ）：a Chinese character which means double happiness
⑧ 如意（rú yì）：everything goes well
⑨ 精疲力竭（jīng pí lì jié）：exhausted
⑩ 哈欠（hā qian）：to yawn
⑪ 年糕（nián gāo）：New Year cake
⑫ 领着（lǐng zhe）：to lead
⑬ 衣袋（yī dài）：pocket
⑭ 悄悄（qiāo qiāo）：quietly

二

第二天。何家大门上贴了一对大红春联："三阳开泰[①]，万象更新"[②]。

大街上，孩子们在玩耍，点爆竹……

"恭喜恭喜……发财发财……"人们互相拜年。

融融走出门来，她高兴地看着手中的红纸包。她打开红纸包，里面是一枚带"囍"字的银元。融融来到一个杂货铺[③]窗口："买两毛钱的金钱炮[④]……"

老板娘[⑤]接过银元，取了金钱炮给融融。

老板娘手捧"囍"字银元，她自言自语："今年第一桩生意就是一块'囍'字洋钱[⑥]，这块钱我要了。"

老板说："今年第一桩生意，你就想藏私房[⑦]吗？"

"我辛辛苦苦干了一年，新年了，我要块洋钱还不成[⑧]吗？"

两人争吵了起来。老板抢过[⑨]洋钱。

窗外来了一个买东西的姑娘，手中拿着十元钱。老板接过十元钱，找给她零钱时把那块带"囍"字的银元也找了出去。

买东西的姑娘走进花园洋房，上了楼梯，走进厅门。客厅内有

① 三阳开泰（sān yáng kāi tài）：auspicious beginning of a new year
② 万象更新（wàn xiàng gēng xīn）：everything looks new and fresh
③ 杂货铺（zá huò pù）：grocery
④ 金钱炮（jīn qián pào）：firecracker
⑤ 老板娘（lǎo bǎn niáng）：proprietress
⑥ 洋钱（yáng qián）：silver dollar
⑦ 藏私房（cáng sī fáng）：to squirrel some money away
⑧ 成（chéng）：acceptable
⑨ 抢过（qiǎng guò）：to snatch

沙发、钢琴，五六个男女，有的坐着，有的站着。有人要杨小姐唱一首歌。

杨小姐说："我这两天嗓子坏了，唱不了！"

银行行长用命令的口气说："既然大家要你唱，你就唱一个吧！"

杨小姐："唱得不好，恐怕大家会笑话的！"

女主人："你唱一个吧，我来弹琴。"

那位刚才买东西的姑娘，是这家的女佣①。等杨小姐唱完，她走上前来，把找来的钱给了杨小姐。

"辛苦你了！"杨小姐数钱的时候，忽然看到了那枚"囍"字银元，说："这块'囍'字洋钱，给你吧！"

女佣接过钱，高兴地跑出了客厅。

夜晚，花园洋房的后门开了。女佣走出去，与一个汽车司机约会。一个十七八岁的胖子从远处走来，他是司机的弟弟。他说："哥哥，我找了你好半天！嫂子叫我来找你……哥哥，给我点儿钱用吧。"

"现在我没有钱，等一会儿给你。"

弟弟说："那么，我要是跟嫂子说……"

女佣拿出那块'囍'字银元，递给司机，司机把银元扔给弟弟："拿去！"

弟弟很高兴地说："哥，我先回去啦。"

三

弟弟在大街上闲逛，口袋里的银元落在地上。一个报童②远

---

① 女佣（nǔ yōng）：maid

② 报童（bào tóng）：a newsboy

远地望见了那块银元，急忙跑过去，他的手刚要拾起①银元，一个三十岁的男人把银元踩②在脚下。报童和男人打了起来，引来了警察③，男人得④了银元离开了。他来到一家戏院门口，把那枚银元递进窗口："快点，买票！"然后，拿着票离开了。

戏班主⑤孙家明走出剧场，急匆匆地来到售票窗口，对售票员说："先给我几个钱，我有急用，先给我二十块。"

售票员数了二十元钱，其中包括那一枚带"囍"字的银元。孙家明接过钱，急忙上了一辆汽车，坐到一个女人身旁。

第二天黎明，孙家明和那个女人从一个舞厅出来，一辆汽车停在他们跟前，一个侍童⑥跑上前打开车门，孙家明将那块银元当作小费给了侍童。

侍童回到家，房东太太说："你才回来呀！你妈妈肚子疼得厉害，我已经请了一个医生。可是，医生来了，哪来的钱呢？"

"钱？我这儿有，是刚才一位大财主⑦给我的。"他掏出那枚银元。

医生走上楼来，侍童掏出银元给医生。医生看看这个孩子，又看看病床上的女人："你们很苦啊！诊费⑧可以不要。不过，这药花很多钱哪！好吧，这一块钱就算买药的钱吧！你拿我的名片⑨，到我

---

① 拾起（shí qǐ）：to pick up
② 踩（cǎi）：to step
③ 警察（jǐng chá）：police
④ 得（dé）：to get
⑤ 戏班主（xì bān zhǔ）：the head of a troupe
⑥ 侍童（shì tóng）：boy attendant
⑦ 财主（cái zhu）：a rich man
⑧ 诊费（zhěn fèi）：charge for medical consultations
⑨ 名片（míng piàn）：name card

隔壁那家药房去配药①，可以不花钱！"

"谢谢先生！"

医生坐车回家。大街上，一个上了年纪的妇女，见车走近，就把脖子伸向绳索②。

"喂……慢着，停下来！"医生急忙叫起来，跳下车将这个女人救下。

"别管我，我实在活不下去了……"妇女哭着说。

"你为什么这样呢？你有什么事情这么伤心呢？"好心的医生问。

"我的儿子出门做生意，已经几年不回来了。我儿媳妇不给我饭吃。"那妇女正是花园洋房的一个老佣人，她用这种方法行骗③。

医生拿出那一枚带"囍"字的银元给了她，说："这一块钱给你吧！可是你不要再寻死④啦！"

老女佣接过银元，将银元放入自己口袋。医生离去。她来到一个银行，在柜台前，拿出那枚银元和存折⑤

几天后，银行大门外，挤满了人。老女佣也在其中，她哭喊着："我这个钱不容易啊。我三年辛苦，存在这个银行里呀……"

行长经理⑥室，行长用报纸包起了银元和钞票，放进包中。他来到银行的后门，一辆汽车停在门口，行长匆匆上车，从包内拿出那包银元，交给仆人："这儿有一百多块钱，马上送到杨小姐家去！"然后对司机说："快，虹桥机场。"

---

① 配药（pèi yào）：to fill the prescrition
② 绳索（shéng suǒ）：rope
③ 行骗（xíng piàn）：to cheat
④ 寻死（xún sǐ）：to attempt suicide
⑤ 存折（cún zhé.）：bankbook
⑥ 经理（jīng lǐ）：manager

仆人重复了一句："虹桥机场。"他看看手中的钱包，毫不犹豫地装入了自己的腰包①。他来到菜市场，几个人盯②上了他，跟着上去抢钱，他大声喊："强盗……强盗……"

一包银元撒落在地上，一个小贩拾起一枚银元就跑。"砰"的一声，不知什么人在他背后开了一枪。

四

第二天清晨。一个女佣出门倒垃圾③，那枚带"囍"字的银元在墙角里，垃圾倒在银元上。几个孩子在垃圾堆里拣东西，那枚银元露了出来。

一个孩子拾起银元，高兴地叫着："大洋钱……大洋钱"。他拿着钱奔跑，其他的孩子在后面追。他跑回家，众人争着看洋钱。有人喊了一声："不好了，着火了！"慌乱中，那枚银元掉了。大火中，一片棚户区④倒塌⑤了。

大火烧过的棚户区，成了一个建筑工地。一个工人在泥土中发现了那一块银元，银元已经变成黑的了，他惊讶地大声说："一块大洋钱！"

"拿来！"工头命令。工头把这一快银元拿走了。他到了一个舞厅，他把这一元钱给了一个舞女，她就是戏班班主孙家明的妻子江秀霞，她失了业，在舞厅跳舞。

---

① 腰包（yāo bāo）：pocket
② 盯（dīng）：to tail sb.
③ 垃圾（lā jī）：rubbish, garbage
④ 棚户区（péng hù qū）：crude shelters
⑤ 倒塌（dǎo tā）：to collapse

晚上，房东来要房租，江秀霞把这一块银元给了房东。房东走出门，迎面来了一个小偷，他撞①了一下房东，房东身上的钱早已跑到他手里。小偷来到一家小酒店喝酒。酒店外的大街上，一个乡下人在乞讨，小偷也来围观，他把钱给了乡下人。不久，他们看到了政府公告②："取消洋钱，改用法币③。"

……

五

何家客厅。全家又在吃年夜饭。融融随着收音机里的歌声唱着、跳着。父亲问她："你说，今年比去年好吗？比去年快活吗？"融融点点头。

父亲追问："为什么呢？"

"今年爸爸回来了，大家都在一块儿了！"

听了融融的话，父亲非常高兴："但愿明年比今年更好，更快活！你也更聪明，更幸福。"

父亲对融融说："去睡吧，明天早一点起来，穿新衣，吃年糕。"

祖父还是那身穿着，人显得更苍老了——头发更加花白，脸上的皱纹也比一年前多了。一年一度的新年又来临了，他照例想到应该给孙女压岁钱……祖父来到书房，他手里拿的已不是银元，而是几张法币。他用红纸包好，用毛笔写上"年年如意"几个字。

---

① 撞（zhuàng）: to bump
② 公告（gōng gào）: announcement
③ 法币（fǎ bì）: legal tender

64. 边　城^①

Border Town

　　在湘西^②边境，有一个小山城——"茶峒"^③，旁边有一条小溪，溪边有座白色小塔，塔下住了一户人家。这人家只有一个老人，一个女孩子，一只黄狗。

　　小溪是连接四川和湖南^④来往的孔道^⑤，限于财力不能搭桥，就安排了一只渡船^⑥。这渡船一次连人带马，可以载^⑦二十位搭客^⑧过河，人多时就反复来去。

　　管理^⑨这渡船的，就是住在塔下的那个老人。活了七十年，从二十岁起便守在这小溪边，五十年来不知渡了多少人。年纪虽那么

---

① 本文节选自沈从文中篇小说《边城》（1934）并简写。
　　沈从文：Shen Congwen（1902—1988），中国现代作家、文物学家。
② 湘西（xiāng xī）：Western Hunan
③ 茶峒（chá dòng）：name of a place
④ 湖南（hú nán）：Hunan Province
⑤ 孔道（kǒng dào）：access to
⑥ 渡船（dù chuán）：ferryboat
⑦ 载（zài）：to load
⑧ 搭客（dā kè）：passenger
⑨ 管理（guǎn lǐ）：to manage

老了，本来应当休息了，但天不许他休息，他从不思索①自己的职务对于他本人的意义，只是静静地在那里活下去。他唯一的朋友是一只渡船与一只黄狗，唯一的亲人便是那个女孩子。

女孩子的母亲，老船夫的独生女②，十五年前同一个军人，秘密地发生了关系。有了小孩后，这军人约她一同逃走。但逃走的行为，一个违背③了军人的责任，一个必得离开孤独的父亲。军人见她没有远走的勇气，自己也不愿意毁④了军人的名誉⑤，心想：一同去生无法在一起，一同去死，无人可以阻拦。于是，他就服了毒⑥。女的关心腹中⑦的孩子，不忍心死。父亲知道了，什么也不说，好像没有听到过这事情一样，仍然平静地过日子。女儿等到小孩生下后，到溪边喝了许多冷水死去了。孩子长大成人，转眼间便十三岁了。因为住处有很多绿色的竹子，老船夫为这个孩子取了一个名字，叫作"翠翠"。

翠翠天真活泼，从来不想到残忍⑧的事情，从不发愁，从不生气。

老船夫不论⑨晴雨，必守在船头。有人过渡时，便把船渡过小溪。有时疲倦⑩了，躺在溪边的大石上睡着了。有人在岸上招手喊

---

① 思索（sī suǒ）：to speculate
② 独生女（dú shēng nǚ）：only daughter
③ 违背（wéi bèi）：to go against
④ 毁（huǐ）：to destroy
⑤ 名誉（míng yù）：reputation
⑥ 服了毒（fú le dú）：to take poison
⑦ 腹中（fù zhōng）：womb
⑧ 残忍（cán rěn）：cruel
⑨ 不论（bù lùn）：no matter
⑩ 疲倦（pí juàn）：tired

过渡，翠翠就跳下船，替祖父把路人渡过溪，从不误事①。有时又和祖父、黄狗一同在船上，和祖父一同划船。

无人过渡，祖父同翠翠便坐在门前的大岩石上晒太阳。或者翠翠与黄狗听祖父说多年以前的战争故事，或者祖父同翠翠两人，用小竹做成竖笛②，吹着迎亲③送女的曲子。过渡人来了，老船夫到船边去，翠翠喊着："爷爷，爷爷，你听我吹，你唱!"

爷爷到溪中央，便很快乐地唱起来。

有时过渡的是小牛，是羊群，是新娘子的花轿④。翠翠站在船头，牛羊、花轿上岸后，翠翠便跟着走，目送这些东西走得很远了，才回到船上，把船牵到靠近家的岸边，学小羊叫着，学母牛叫着，或者采一把野花戴在头上，独自装扮新娘子。

边城一年中最热闹的日子，是端午、中秋和过年。三个节日，三五十年前使这地方的人兴奋，直到现在，毫无变化，仍是那地方居民最有意义的几个日子。

端午日，当地的妇女、小孩子，都穿了新衣。任何人家到了这天必吃鱼吃肉。大约上午十一点钟左右，吃了午饭后，全家出城到河边看划船竞赛。这一天，当地有身份的人，也都来看热闹。

赛船过后，城中的长官，为了与民同乐，增加节日的愉快，便把三十只鸭子，放入河中，善于泅水⑤的军民，下水追赶鸭子。谁把鸭子捉到，谁就成为这鸭子的主人。所以，水面上各处是鸭子，各处都有追赶鸭子的人。

---

① 误事（wù shì）: to bungle matters
② 竖笛（shù dí）: vertical flute
③ 迎亲: to escort the bride to the groom's house
④ 花轿（huā jiào）: bridal sedan chair
⑤ 泅水（qiú shuǐ）: to swim

船与船的竞赛，人与鸭子的竞赛。

在这边城里，有一个掌管码头的人，名叫顺顺，他有两个儿子。大儿子十八岁，二儿子十六岁。人们叫大儿子大老，叫二儿子二老。大老和二老结实①如小公牛，能驾船，能泅水，能走长路。两兄弟已长大，父亲就在各方面训练他们，派他们去各处旅行，学划船，学贸易，学习到一个新地方去生活，学习保护身体和名誉。教育的结果，使两个孩子结实如老虎，不骄傲，不浮华，不欺负人，父子三人受到人们的尊敬。

两年前的五月，端午，祖父带翠翠和黄狗进城去看划船。

河边站满了人，天气明朗，翠翠心中充满了快乐。人太多了。不久，黄狗还在身边，祖父却挤得不见了。因为祖父找了一个友人守渡船，他回去看友人，陪他喝酒，友人喝醉了，祖父只好留下来照顾渡船。

天暗了，翠翠还站在码头等祖父。一个人慢慢游近岸边，问："是谁？"

"是翠翠！"

那人知道翠翠在等祖父，劝翠翠进屋去等，翠翠误会了他的好意，骂了他一句。那人说："怎么，你骂人！你不愿意上去，要呆在这儿，水里大鱼来咬了你，可不要叫喊！"

过了一会儿，有人来送翠翠回家，翠翠才知道，刚才的那个人，就是二老。

去年端午，翠翠又同祖父进城看船，翠翠认识了大老。

两年的日子过去，翠翠一天天长大，祖父却在一天天变老。祖

---

① 结实（jiē shi）：burly

父担心他走之后，翠翠的归宿①。

有一天，大老过溪，对老船夫说："老伯伯，翠翠长得真标致②。再过两年，我有空，一定每夜到溪边来为翠翠唱歌。"

他走后，祖父温习大老说过的话，心想：这个人是不是合适？当真把翠翠交给了他，翠翠是不是愿意？

祖父笑着问翠翠："翠翠，假如大老要你做媳妇③，你答应不答应？"

翠翠就说："爷爷，你疯了！再说我就生你的气！"

又是一个端午，祖父进城买东西，翠翠看船。祖父回家时，把东西落④在城里了。过了一会儿，二老把爷爷的东西送来了。他对祖父说："伯伯，你翠翠像个大人了，长得很好看！"又对翠翠说："翠翠，吃了饭，同你爷爷去看划船吧？"

翠翠说："爷爷说不去，去了无人守这个船！"

吃饭的时候，二老派来一个水手看船，祖父与翠翠一同进城去看划船。

一个熟人对祖父说，大老想娶翠翠。

老船夫知道大老的意思，就说："大老的婚事，由大老的爹爹⑤作主，就请了媒人来同我说。要大老自己作主，就站在渡口的高崖⑥上，为翠翠唱三年六个月的歌。"

翠翠去看船，看到了二老，想起了三年前的事。她听见人们在议论二老的婚事："我听别人说，二老欢喜一个撑渡船的。"

---

① 归宿（guī sù）：destination, here means marriage
② 标致（biāo zhì）：beautiful
③ 媳妇（xí fù）：wife
④ 落（là）：to leave behind
⑤ 爹爹（diē die）：dad
⑥ 高崖（gāo yá）：high cliff

过了些日子，大老的爹爹请了媒人，为大老向老船夫提亲。

可是，祖父问翠翠的心意，翠翠总是沉默不语，祖父也不再提了。

老船夫明白翠翠爱二老，不爱大老。

大老和二老也知道了对方喜欢翠翠。

最后，兄弟二人决定遵照当地的习惯，在月夜里同到溪对面的小山上去唱歌，两人轮流唱，谁得到回答，谁便继续唱下去。

一天月夜，翠翠在睡梦中听到了一种美妙的歌声。祖父在床上醒着，他知道那是谁唱的，又忧愁又快乐地听了半夜。

第二天天一亮，翠翠就同祖父说起了昨晚上的梦，祖父温和地笑着。

但老船夫做错了一件事。两弟兄昨晚上去唱歌，哥哥因为先请媒人提亲，这次一定要弟弟先唱。弟弟很会唱歌，他一开口，哥哥更不能开口唱了。翠翠和祖父晚上听到的歌声，全是二老唱的。大老和弟弟回家时，就决定离开茶峒，忘记一切。老船夫误以为昨晚唱歌的是大老，就找到大老，想称赞大老昨夜的歌声。可是，大老冷淡地①说："算了吧，你把宝贝孙女送给会唱歌的。"大老指了指远处的二老。

后来，祖父问翠翠：假如二老为她来唱歌，求婚，她将怎么做。

翠翠吃了一惊，低下头去，心里真愿意听二老来唱歌。

老船夫以为过不了多少日子，自然还会听到二老的歌声。

可是，老船夫和翠翠再也没有听到二老来唱歌。老船夫忍不住，进城去找二老，结果得知大老出了事，不幸淹死了。老船夫吓

---

① 冷淡地（lěng dàn de）：coldly

坏了。他正巧遇到了二老。船夫想和二老说说翠翠，但二老心里想着大老的死，冷冷地说了几句，就离开了。

老船夫懊恼①地赶回家，把大老出事的消息告给翠翠。

祖孙二人的心情受到这件事的影响。

哥哥的死成了二老的一块心病②。二老沿河走了六百里，找寻哥哥的尸体，毫无结果。

不久，二老路过渡口，老船夫同他聊起了那天晚上唱歌的事："二老，翠翠说，五月里有天晚上，做了个梦……说在梦中听到了一个人的歌声！"

二老苦笑了一下。老船夫就说："二老，你不信吗?"

二老说："我怎么不信? 因为我在那边唱过一晚的歌！"

老船夫说："这是真的……这是假的……"

"怎么不是真的? 大老的死，难道不是真的！"

"可是，可是……"老人本是想把事情弄明白，反而被二老误会了。

老船夫赶忙叫翠翠出来，但翠翠那天一早出门去了。二老见翠翠迟迟未出现，等了一会儿，便离开了。

又过了一个月，人心上的病痛，似乎都被时间医治好了。祖父明白翠翠的心思，多次去见二老，但二老对于大老的死难以忘怀。

后来，有一日，二老到了渡口要过渡。翠翠一看到二老，转身就跑了。

得不到翠翠的回应③，老船夫许久也不出现，让二老有些不满。

---

① 懊恼（ào nǎo）: upset
② 心病（xīn bìng）: a sore point
③ 回应（huí yìng）: response

再加上大老的事，二老感到愤愤不平^①。

过了几日，老船夫又进城去二老家，得知二老已经坐船走了几天了。

夜里落起了大雨，翠翠醒来时，天已亮了，雨已停了。翠翠起来，看看祖父似乎睡得很好，开了门走出去。

溪中涨了大水，漫过^②了码头，渡船不见了。翠翠很害怕，再回去找祖父。祖父已死去了。

……

翠翠安安静静地守在溪边，盼着二老归来。

到了冬天，破房屋又重新修好了，可是那个在月下唱歌的年轻人，还没有回来。

这个人也许永远不回来了，也许"明天"回来！

---

① 愤愤不平（fèn fèn bù píng）：to be indignant
② 漫过（màn guò）：to flood

65. 果 园 城①

Fruit Garden City

⟡

这个城叫"果园城"，是一切这种中国小城的代表②。

果园城，听起来是个多么动人③的名字，可又是个有多少痛苦④的地方呵！

在这里住着我的一家亲戚。可怜的孟林太太，她永远穿着深颜色的衣服，喜欢低声说话，用仅仅能够听见的声音。

关于孟林先生，我知道的很少。我只知道他是严厉⑤的人，曾在这里做过小官，对待孟林太太极为残酷⑥，因为她没有生儿子，只有一个女儿。后来，他便因为这个原因，抛弃⑦了她。现在，你知道这个女人的悲惨⑧命运⑨了。当我小的时候，我父亲每年带我来

---

① 本文节选自师陀短篇小说《果园城》（1938）并简写。
  师陀：Shi Tuo（1910—1988），现代著名作家。
② 代表（dài biǎo）：a typical example
③ 动人（dòng rén）：lovely
④ 痛苦（tòng kǔ）：suffering
⑤ 严厉（yán lì）：severe
⑥ 残酷（cán kù）：cruel
⑦ 抛弃（pāo qì）：to abandon
⑧ 悲惨（bēi cǎn）：wretched
⑨ 命运（mìng yùn）：fate

给他们拜年，后来，父亲老了，我仍旧奉命①独自来看他们。

然而，自从父亲死后，我已经三年、五年、七年没有来看她们了——唉，整整七年！

我在河岸上走着，我要用脚踩②一踩这里的土地，我先前曾经走过无数次的土地。

我慢慢向前，这里的一切全对我怀着③情意④。曾经走过无数人的这河岸上的泥土，曾经被一代又一代人的脚踩过，在我的脚下发出沙沙⑤的响声⑥，一草一木全现出笑容向我点头。你也许要说，所有的泥土都走过一代又一代的人，而这里的黄中闪着金星的沙，对于我却大不相同。这里的每一粒沙，都留着我的童年，我的青春，我的生命。

我已经看见那座塔了，我熟悉⑦关于它的各种传说⑧。它看见在城外进行过的无数次战争，许多年轻人就在它的脚下死去；它看见过一代又一代故人的灵柩⑨从大路上走过，它们带着关于它的种种传说，一起到土里去了；它看见多少城内和城外的风光，多少人间的盛衰⑩，多少朵白云从它头上飞过。世界上发生过多少变化，它依然立在那里……

---

① 奉命（fèng mìng）：to follow orders
② 踩（cǎi）：to step on
③ 怀着（huái zhe）：to harbour
④ 情谊（qíng yì）：friendly feelings
⑤ 沙沙（shā shā）：rustle
⑥ 响声（xiǎng shēng）：sound
⑦ 熟悉（shú xī）：familiar with
⑧ 传说（chuán shuō）：legend
⑨ 灵柩（líng jiù）：coffin
⑩ 盛衰（shèng shuāi）：prosperity and decline

我熟悉这城里的每一口井，每一条街道，每一棵树木。它的任何一条街都没有两里半长，每家人家门口坐着女人，她们亲密①地同自己的邻人谈话，一个夏天又一个夏天，一年接着一年，永没有谈完过。她们因此不得不从下午谈到黄昏②。随后，手上、身上、脸上，全是尘土的孩子，催促③她们，一遍又一遍地叫："妈，妈，饿了啊！"

那饥饿的催促对她们并不曾发生影响④，她们继续谈下去，直到去田里耕作⑤的丈夫，赶着牲口⑥从田野⑦上回来。

如果你不熟悉这地方，仅仅是个过路客人，你肯定为这景象⑧感叹⑨不止。

"多幸福的人！多平和的城！"

这里只有一家邮局，然而一家也就足够了。它开在一座老屋里，尽管来的人极少，可是谁都知道它，一个孩子也会告诉你：

"往南，往东，再往北，门口有棵大树。"

如果你的信上没有贴邮票⑩，又忘了带钱，那不要紧，你往里走就好。立刻有个老头向你站起来，这就是邮递员⑪先生，他同时也是邮局的工作人员，可是悠闲⑫得很。他和善地在柜台后面向你望

---

① 亲密（qīn mì）：close
② 黄昏（huáng hūn）：dusk
③ 催促（cuī cù）：to urge
④ 影响（yǐng xiǎng）：effect
⑤ 耕作（gēng zuò）：to farm
⑥ 牲口（shēng kou）：draught animals
⑦ 田野（tián yě）：field
⑧ 景象（jǐng xiàng）：scene
⑨ 感叹（gǎn tàn）：to amaze
⑩ 贴邮票（tiē yóu piào）：to stick a stamp
⑪ 邮递员（yóu dì yuán）：postman
⑫ 悠闲（yōu xián）：in a leisure and carefree manner

着，你问："有邮票吗？"

"有，有，不多吧？"他笑着回答你，好像在向你道歉①。

"忘记带钱了，行吗？"

"行，行。"他不断点头。"信呢？我替你贴上。"

他从抽屉②里找出邮票，给你贴上去。他认识这城里的每一个人。他也并不知道你的名字，甚至你的家，但是表面上总好像知道似的。他会说："别忘了把钱送来呀。"

此外，这里还有一所中学，两所小学，一个诗社③，一家药店，一家照相馆，两个也许四个卖豆腐的地方。它没有电灯，没有工厂，没有像样④的商店。因此，它永远繁荣⑤不起来，不管世界怎样变动，它总是像那城头上的塔一样平静⑥。

猪在路上跑，女人坐在门前聊天，孩子在大路上玩土，狗在街上睡觉。

一到了晚上，全城都黑下来，所有的门都关上，佛寺⑦的钟响起来了，城隍庙⑧的钟响起来了，接着，天主教堂⑨的钟也响起来了。它们有它们的目的，可是，随它们在风声中响也好，在雨声中响也好，它响它自己的，好像跟谁都没有关系。原来，这一天的时光就结束了。

---

① 道歉（dào qiàn）：to apologize
② 抽屉（chōu ti）：drawer
③ 诗社（shī shè）：poetry society
④ 像样（xiàng yàng）：decent
⑤ 繁荣（fán róng）：to prosper
⑥ 平静（píng jìng）：peaceful
⑦ 佛寺（fó sì）：Buddhist temple
⑧ 城隍庙（chéng huáng miào）：Temple for the Town God
⑨ 天主教堂（tiān zhǔ jiào táng）：Catholic church

　　然而，正和这城的命名①一样，这城里最多的还是果园。只有一件事我们不明白，就是它的居民为什么特别喜欢那种小苹果，他们称为沙果或花红的果树。立到高处一望，但见果树从郊区②一直延伸③到市区。假使你恰好④在秋天来到这座城里，你很远很远就能闻到那种香气⑤，葡萄酒⑥的香气。

　　你有空闲时间吗？可以随便选择一个下午，去拜访那年老的园丁。你别为了饥渴摘他的果子，并不是他太小气⑦，也不是他要将最好的留给自己，仅仅为了爱护⑧自己工作的收获，他将使你大大地难堪⑨。他会坐在果树下，告诉你那塔的故事，还有已经死去的人的故事。

　　果园装饰⑩了这座小城。当收获季节来了，果园里便充满工作时的声响，在这一片响声中，又时时可以听见笑语。人们将最大最好的，酸酸的，甜甜的，像葡萄酒般香的，像粉脸般美丽的果实，装进筐⑪里，一船一船运往大城，送上人的食桌。

　　必须承认，这是个有许多规矩⑫的、单调⑬而又沉闷⑭的城市，

---

① 命名（mìng míng）：to name
② 郊区（jiāo qū）：suburbs
③ 延伸（yán shēn）：to extend
④ 恰好（qià hǎo）：happen to
⑤ 香气（xiāng qì）：aroma
⑥ 葡萄酒（pú táo jiǔ）：wine
⑦ 小气（xiǎo qi）：stingy
⑧ 爱护（ài hù）：to take good care of
⑨ 难堪（nán kān）：embarrassed
⑩ 装饰（zhuāng shì）：to decorate
⑪ 筐（kuāng）：basket
⑫ 规矩（guī ju）：custom, established practice
⑬ 单调（dān diào）：monotonous
⑭ 沉闷（chén mèn）：oppressive

令人绝望的城市。

现在，我们到了果园城了。

唉！应该叹气。我来得晚了，收获期已经过去。除我之外，深深的林子里没有第二个人，除了我的脚步，听不出第二种声音。

我懊悔没有悄悄离开这个凄凉①的城了。我已经站在孟林太太的院子里，考虑着该不该打扰②她。

现在我站在像用水冲洗过的院子，夏天的茂盛③已经过去，剩下的只有秋天气息的衰败了。

一瞬间我想起一个姑娘，一个温柔、端庄④的女子。她会做各样衣服，她会绣花⑤，她看见人，或者说话的时候，总是笑着。这就是素姑，孟林太太的女儿，现在二十九岁了。难道她还没有出嫁⑥吗？

我犹豫⑦着站了一会儿。在空荡荡的庭院里，黄叶从空中落下来。房子里仍旧像七年前一样清洁，可以说完全没有变动。长几上供着孟林先生年轻时的照片，照片旁边是两只花瓶，里面插着月季花⑧，大概三个月以前就干枯⑨了。

女仆问我从哪里来，我说明⑩了我的来历⑪，女仆像影子⑫似的

---

① 凄凉（qī liáng）：bleak
② 打扰（dǎ rǎo）：to disturb
③ 茂盛（mào shèng）：luxuriance
④ 端庄（duān zhuāng）：dignified
⑤ 绣花（xiù huā）：to embroider
⑥ 出嫁（chū jià）：(of a girl) to get married
⑦ 犹豫（yóu yù）：to hesitate
⑧ 月季花（yuè jì huā）：China rose
⑨ 干枯（gān kū）：to shrivel
⑩ 说明（shuō míng）：to explain
⑪ 来历（lái lì）：background
⑫ 影子（yǐng zi）：shadow

离开了。大约有五分钟，女仆第二次走出来，向我招手①。

"请里面坐。"她说着便自己走出去。声音是神秘、单调的。

我走进去的时候，孟林太太正坐在大木床上，她并没有变瘦，反而更加胖了，可是一眼就能看出，她失去了一样东西，一种生活着的人所必不可少的精神。她的锐利的目光到哪里去了？我最后一次看见她时，她的端庄、严肃②、灵敏③，又到哪里去了？

她让我坐在桌旁。"几年了？"她困难地问。

她的声音是这么大，她的耳朵原是很好的，现在毫无疑问④已经聋⑤了。

"七年了！"我尽量提高⑥声音回答她。

她茫然⑦地看向我，好像没有听懂。就在这时，素姑从外面走进来，她仍旧走着习惯的步子⑧，但她的全身是呆板⑨的；她的头发没有先前多，也没有先前黑；她的脸更加长、更加瘦了；她的眼角已经有了皱纹⑩，她的眼睛再也没有动人的光。假使人真可以比作花，那她便是花瓶里的月季，已经枯干，我实在惊讶。

"你老了。"她困难地说。

她惨淡⑪地向我笑笑，轻轻地点一下头，默默地在孟林太太旁

---

① 招手（zhāo shǒu）：to wave at someone
② 严肃（yán sù）：serious
③ 灵敏（líng mǐn）：sensitive
④ 毫无疑问（háo wú yí wèn）：no doubt
⑤ 聋（lóng）：deaf
⑥ 提高（tí gāo）：to raise
⑦ 茫然（máng rán）：vacant look
⑧ 步子（bù zi）：gait
⑨ 呆板（ái bǎn）：rigid
⑩ 皱纹（zhòu wén）：wrinkle
⑪ 惨淡（cǎn dàn）：desolate

边坐下。我们于是又沉默了。

我望着坐在孟林太太旁边的素姑，苍白而又憔悴。我感到一种痛苦，一种憎恶，一种不知道对谁的愤怒。

"人都要老的。"我低声回答。

女仆送上茶来。

66. 黑 骏 马

The Black Steed

我常发现，人们有一种误解。

他们总认为，草原是一个摇篮，白云、鲜花、姑娘和醇②酒。

他们很难体会，草原的歌，传达出的心绪③。

灵性④是真实存在的。它徘徊⑤着，化成一种旋律⑥。这灵性没有声音，却带着音乐感，诉说自己的心事——这就是蒙古民歌的起源。它叩击⑦着大地，冲撞⑧着流云，向遥远的天际传去。

古歌《黑骏马》，我第一次听到它，还是在孩提⑨时代。当时我呆住了，静静地站着，直到歌声在风中消逝。

也许，它可以算作一首描写爱情的歌。

---

① 本文节选自张承志中篇小说《黑骏马》（1982）并简写。
　张承志：Zhang Chengzhi（1948—），中国当代著名作家。
② 醇（chún）：mellow
③ 心绪（xīn xù）：mood
④ 灵性（líng xìng）：spirituality
⑤ 徘徊（pái huái）：to linger
⑥ 旋律（xuán lǜ）：melody
⑦ 叩击（kòu jī）：to knock
⑧ 冲撞（chōng zhuàng）：to pound against
⑨ 孩提（hái tí）：in childhood

没想到，很久以后，我居然亲身把这首古歌重复了一遍！

一

二十年啦！我骑着马，蹚①着流水，看着四周，熟悉又陌生的景色——这是草原的水呵！这是我曾经的摇篮……哦，故乡！

山岗上有一个牧羊人，我朝他驰②去。

"朋友，你好！好漂亮的黑马哟！"他说，"我认识它，这是黑骏马！"

黑骏马！我注视着这匹黑马。阳光下，它像黑缎子③一样，闪闪发光。我的黑骏马！

是我，给你取了这个骄傲的名字，十四年过去了。你好吗？你能告诉我，她在哪里吗？索米娅④在哪儿呢？

……多年以前，父亲把我驮⑤在马背上，来到了奶奶家。

"额吉⑥！我把白音宝力格⑦交给你啦。我整天工作，哪有时间管他？"他说。

奶奶高兴得眯了眼，把我揽进⑧怀里。一个黑眼睛的小姑娘，站在旁边。她望着我笑。

"你叫什么名字？"我问。

---

① 蹚（tāng）: to wade through water
② 驰（chí）: to gallop
③ 缎子（duàn zi）: satin
④ 索米娅（suǒ mǐ yà）: a girl's name
⑤ 驮（tuó）: to carry
⑥ 额吉（é jí）: 蒙古语，意思是母亲
⑦ 白音宝力格（bái yīn bǎo lì gé）: a boy's name
⑧ 揽进（lǎn jìn）: to take sb. into arms

"索米娅。你叫白音宝力格对吧?"她的嗓音甜甜的,很好听。

就这样,我成了帐篷里的孩子。我学会了赶羊、捉小牛……

我和索米娅同岁,我们俩一块干活,一块上小学,也都是奶奶的宝贝。

十四年前,我和索米娅十三岁。

十三岁,蒙古儿童第一次得到众人礼遇。有的孩子,神气地骑着大马。唉!我什么时候才有自己的马呢?

一天夜里,风雪很大。

第二天清晨,我推开门,看见一匹漆黑①的马驹子②。我惊叫着,奶奶揩③干它的身体,紧紧地搂在怀里。

她说,这黑马是神送来的,因为白音宝力格到了骑马的年龄。白音宝力格是好孩子,是神给她的男孩,所以神记着给他一匹好马。

小马驹加入了我们的家,我们四个愉快地生活着。

二

十四年,光阴如流水。索米娅如今又怎么样呢?

"大哥,请告诉我,哪个是索米娅和她奶奶的蒙古包④?"我问牧羊人。

"噢——她家已经不在啦!老人早死了。那姑娘嫁人了——嫁到很远的地方去啦!"

---

① 漆黑(qī hēi):pitch-dark
② 马驹子(mǎ jū zi):a foal
③ 揩(kāi):to wipe
④ 蒙古包(měng gǔ bāo):Mongolian yurts

暮色降临，我心情沉重①而坚决②，朝西走着，像古代骑手③，走向自己的末日。

突然，黑骏马竖起前蹄④，冲了出去。正前方，就是索米娅远嫁的地方！

索米娅，我来了。

十七岁的秋天，我们祖孙三人，在篝火⑤旁闲谈。

奶奶突然扯住我们俩，说："索米娅，如果你嫁去了远方，我，我会愁⑥死。我看，你们俩就在家里成亲吧！这样，我一个宝贝也不会丢掉……"

过了些日子，兽医站⑦发给我一个通知：要开办一个训练班，培养兽医，时间是半年。

我对真正的专业学习，十分向往，决定不放过这个机会。

半年后，我将带着魁梧⑧的身体，还有一身本领⑨，回到草原。索米娅，也会更勤劳、更善良和更美丽。我和她将有一个家，在幸福中，照顾好亲爱的奶奶。

索米娅哭了。我着急地喊："索米娅，你这傻瓜！别哭！我早就想好啦！等我回来，就——结婚！"

---

① 沉重（chén zhòng）：heavy-hearted
② 坚决（jiān jué）：resolute
③ 骑手（qí shǒu）：horseman
④ 蹄（tí）：hoof
⑤ 篝火（gōu huǒ）：bonfire
⑥ 愁（chóu）：worried
⑦ 兽医站（shòu yī zhàn）：Veterinary Station
⑧ 魁梧（kuí wú）：robust
⑨ 一身本领（yī shēn běn lǐng）：skilled and capable

三

训练班延长了两个月，我回到草原，已经是五月了。

我学得很好，畜牧局①李局长②说，如果我愿意，可以推荐③我继续上学深造④。

可是，我不愿离开草原。和心爱的姑娘一起，劳动、生活，迎接每一个早晨，这才是我渴望的生活。

到家后，我们郑重地⑤提出了我和索米娅的婚事。

我望她一眼，她望着我，神情非常古怪，那眼光，不仅使我感到陌生，而且含着敌意⑥。

后来，我看见索米娅高高凸起⑦的肚子。我呆住了，盯着她那怀孕至少五六个月的肚子。刹那间⑧，我明白了索米娅古怪的神情和敌意的目光。

索米娅一言不发，脸上全是泪水。

我大怒，抓住她的衣领，发狂地吼叫⑨起来。

索米娅尖叫⑩:"松开! 孩子! 我的孩子!" 她哭叫着，奔⑪到外

---

① 畜牧局（xù mù jú）: Animal Husbandry Bureau
② 局长（jú zhǎng）: bureau director
③ 推荐（tuī jiàn）: to recommend
④ 深造（shēn zào）: to pursue advanced studies
⑤ 郑重地（zhèng zhòng de）: seriously
⑥ 敌意（dí yì）: hostility
⑦ 凸起（tū qǐ）: swollen
⑧ 刹那间（chà nà jiān）: suddenly
⑨ 吼叫（hǒu jiào）: to roar
⑩ 尖叫（jiān jiào）: to scream
⑪ 奔（bēn）: to rush

面去了。

绝望和伤心笼罩了我。索米娅，奶奶，我要走了……

我这一走，就是九年。

四

九年后，我终于又回到了草原。

我找到了小泥屋。我犹豫①着，没有下马。

"你找谁？"是一个女人的声音。

"我找索米娅，达瓦仓②的老婆。她是我的妹妹。"

"啊！白音宝力格，你不是去念大学了吗？"她惊喜地说。

她笑了，继续说："我是林老师，我第一次在这里碰到③大学生，还是小其其格的亲戚。"

其其格是索米娅的大女儿，已经二年级了。她出生时，像一只小猫崽那么小。人们都说，扔了吧，这样的孩子养不活。

奶奶对那些牧人说："住嘴！这是一条命呀！命！你们走开！等我把她养成个人，变成一朵鲜花，再让你们看看！"

后来，有一天，索米娅找到林老师，说："收下其其格做学生吧！她已经七岁了！可以给你提水、烧茶、做饭！"说着，索米娅就哭了。为了把孩子养大，她太艰难了。

推开小泥屋的门，一个小姑娘在忙碌④着。

---

① 犹豫（yóu yù）：to hesitate
② 达瓦仓（dá wǎ cāng）：man's name
③ 碰到（pèng dào）：to meet with
④ 忙碌（máng lù）：busy

林老师高兴地喊：“其其格！这是白音宝力格舅舅^①！”

小姑娘转过身，目不转睛^②地盯着我，她的眼光里，充满惊讶和思索^③。

我说：“其其格，你好。我是……”

小姑娘小声地说：“巴帕，妈妈说过，我的巴帕，会骑着一匹黑骏马来看我们。”

五

门外响起马蹄声。

达瓦仓回来了。一个四十来岁的大汉^④，推门进来。

林老师为我们介绍后，就离开了。

达瓦仓喜气洋洋地招呼我：“快上炕！先喝一碗酒！”我们喝了很多酒。他沉默了一会儿，说：“唉，兄弟！说真的，那个时候，你不该不在哟！那些事，实在不能只甩^⑤给一个女人啊！”

我慢慢地给他倒酒。他继续说着：“那天夜里，我赶路时，听见哭声。走近一看，是个女人，守着一辆坏了的牛车。原来，她是给她奶奶送葬^⑥！黑夜里，路不好，车坏了，又伤心，还抱着一个孩子！我说，姑娘，别哭啦！就当我是这位奶奶的儿子，我来送葬吧！”

送完葬，索米娅便跟他回家了。

---

① 舅舅（jiù jiu）：uncle
② 目不转睛（mù bù zhuǎn jīng）：to stare fixedly at
③ 思索（sī suǒ）：reflection
④ 大汉（dà hàn）：a big and strong man
⑤ 甩（shuǎi）：to leave sth. to sb.
⑥ 送葬（sòng zàng）：to send the dead body to the place of burial or cremation

六

过了那么多年，再见到索米娅，并没有出现什么戏剧性^①的情景。索米娅笑着向我问好。她没有哇地哭出来，更没有扑^②进我的怀里。她好像若无其事^③。

她变了。比以前粗壮^④，声音暗哑^⑤。

但是，当她再看到黑骏马时，她轻轻地抚摸着黑骏马的头。我看见，她的眼睛里都是泪水。

晚上，索米娅带着她的孩子睡觉了。她吹灭了灯，黑暗中，我听见索米娅发出一声长长的叹息。

我说："索米娅！你……说点什么吧！"

过了好久，索米娅低声说："奶奶死了。"

又是沉默。

我开始讲，离开草原后，对奶奶和索米娅的思念，还有愧疚。

我讲着，泪水止不住地流下。

我问："索米娅，你给学校做临时工^⑥，累吗？"

"不，没什么，反正我也要干活的。"

索米娅继续说："那天，我坐着我丈夫的车，离开了咱们的家。因为你走了，我把黑骏马卖了。我只记得，马车走在河水里，很冷，我抱紧其其格，她小小的身体，温暖着我……白音宝力格，我

---

① 戏剧性（xì jù xìng）：dramatic
② 扑（pū）：to jump into one's arms
③ 若无其事（ruò wú qí shì）：as if nothing had happened
④ 粗壮（cū zhuàng）：stout
⑤ 暗哑（yīn yǎ）：hoarse
⑥ 临时工（lín shí gōng）：temporary worker

知道，你讨厌我有这个女儿……"

"不！"我打断他，"我喜欢她，她是个好孩子！她喊我'巴帕'，她也喜欢我。"

索米娅叹了一口气。

她犹豫了一会，说："我丈夫不喜欢这个女儿。他打其其格，还骂她是……野狗养的。我悄悄地对她说：其其格，你有一个巴帕，他骑着黑骏马，在闯荡^①世界。有一天，他会回来看我们……"

这又是一个，难忘的、我们俩的黎明。

七

我在索米娅家住了五夜。

我离开的前一天，学校的林老师请我们大家吃午饭。

她开心地告诉我们一个消息："学校开会，决定把索米娅转为正式职工^②啦！以后，孩子们就要喊你'老师'啦！"

索米娅害羞地坐着，突然说："哎哟！弄错啦！我怎么能……怎么能喊我老师呢？"她双手捂住脸。

可是，我已经在她脸上，看到一种美丽的神采。

我的索米娅，我的姑娘。你走完了那条寒冷的小路，经历了艰难，忍受侮辱——草原上，又成熟了一个新的女人。

古歌《黑骏马》的结尾，骑手发现，他找到的那个女人，并不是他的妹妹。小时候，我不明白。但是，这一次，我亲身经历了歌中的生活以后，我深深地思索着。

---

① 闯荡（chuǎng dàng）: to spread one's wings, to leave home to make one's way in world
② 职工（zhí gōng）: staff

第二天清晨，我牵着黑骏马，告别了大家。索米娅陪我，慢慢地走上小路。

我说了一声："再见吧，索米娅！"就跳上了马背。

黑骏马沿着山坡飞奔。我要去开始新的生活了。

我悄悄地亲吻草地，亲吻我和索米娅的爱情。

我悄悄地哭了。

我想把过去的一切，都倾洒^①在这里，然后怀着一颗更丰富的心，迎接明天。就像古歌中，那个骑着黑骏马的牧人一样。

---

① 倾洒（qīng sǎ）: to pour

七

生活情趣

67. 美猴王的诞生[①]

Birth of Handsome Monkey King

　　东胜神洲[②]海外有一国，名叫傲来国，靠近大海，海中有一座名山，叫花果山。此山正是十洲之祖脉[③]、三岛之来龙[④]。那山顶上有一块仙石，三丈六尺五寸高，上面有九窍八孔[⑤]，按九宫八卦[⑥]。自盘古开天辟地以来，感受天地日月精华，通了灵性，内育仙胎。一天，这块石头迸裂[⑦]开来，产出一块石卵[⑧]，像圆球那样大，因见风化作一个石猴，五官俱备，四肢皆全。石猴学爬学走，拜了四方，两眼发出金光，惊动了天上圣玉皇大帝[⑨]，于是就命令千里眼、顺风耳[⑩]打开南天门去观看。一会儿，千里眼、顺风耳就回来向玉

---

① 本文根据吴承恩的长篇小说《西游记》第一回"灵根孕育源流出，心性修持大道生"（The Divine Root Conceives and the Spring Breaks Forth As the Heart's Nature Is Cultivated, the Great Way Arises）简写。

② 东胜神洲：The Eastern Continent of Superior Body

③ 十洲之祖脉（zǔ mài）：the ancestral artery of the Ten Continents

④ 三岛之来龙：the origin of the Three Islands

⑤ 九窍（qiào）八孔（kǒng）：nine apertures and eight holes

⑥ 九宫八卦（guà）：the Nine Palaces and the Eight Trigrams

⑦ 迸裂（bèng liè）：to burst open

⑧ 石卵（luǎn）：stone egg

⑨ 玉皇大帝：the Greatly Compassionate Jade Emperor

⑩ 千里眼、顺风耳：Thousand-mile Eye and Wind-accompanying Ear

帝报告说:"花果山上一块巨石产下一块石卵,风化为一个石猴,眼运金光,如今吃水吃食,金光潜息①。"玉帝垂恩②,说:"人间万物,是天地精华所生,不足为奇。"

那猴在山中,会行走跳跃,食草木,饮涧泉,采山花,觅树果。与猿鹤③为伴,与麋鹿④为群,晚上睡山崖,早上游石洞。

一天,天气炎热,石猴与一群猴子避暑,在松阴下玩耍,去山涧洗澡。众猴说:"这水不知是哪里的水,我们今日顺着洞边往上走,寻找它的源流⑤玩去吧"。喊了一声,众猴一齐跑来,顺涧爬山,直到源流之处,看到一股瀑布飞泉。众猴拍手叫道:"好水!好水!哪一个有本事的,钻进去能找到源头出来,不伤身体的,我们就拜他为王。"连喊了三声。

石猴忽然从树丛中跳出来,高声叫道:"我进去!我进去!"

石猴闭目跳入那瀑布泉中,忽然睁眼一看,那里面竟然无水无波,却有一座铁板桥,再往桥头一看,好像是一处人家,真是个好地方。再左右看看,只见有一块石碣⑥,上面刻着:"花果山福地⑦,水帘洞洞天"⑧。

石猴非常高兴,跳出水外,对众猴说:"大造化⑨,大造化。"众猴问道:"里面怎么样?水有多深?"

石猴道:"没水!没水!原来是一座铁板桥。桥那边有花有树,

---

① 潜息(qiǎn xī):gradually dying
② 垂恩(chuí ēn):in benevolence and mercy
③ 猿鹤(yuán hè):ape and crane
④ 麋鹿(mí lù):elk
⑤ 源流(yuán liú):the source
⑥ 石碣(jiē):stone tablet
⑦ 福地(fú dì):happy land
⑧ 洞天(dòng tiān):cave heaven
⑨ 大造化:to be in good luck

是一座石房。房内有石锅、石灶、石盆、石碗、石床、石凳。中间有一块石碣,上面刻着:'花果山水帘洞'。真是我们的安身之处,我们都进去住吧,省得我们老受天气的气"。

众猴听了,各个欢喜。都说:"你先去,带我们进去。"众猴跟着石猴跳进去,过了桥,抢夺盆碗,占灶争床,不得安宁,直到精疲力竭①才静下来。石猴端坐上面说:"人而无信,不知其可。你们刚才说,有本事进得来、出得去,不伤身体的,就拜他为王。如今,我找到了这个洞天与大家安睡,何不拜我为王?"

众猴听了石猴的话,就拜他为"千岁大王"。自此以后,石猴登上了王位,就被称为"美猴王"。

美猴王领着一群猴子,独自为王,乐享天真,不止二三百年。一天,与群猴们高高兴兴地举行宴会,美猴王却突然流下泪来。众猴慌忙问猴王:"大王为何烦恼?我们日日在仙山福地,古洞神州,无人拘束,自由自在,是无量之福,大王为何忧虑?"

猴王说:"我们今天虽然不归人王法律,不怕禽兽威胁,将来年老血衰,暗中有阎王②管着,一旦身亡,可不枉③生世界之中,不得久驻天人之内?"

猴群听了,都悲哭。

其中有一只猿猴④跳出来大声说:"大王如此远虑,真是道心开发⑤啊。如今能够不受阎王老子管着的,只有佛、仙、神圣三者,

---

① 精疲力竭(jīng pí lì jié): exhausted, worn out
② 阎王(yán wang): the King of Hell
③ 枉(wǎng): in vain
④ 猿猴(yuán hóu): ape
⑤ 道心开发: the beginning of enlightenment

他们躲过轮回①，不生不灭②，与天地齐寿。"

猴王问："他们住在什么地方？"

那只猿猴说："在古洞仙山之内。"

猴王听了这话，满心欢喜地说："我明日便离开你们下山，云游海角，远走天涯，一定要拜访这佛、仙、神圣三者，学一个不老长生，躲过阎王的管束。"

第二天，众猴采仙桃、摘异果，摆上仙酒仙肴，大设筵席③送大王。

第二天，美猴王早起，独自登上松木筏子④，飘飘荡荡，划向大海中。连日的东南风，送他到西北岸前，就是南赡部洲⑤地界。他跳上岸来，只见海边有人捕鱼、打雁、淘盐，猴王走近，弄个把戏⑥，吓得他们四散奔跑。美猴王抓住一个渔夫，换上他的衣服，走在市里，学人礼，学人话，一心想访问佛、仙、神圣之道，寻找长生不老之方。可是却看见世人都是些争夺名利的人，没一个为生命而生活的人。

猴王在这里不知不觉已经过了八九年多。忽然有一天，走到西洋大海。他想：海外一定有神仙。于是，他独自制作了一个筏子，漂过西海，直到西牛贺洲⑦地界。猴王上岸，走了很长时间。忽然来到一座秀丽的高山，他不怕狼、虫、虎、豹，登上山顶。忽然听见有人说话，急忙进入林中，仔细听，原来是歌唱的声音。猴

---

① 轮回（lún huí）：the Wheel of Reincarnation
② 不生不灭（bù shēng bù miè）：not to be born and not to die
③ 筵席（yán xí）：banquet
④ 筏子（fá zi）：raft
⑤ 南赡部洲（nán shàn bù zhōu）：the Southern Continent of Jambu
⑥ 弄个把戏（bǎ xi）：to make faces
⑦ 西牛贺洲（xī niú hè zhōu）：the Western Continent of Cattle-gift

王满心欢喜，说:"原来神仙在这里。"急忙过去看，原来是一个樵夫①，在那里砍柴。猴王走近叫道:"老神仙! 老神仙!"樵夫慌忙说:"不敢当，不敢当! 我怎么敢当'神仙'二字"。猴王说:"你不是神仙，如何说出神仙的话? 你刚才说非仙即道……"樵夫说:"那是一个神仙教我的，他就住在我附近，他教我遇见烦恼时，把那念一念，散心解困②。"猴王说:"求你指给我那神仙的住处，我好拜访他去。"樵夫说:"不远，不远，这山叫灵台山，山中有个三星洞，洞中有个神仙，名叫菩提祖师③，他的徒弟不计其数。你顺那条小路向南行，不远就是他的家了。"

猴王听了这话，辞谢樵夫，出林找路，过了山坡，大约有七八里远，果然看见一座洞府，洞门紧闭，不远的山崖上立着一块石碑，上面刻着十个大字"灵台方寸山，斜月三星洞"④。猴王十分喜欢，在门外多时，不敢敲门。

一会儿，一个仙童出来，高声叫道:"什么人在这里骚扰?"

美猴王说:"我是一个访道求仙的弟子，不敢在这里骚扰"。

仙童说:"我家师父正在讲道，叫我出来开门，说外面有个修行的来了，让我出来接待。想必就是你了?"

猴王说:"是我，是我。"

童子说:"你跟我进来。"

猴王跟着童子进入洞天深处，走到瑶台⑤下面，见菩提祖师端坐在上，两边有三十个小仙侍立台下。

---

① 樵夫（qiáo fū）: woodcutter
② 散心解困: to lighten cares and to forget weariness
③ 菩提祖师（pú tí zǔ shī）: the Patriarch Subhuti
④ 灵台方寸山，斜月三星洞: the Spirit-Tower Heart Mountain and the Cave of the Setting Moon and the Three Stars
⑤ 瑶台（yáo tái）: jasper dais

猴王一见，立即下拜，叩头不计其数，口中说："师父！师父！"

祖师问："你是哪里人？先说你的乡贯姓名。"

猴王说："弟子是东胜神洲傲来国花果山水帘洞人氏。"

祖师命令："把他赶出去！他是一个说谎的人。哪里能修什么道？东胜神洲到这里，隔两重大海和一个洲，你怎么能到这里？"

猴王叩头道："弟子漂洋过海，四处游历，十几年才来到这里。"

祖师又问："那你姓什么？"

猴王说："我没有性，人骂我，我不恼。人打我，我也不生气。"

祖师说："不是这个性，你父母姓什么？"

猴王说："我也无父母。"

祖师道："既无父母，是树上生的？"

猴王道："我虽然不是树上生的，却是石里长的。我只记得花果山上有一块仙石，它裂开时我就生了。"

祖师暗喜道："这么说，是天地生成的。你起来走走我看。"

猴王跳起来，走了两遍。

祖师笑道："你是个猢狲，我就从你身上给你取了姓氏，教你姓'狲'，去了兽傍，就教你姓孙吧。再给你起个法名①，叫孙悟空好吗？"

猴王道："好，好，好。从今后就叫孙悟空了。"

---

① 法名（fǎ míng）：Dharma name

68. 社　戏①

Village Opera

　　我们鲁镇的习惯，出嫁的女儿都要回娘家过夏天，我便每年夏天跟着我的母亲，住在外祖母的家里。那地方，离海边不远，是个极偏僻的、临河②的小村庄。但对我来说是乐土，因为我在这里不但得到优待，又可以不用念书。

　　和我一同玩的，是许多小朋友。因为有了远客，父母都允许他们少干活儿，伴我来游戏。在小村里，一家的客人，几乎也就是全村人的客人。他们全村都同姓，我们年纪虽然差不多，但论起行辈③来，有的却是叔叔，还有几个是太公④。然而我们是朋友，即使偶尔吵闹起来，打了太公，一村的老老少少，也决没有一个会想出"犯上"⑤这两个字来，而他们也百分之九十九不识字⑥。

---

① 本文节选自鲁迅的短篇小说《社戏》（1922）并简写。
② 临河（lín hé）：riverside
③ 行辈（háng bèi）：seniority in the family or clan
④ 太公（tài gōng）：great grandfather
⑤ 犯上（fàn shàng）：to defy one's elders, insubordinate
⑥ 不识字（bù shí zì）：illiterate

我们每天的事情大概是挖蚯蚓①，挖来穿在小钩②上，趴在河沿上钓虾。虾是水里的呆子，总是用自己的两个钳子③，捧着钩尖送到嘴里去，所以不到半天便可以钓到一大碗。这虾照例④是归我吃的。其次便是一同去放牛，但或者因为牛是高等动物，黄牛水牛都欺生⑤，敢于欺负我，因此我也总不敢离它们太近，只好远远地跟着，站着。这时候，小朋友们便全都嘲笑起我来。

至于我在那里最盼望的事，却是到赵庄去看社戏。

就在我十一二岁的这一年，终于等到了社戏的日子，没想到这天早上却叫不到船。我急得要哭，母亲却一再嘱咐我，说一定不能惹外祖母生气，又不准和别人一同去，说是怕外祖母要担心。

总之，是完了。到下午，我的朋友都去了，戏已经开场了，我似乎听到锣鼓⑥的声音，而且知道他们在戏台下买豆浆⑦喝。

这一天我不钓虾，东西也少吃。吃饭之后，看过戏的少年们也都聚拢⑧来了，高高兴兴地来讲戏。只有我不开口，他们都叹息而且表同情。忽然间，最聪明的双喜提议⑨："大船？八叔的航船不是回来了么？"十几个别的少年也附和⑩，说可以坐这航船和我一同去。我高兴了。然而外祖母又怕都是孩子，不安全；母亲又说，若

① 蚯蚓（qiū yǐn）：earthworms
② 钩（gōu）：hook
③ 钳子（qián zi）：pincers
④ 照例（zhào lì）：as usual
⑤ 欺生（qī shēng）：to be hostile to strangers
⑥ 锣鼓（luó gǔ）：gongs and drums
⑦ 豆浆（dòu jiāng）：soyabean milk
⑧ 聚拢（jù lǒng）：to gather together
⑨ 提议（tí yì）：to propose
⑩ 附和（fù hè）：to echo others' views, to cotton on

叫大人带我们去，他们白天全有工作，要他们熬夜^①，是不合情理的。在这迟疑^②之中，双喜又大声说道："我保证！船又大；迅哥儿向来^③不乱跑；我们又都会游泳！"

外祖母和母亲也相信，便不再反对，都微笑了，我们立刻出了门。

我的很重的心忽而轻松了，身体也似乎舒展^④到说不出的大。一出门，便望见月下停着一只白篷^⑤的航船，大家跳下船，双喜在船头划，阿发在船尾划，年幼的都陪我坐在舱中，较大的聚在船尾。母亲送出来叮嘱"要小心"的时候，我们已经开船，有说笑的，有嚷^⑥的，伴着激水的声音，在左右都是碧绿的田地的河流中，飞一般地向赵庄前进了。但我却还以为船慢。终于，可以望见赵庄的轮廓^⑦了，而且似乎听到歌声和乐器声了，还有几点火，可能便是戏台，但或者也许是渔火。

那声音大概是横笛，宛转，悠扬，使我的心也沉静。

那火接近了，果然是渔火。过了柏树林，赵庄便真在眼前了。

最显眼的，是庄外临河空地上的一座戏台，在远处的月夜中，和周围的空间几乎分不出界限，我怀疑^⑧画上见过的仙境^⑨，就在这里出现了。这时船走得更快，不一会儿，就能看见台上的人了，红红绿绿地动。靠近戏台的河里，一眼望去，都是看戏的人家的

---

① 熬夜（áo yè）：to stay up late
② 迟疑（chí yí）：hesitation
③ 向来（xiàng lái）：always
④ 舒展（shū zhǎn）：to stretch
⑤ 篷（péng）：awning
⑥ 嚷（rǎng）：to shout
⑦ 轮廓（lún kuò）：outline
⑧ 怀疑（huái yí）：to suspect, to seem
⑨ 仙境（xiān jìng）：wonderland, fairyland

船篷。

"近台没有什么空了，我们远远地看吧。"阿发说。

在停船的匆忙中，我们看见台上有一个黑的长胡子[①]，背上插着四张旗，拿着长枪，和一群人正打仗。双喜说，那就是有名的老生[②]，能连翻八十四个筋斗[③]，他白天亲自数过的。

我们便都挤在船头上看打仗，但那铁头老生却并不翻筋斗，只有几个其他人翻，翻了一会儿，也都进去了。

然而，我并不在乎看翻筋斗，我最想看的是一个人蒙了白布，两手在头上捧着蛇头的蛇精，其次是一个人套了黄布衣跳老虎，但是等了很长时间都没有看到。

我努力地看，也说不出到底看到了些什么，只觉得戏子[④]的脸都渐渐有些模糊了，那五官渐不明显，似乎融成一片。年纪小的几个不断地打哈欠[⑤]，大的也聊起天来。忽然一个红衣服的小丑被绑在台柱子上，被一个花白胡子的人用鞭子打，大家才又振作精神地笑着看。

老旦[⑥]终于出台了。老旦本来是我所最怕的东西，尤其是怕她坐下了唱。这时候，看见大家也都很扫兴[⑦]，才知道他们和我一样。那老旦最开始只是走来走去地唱，后来竟在中间的一把椅子上坐下了。我很担心，双喜他们却小声骂起来。我忍耐地等着，过了好长时间，只见那老旦将手一抬，我以为就要站起来了，不料她却又慢

---

① 长胡子（cháng hú zi）：a man with a long beard
② 老生（lǎo shēng）：aged male role in traditional Chinese opera
③ 筋斗（jīn dǒu）：somersault
④ 戏子（xì zi）：players
⑤ 打哈欠（dǎ hā qian）：to yawn
⑥ 老旦（lǎo dàn）：aged female role in traditional Chinese opera
⑦ 扫兴（sǎo xìng）：disappointed

慢地放下在原地方，仍旧唱。全船里几个人不住地叹气，其余的也打起哈欠来。双喜终于熬不住了，说道，怕她会唱到天明还不完，我们走吧。大家立刻都赞成，三四人奔向船尾，摇着桨①，骂着老旦，出发了。

月还没有落，而一离赵庄，月光又显得格外地皎洁。回望戏台在灯火光中，却又如初来未到时一般，又缥缈得像一座仙山楼阁，被红霞罩着了。吹到耳边来的又是横笛，我疑心老旦已经进去了，但也不好意思说再回去看。

船走得并不慢，但周围的黑暗却很浓，可知已经到了深夜。他们一面议论着戏子，或骂，或笑，一面加紧摇船。这一次船头激起的水声更加响亮，那航船，就像一条大白鱼背着一群孩子在浪花里蹿②，连几个老渔夫，也为我们喝彩③。

快到平桥村时，船行却慢了，摇船的都说很累，因为太用力，而且很久没有吃东西。有人说，罗汉豆④长势正好，也有柴火，我们可以偷一点来煮着吃。大家都赞成，立刻停船上岸。

"阿发，这边是你家的，这边是六一家的，我们偷哪一边的呢？"双喜问。

阿发在两边田里比较了一下，说道："偷我们的吧，我们的大得多呢。"大家便在阿发家的豆田里各摘了一大捧⑤。双喜以为在阿发家偷得够多了，于是大家便到六一公公的田里又偷了一些。

我们中间几个年长的仍然慢慢摇着船，几个到后舱去生火，年

---

① 桨（jiǎng）：oars
② 蹿（cuān）：to leap through
③ 喝彩（hè cǎi）：to cheer
④ 罗汉豆（luó hàn dòu）：broad bean
⑤ 捧（pěng）：a handful of

幼的和我都剥豆①。不久豆熟了，便任凭②航船浮在水面上，都围起来用手捧③着吃。吃完豆，又开船。

"都回来了！哪里会错？我保证没问题的！"双喜在船头上忽然大声说。

我向船头一望，桥上站着一个人，竟是我的母亲，双喜便是对着她说话。停了船，我们纷纷上岸。母亲有些生气，说是怎么回来得这样迟，但也就高兴了，笑着邀大家去吃炒米。

大家都说已经吃了点心，又困得很，不如早点睡的好，就各自回去了。

第二天，六一公公看见我，笑道："迅哥儿，昨天的戏好么？"

我点一点头，说道："好。"

"豆好吃吗？"

我又点一点头，说道："很好。"

不料，六一公公竟非常感激起来，得意地说道："这真是大市镇里出来的读书人才识货④！我的豆种是粒⑤粒挑选过的，乡下人还说我的豆比不上别人的呢。我今天也要送些给我们的姑奶奶尝尝去……"

等到母亲叫我回去吃晚饭的时候，桌上便有一大碗煮熟了的罗汉豆，就是六一公公送给母亲和我吃的。但我吃了豆，却并没有昨夜的豆那么好。

真的，一直到现在，我实在再没有吃到那夜似的好豆，——也不再看到那夜似的好戏了。

---

① 剥豆（bāo dòu）：to shell the beans
② 任凭（rèn píng）：to let
③ 捧（pěng）：to hold sth. in both hands
④ 识货（shí huò）：to know what's good
⑤ 粒（lì）：seed, or classifier for small round things (peas, grains)

69. 我 的 祖 父[①]

My Grandfather

一

呼兰河是中国北方的小城。这小城并不怎样繁华，只有两条大街。一条从南到北，一条从东到西。而最有名的算是十字街，街上集中了全城的精华，有金银首饰店、布庄、油盐店、茶庄、药店，也有拔牙的洋医生。

除了十字街之外，还有从南到北的东二道街和西二道街。

东二道街上有大泥坑[②]一个，时常有马倒在泥污之中。这时候有些过路的人，就走上前来，帮忙施救[③]。这些帮忙救马的人，都是些普通的老百姓，是这城里卖菜的、瓦匠[④]、车夫。他们脱了鞋子，走下泥坑，合力把马抬起来。

① 本文节选自萧红的小说《呼兰河传》（1940）并简写。
　　萧红：Xiao Hong（1911—1942），中国现代著名女作家。
② 泥坑（ní kēng）: a mud pit
③ 施救（shī jiù）: to rescue
④ 瓦匠（wǎ jiàng）: bricklayers

下大雨的时候，泥坑不但阻碍①了车马，而且也阻碍了行人。来往过路的人，一走到这里，就像在人生的路上碰到②了打击③，是要奋斗④的。咬紧牙根⑤，全身的精力集中起来，手抓着人家的板墙⑥，心脏扑通⑦扑通地跳，头不要晕⑧，眼睛不要花，要沉着⑨迎战⑩。

呼兰河还有一些寂寞⑪的小胡同，又冷清⑫，又寂寞。

一个卖麻花的在胡同里喊，走过谁家的门口，谁家的人都把头探出来看看，间或⑬有人问问价格，或者走过去，好像要买似的，拿起一个来摸一摸⑭是否还是热的，摸完了也就放下了，卖麻花的也绝对⑮不生气。

一个已经脱完⑯了牙齿的老太太，买了其中的一个，用纸裹⑰着拿到屋子去了。她一边走着一边说："这麻花真干净，油亮亮的。"然后，招呼她的小孙子："快来吧"。

---

① 阻碍（zǔ ài）：to hinder
② 碰到（pèng dào）：to encounter
③ 打击（dǎ jī）：blow
④ 奋斗（fèn dòu）：to struggle, to strive
⑤ 咬紧牙根（yǎo jǐn yá gēn）：to clench one's teeth
⑥ 板墙（bǎn qiáng）：siding wall
⑦ 扑通（pū tōng）：to thump
⑧ 晕（yūn）：dizzy
⑨ 沉着（chén zhuó）：to be steady and calm
⑩ 迎战（yíng zhàn）：to meet the challenge
⑪ 寂寞（jì mò）：lonely
⑫ 冷清（lěng qing）：still and quiet
⑬ 间或（jiàn huò）：occasionally
⑭ 摸一摸（mō yī mō）：to touch, to feel with the hand
⑮ 绝对（jué duì）：absolutely
⑯ 脱完（tuō wán）：to lose all
⑰ 裹（guǒ）：to wrap

那卖麻花的人看见老太太很喜欢麻花，于是就又说："是刚出锅的，还热着哩！"

过去了卖麻花的，也许又来了卖凉粉①的、卖豆腐的。

卖豆腐的收摊②了，一天的事情也就结束了。家家户户吃完了晚饭，就去看晚霞③。

这地方的晚霞是很好看的，有一个土名④，叫火烧云。这里的火烧云变化极多，许多孩子爱看。

可是，天空偏偏⑤又不常常等待着那些爱好它的孩子。一会儿工夫⑥火烧云就下去了。

于是孩子们困了，回屋去睡觉了。还没能进屋的，就靠在姐姐的腿上，或者是依在祖母的怀里，睡着了。

呼兰河的人们就是这样，春夏秋冬、风霜雨雪地过着。冬天来了就穿棉衣裳，夏天来了就穿单衣裳。就好像太阳出来了就起来，太阳落了就睡觉似的。

呼兰河除了这些平凡的生活琐碎⑦之外，在精神上，也还有不少的盛举，如唱秧歌、放河灯、野台子戏……

就说七月十五放河灯吧。一到了黄昏，天还没有完全黑下来，去看河灯的人就络绎不绝⑧了。火烧云刚刚落下去，个个街道都活了起来，好像这城里发生了大火，人们都赶去救火的样子。

---

① 凉粉（liáng fěn）：bean jelly
② 收摊（shōu tān）：to pack up the stall
③ 晚霞（wǎn xiá）：sunset glow
④ 土名（tǔ míng）：local name
⑤ 偏偏（piān piān）：as it happened
⑥ 一会儿工夫（yī huìr gōng fu）：in a little while
⑦ 琐碎（suǒ suì）：trifles
⑧ 络绎不绝（luò yì bù jué）：to go to and fro in constant streams

　　大家一齐等候着，等候着月亮高起来，河灯也就放下来了。河灯之多，有数不过来的数目，大概是几千、几百只。两岸上的孩子们，拍手欢迎。大人都看出了神①，一声不响，陶醉②在灯光河色之中。真是人生何世，会有这样好的景况③。

二

　　呼兰河这小城里边住着我的祖父。

　　我生的时候，祖父已经六十多岁了，我长到四五岁，祖父就快七十了。

　　我家有一个大花园，花园里有樱桃④树、李子树，但是樱桃和李子都不大结果子。

　　祖父一天都在后园里，我也跟着祖父在后园里。祖父戴一个大草帽，我戴一个小草帽。祖父栽⑤花，我就栽花。祖父拔⑥草，我就拔草。当祖父种小白菜的时候，我就跟在后边，把那下了种的土窝，用脚一个一个地溜⑦平。

　　小白菜长得非常快，没有几天就冒了芽。一转眼⑧就可以拔下来吃了。

　　祖父的眼睛是笑盈盈⑨的，祖父的笑，常常笑得和孩子似的。

---

① 出了神（chū le shén）：to be spellbound
② 陶醉（táo zuì）：to be intoxicated
③ 景况（jǐng kuàng）：situation
④ 樱桃（yīng táo）：cherry
⑤ 栽（zāi）：to plant
⑥ 拔（bá）：to pull up
⑦ 溜（liū）：to smooth
⑧ 一转眼（yī zhuǎn yǎn）：in a moment
⑨ 笑盈盈（xiào yíng yíng）：smiling

祖父是个长得很高的人，身体很健康，手里喜欢拿着个手杖①。遇到了小孩子，每每②喜欢开玩笑，说："你看天空飞着一只家雀③。"

趁那孩子往天空一看，就伸出手去，把那孩子的帽取下来，有的时候放在长衫的下边，有的时候放在袖口里，他说："家雀叼走了你的帽啦。"

孩子们都知道了祖父的这一手④了，并不以为奇，就抱住他的大腿，向他要帽子，一直到找出帽子来为止。

祖父不怎样会理财⑤，一切家务都由祖母管理⑥。祖父只是自由自在地一整天闲着。我想，幸好我长大了，我三岁了，不然祖父该多寂寞。我会走了，我会跑了。我走不动的时候，祖父就抱着我。我走动了，祖父就拉⑦着我。一天到晚，门里门外，寸步不离⑧，而祖父多半⑨是在后园里，于是我也在后园里。

我喜欢和祖父待在后园里。一到了后园里，立刻就是另一个世界了。决不是那房子里的狭窄⑩的世界，而是宽广的，人和天地在一起。天地是多么大，多么远，用手摸不到天空，而土地上所长的又是那么繁华⑪，一眼看上去，是看不完的，只觉得眼前鲜绿的

---

① 手杖（shǒu zhàng）：walking stick
② 每每（měi měi）：often
③ 家雀（jiā què）：sparrow
④ 这一手（zhè yī shǒu）：the trick
⑤ 理财（lǐ cái）：to manage money matters
⑥ 管理（guǎn lǐ）：to manage
⑦ 拉（lā）：to pull
⑧ 寸步不离（cùn bù bù lí）：to keep close to
⑨ 多半（duō bàn）：most of the time
⑩ 狭窄（xiá zhǎi）：narrow
⑪ 繁华（fán huá）：flourishing

一片。

一到后园里，我就奔了出去，好像有什么在那儿等着我似的。其实我是什么目的也没有，只觉得这园子里边无论什么东西都是活的。

可是到了冬天，大雪落下，后园就被埋住了，通到园去的后门，也封起来了。

第二年夏天，祖母去世了。祖母一死，家里来了许多亲戚，我一下子①多了许多同伴，他们带我上树、爬墙、捉鸽子、捕家雀。后花园虽然大，已经装不下我了。

我跟着他们到井边、粮食房，有时候也来到了街上。这是已经离开家了，不跟着家人在一起，我是从来没有走过这样远的。

不料，除了后园之外，还有更大的地方。我站在街上，不是看热闹，不是看那街上的行人车马，而是心里边想：是不是将来一个人也可以走得很远？

祖母死了，我就跟着祖父念诗。早晨念诗，晚上念诗，半夜醒了也是念诗。祖父教我的有《千家诗》②，并没有课本，祖父念一句，我就念一句。

祖父说："少小离家老大回……"

我也说："少小离家老大回……"

都是些什么字，什么意思，我不知道，只觉得念起来那声音很好听。所以很高兴地跟着喊。我喊的声音，比祖父的声音更大。我一念起诗来，我家的五间房都可以听见，祖父怕我喊坏了喉咙③，常

---

① 一下子（yī xià zi）: in a short while, all of a sudden
② 《千家诗》（qiān jiā shī）: 唐宋名家诗歌选集，明代以来流传极广的儿童普及读物。
③ 喉咙（hóu long）: throat

常警告着我说：“房盖①被你抬走了。”

听了这笑话，我笑了一会儿，过不了多久，就又喊起来了。

夜里也是照样地喊，母亲吓唬②我，说再喊她要打我。

祖父也说：“没有你这样念诗的，你这不叫念诗，你这叫乱叫。”

但我觉得这乱叫的习惯③不能改，若不让我叫，我念它干什么。每当祖父教我一个新诗，一开头我若听了不好听，我就说：“不学这个。”

祖父于是就换一个。换一个不好，我还是不要。

“春眠不觉晓，处处闻啼鸟④。夜来风雨声，花落知多少。”

这一首诗，我很喜欢，我一念到第二句“处处闻啼鸟”，那“处处”两字，我就高兴起来了。觉得这首诗，实在是好，真好听。“处处”该多好听。

念了几十首之后，祖父开讲⑤了。

“少小离家老大回，乡音无改鬓毛衰⑥。”

祖父说：“这是说小时候离开了家到外边去，老了回来了。家乡的口音还没有改变，胡子可白了。”

我问祖父：“为什么小的时候离家？离家到哪里去？”

祖父说：“好比爷爷像你那么大离家，现在老了回来了，谁还认识呢？儿童相见不相识，笑问客从何处来。小孩子见了就说：你这个白胡子老头，是从哪里来的？”

① 房盖（fáng gài）：roofs
② 吓唬（xià hu）：to frighten
③ 习惯（xí guàn）：habit
④ 春眠不觉晓，处处闻啼鸟：Spring morn, I find myself o'ersleep; Here and there birds twitter or cheep.
⑤ 开讲（kāi jiǎng）：to start to explain
⑥ 鬓毛衰（bìn máo cuī）：one's hair has grown thin

我一听觉得不大好，赶快就问祖父："我也要离家吗？等我胡子白了回来，爷爷你也不认识我了吗？"心里很恐惧。

祖父一听就笑了："等你老了还有爷爷吗？"

祖父说完了，看我还是不很高兴，又赶快说："你不离家的，你哪能离家……快再念一首诗吧！春眠不觉晓……"

我一念"春眠不觉晓"，又是大叫，完全高兴，什么都忘了。

除了念诗以外，我还很喜欢吃。

有一天一只小猪掉井里，死了。祖父把那小猪抱到家里，用黄泥裹起来，烧好了给我吃。

我从来没有吃过那么香的东西，从来没有吃过那么好吃的东西。

第二次，又有一只鸭子掉井里了，祖父也用黄泥包起来，烧给我吃了。相比小猪，我更喜欢吃鸭子。

吃鸭子的印象非常深。等了好久，鸭子再不掉到井里。我看井沿①有一群鸭子，就往井里边赶。可是鸭子不进去，围着井口转。我就招呼了旁边看热闹的小孩子，我说："帮我赶哪！"

这时候，祖父到了，说："你在干什么？"

我说："赶鸭子，鸭子掉井，捞②出来好烧着吃。"

祖父说："不用赶了，爷爷抓个鸭子给你烧着吃。"

我不听他的话，还是追在鸭子的后边跑着。

祖父上前来把我抱在怀里，一面给我擦着汗一面说："跟爷爷回家，抓个鸭子烧上。"

我想：不掉井的鸭子，抓都抓不住，可怎么能规规矩矩③让烧

---

① 井沿（jǐng yán）：well edge
② 捞（lāo）：to be fished out
③ 规规矩矩（guī guī jǔ jǔ）：to be well-behaved, here means "without a struggle"

呢？于是我喊着："我要掉井的！我要掉井的！"

三

呼兰河这小城里边，以前住着我的祖父，现在埋着我的祖父。

我生的时候，祖父已经六十多岁了。我长到四五岁，祖父就快七十了。我还没有长到二十岁，祖父就七八十岁了。祖父一过了八十，祖父就死了。

从前那后花园的主人，而今①不见了。老主人死了，小主人逃荒②去了。

那园里也许还是年年仍旧，也许现在完全荒凉了。

小黄瓜，也许还是年年地种着，也许现在根本没有了。

那早晨的露珠……那午间的太阳……那黄昏时候的红霞，是不是还一会儿变出一匹马来，一会儿变出一只狗来……

这一些不能想象了。

呼兰河和祖父，充满了我幼年的记忆，至今难以忘却③。

---

① 而今（ér jīn）：at the present time
② 逃荒（táo huāng）：to get away from a famine-stricken region
③ 忘却（wàng què）：to forget

70. 儿歌与游戏①

Children's Songs and Games

一、保姆与儿歌

"鹅大妈"（Mother Goose）不只存在于西方，她是一位无处不在的老妈妈，她既是亚洲人，也是欧洲人、美洲人——哪里有母亲、祖母和保姆，哪里就有"鹅大妈"。我们家的鹅大妈保姆殷太太曾给我们的儿子唱过一首这样的儿歌——

小老鼠，上灯台，

偷油吃，下不来，

哭着闹着叫奶奶，

奶奶赶集还在外。

小鼠急得直挠腮②，

急中生智把头拍。

---

① 本文节选自美国传教士泰勒·何德兰《中国的男孩和女孩》（*The Chinese Boy and Girl*）（New York: Fleming H. Revell Company, 1901）。

泰勒·何德兰（Isaac Taylor Headland, 1859—1942），美国卫理公会传教士，1888年来华，在北京汇文书院（The Methodist Peking University）担任文科和神学教师。他在北京期间，收集了大量的中国儿歌，撰写了《中国的男孩和女孩》。

② 挠腮（náo sāi）: to scratch one's cheeks in embarrassment or anxiety

卷成小球滚下来，

摇摇晃晃逃得快。

这首儿歌在中国北方家喻户晓①，与英语国家的儿歌《杰克和吉尔》（*Jack and Jill*）非常相近。如果我们随便②问一个中国孩子他会不会唱《小老鼠》，他都可以直接唱给你听，就像以英语为母语的孩子唱《杰克和吉尔》那样流利。孩子们非常喜爱这首儿歌，你要是唱错一个词，他们会马上纠正你。

《小老鼠》这首儿歌中既有警告③，也有惩戒④。小老鼠爬到灯台上偷油吃却下不来，这就是对小老鼠的惩罚。最后小老鼠不停地呼唤奶奶，奶奶却不能来救它，这对于孩子来说可能太残忍了，所以儿歌又让小老鼠卷成球滚下了灯台。

二、男孩子的游戏

孩子们的游戏总是很有趣，男孩子和女孩子各有各的喜好。在孩子们中极为受欢迎的一种游戏是"老鹰⑤抓小鸡"，这个游戏的主题是教育孩子互相保护。

在玩老鹰抓小鸡的时候，孩子们会选出一个孩子当老鹰，一个孩子当母鸡。当母鸡的那个孩子，通常在所有的孩子中是个子最高、最强壮的。孩子们前后排成一排，"母鸡"排在最前面，每个孩子都紧紧抓着前面那个孩子的衣服，他们当中身手最为敏捷⑥的

---

① 家喻户晓（jiā yù hù xiǎo）：be known to all
② 随便（suí biàn）：randomly
③ 警告（jǐng gào）：warning
④ 惩戒（chéng jiè）：reprimand
⑤ 老鹰（lǎo yīng）：eagle
⑥ 身手敏捷（shēn shǒu mǐn jié）：be quick in action

那个孩子排在最后面。

老鹰抓小鸡的时候，母鸡张开翅膀，挡在老鹰和小鸡之间，根据老鹰的位置和方向，母鸡时而朝向这边，时而朝向那边，不让老鹰接近小鸡，小鸡队伍则甩来甩去——老鹰跑到这边时，后面的小鸡队伍就甩到那边，老鹰赶到那边，小鸡又跑回这边。被老鹰抓住的小鸡不能继续留在队伍里，小鸡抓完了，游戏也结束了。

另一个富有激情的游戏是"猫捉老鼠"，主题是培养孩子的反应能力和想象力。在玩这个游戏的时候，孩子们从同伴中选出两个人，一个是猫，一个是老鼠，其余的孩子围成一个圈，老鼠在圈里活动，猫在圈外活动。孩子们一边手牵手转圈走，一边进行下面的对话：

"现在啥时辰①？"

"现在九点整。"

"老鼠在家吗？"

"老鼠在饭厅。"

在这个过程中，老鼠始终小心翼翼②地和猫保持着最远的距离。孩子们停止转圈和对话的时候，猫便向老鼠猛扑③过去，猫扑来扑去，老鼠逃来逃去，按照规则猫必须跟在老鼠后面按照老鼠的路线跑。猫和老鼠在圈里跑出跑进，经过几个回合④，老鼠最后往往还是被猫"吃"掉了。"吃"的过程是最好玩的部分，每只猫都有自己的风格，吃每一只老鼠的时候也都可以有不同的方式，会"吃"是一只好猫的重要标准。

---

① 时辰（shí chen）：time

② 小心翼翼（xiǎo xīn yì yì）：with the utmost care

③ 猛扑（měng pū）：to pounce on

④ 回合（huí hé）：round

三、女孩子的游戏

女孩子们的游戏也丰富多样,"浇花"是在女孩子中极为流行的一种游戏。在玩浇花游戏的时候,几个小女孩蹲着围成一圈,把双手伸向中间代表花。其中一个女孩围着圆圈走,装作浇花的样子,一边浇一边唱:

我把花儿浇,

早也浇来晚也浇,

为了花儿不枯焦[①],

不怕那个烈日烤。

她吃晚饭的时候找仆人来照看花,没想到她不在的时候有一枝花被人偷走了。回来以后她问仆人:"怎么有枝花不见了?"

仆人说:"从南边来了个骑马的人把花偷走了,我马上去追,可是我怎么追得上一个骑马的人呢?"

她严厉批评了仆人的粗心大意,又唱道:

一盆水来一把锹[②],

辛辛苦苦把花浇,

浇了花儿被人盗。

她去吃午饭的时候又警告仆人小心看管她的花,可是又有一枝花被偷走了,这次是被一个从西边来的人偷走的。

她回来后又斥责了仆人,然后唱道:

一盆水来一把土,

---

① 枯焦（kū jiāo）：dried-up

② 锹（qiāo）：spade

辛辛苦苦把花护①，

护了花儿被人偷。

这个过程一直进行下去，直到所有的花都被偷走了，一枝是被赶车的偷走的，一枝是被赶驴的偷走的，一枝是被赶骡子②的偷走的，还有一枝是被骑骆驼的偷走的，最后一枝小芽则是被小鸡啄③掉的。每次花被偷后仆人都受到严厉斥责，并被警告要更加小心，她每次都保证会好好看管不会出错，可花却一次又一次地被偷走。最后，她被很不光彩地解雇④了，本来承诺给她的工资和推荐信她也都没有拿到。

在浇花这个游戏中，"仆人"这个角色有很大的想象和创造空间，而且被偷走的花越多，仆人的发挥空间越大。在编了很多个理由后，游戏中那个扮演仆人的小女孩最后似乎快要山穷水尽⑤了，她只好把丢失最后一枝花的原因解释为被小鸡啄掉了。

附录：几首中国儿歌：

头子歌

天上日头⑥，地下石头。

嘴里舌头，手上指头。

桌上笔头，床上枕头。

背上斧头，爬上山头。

---

① 护（hù）：to protect

② 骡子（luó zi）：mule

③ 啄（zhuó）：to peck

④ 解雇（jiě gù）：to dismiss

⑤ 山穷水尽（shān qióng shuǐ jìn）：to be at the end of one's resources, to be at one's wit's end

⑥ 日头（rì tou）：the sun

喜上眉头，乐在心头。

圆圆和圆月

圆圆远远叫圆月，叫来圆月来赏月。

圆圆说：月月圆。圆月说：圆圆月。

圆圆说：圆月的眼圆比月圆。

圆月说：圆圆的圆眼赏圆月。

究竟是圆圆、圆月的眼儿圆，还是圆圆的月儿圆。

一个毽①踢八踢

一个毽踢八踢，马兰开花二十一。

二五六，二五七，二八，二九，三十一。

三五六，三五七，三八，三九，四十一。

四五六，四五七，四八，四九，五十一。

五五六，五五七，五八，五九，六十一。

六五六，六五七，六八，六九，七十一。

七五六，七五七，七八，七九，八十一。

八五六，八五七，八八，八九，九十一。

九五六，九五七，九八，九九，一百一。

---

① 毽（jiàn）：shuttlecock

71. 白 鹅①

The White Goose

抗日战争胜利后，我卖掉了三年前在重庆自建的"沙坪小屋"，搬进城里，等候轮船返回家乡。

我对这"沙坪小屋"实在毫无留恋②，因为它太简陋③了，周围的环境也很荒凉。倒是屋里养的一只白鹅，使我恋恋不忘④。

这白鹅，是一位将要远行的朋友送给我的。我亲自抱了这雪白的大鸟回家，放在院子内。它伸长了头颈，左顾右盼⑤，我一看这姿态⑥，想道："好一个高傲⑦的动物！"凡动物，头是最主要的部分。头的形状，最能表明动物的性格。例如狮子、老虎，头都是大的，表示它们强大。麒麟⑧、骆驼，头都是高的，表示它们高超。

---

① 本文根据丰子恺的散文《白鹅》（1946）简写。
② 留恋（liú liàn）：to be reluctant to leave
③ 简陋（jiǎn lòu）：simple, crude, starkly furnished
④ 恋恋不忘（liàn liàn bù wàng）：deeply attached to, unforgettable
⑤ 左顾右盼（zuǒ gù yòu pàn）：to look around
⑥ 姿态（zī tài）：posture
⑦ 高傲（gāo ào）：arrogant, haughty
⑧ 麒麟（qí lín）：legendary creatures, believed to be auspicious and benevolent by ancient Chinese

狼、狐等，头都是尖的，表示它们狡猾^①。猪、乌龟等，头都是缩的，表示它们顽固^②、愚蠢。鹅的头比骆驼更高，与麒麟相似，正是高超的性格的表示。而它的叫声、步态和吃相，更表示出一种傲慢之气。

鹅的叫声，与鸭的叫声大体相似但音调大不相同。鸭的音调琐碎^③而愉快，有小心翼翼^④的意味；鹅的音调严肃郑重^⑤，好像在厉声呵斥^⑥。朋友告诉我，养鹅等于养狗，它也能看守家园。后来我发现真是这样，只要有陌生人进来，鹅必然大声责骂，它叫声的严厉，不亚于狗的狂吠。狗的狂吠，是专门针对陌生人或者坏人的。见了主人，狗会呜呜地乞怜。鹅则不一样，它对所有人都厉声呵斥。

鹅的步态，更是傲慢了。这大体上也与鸭相似。但鸭的步调急速，有局促不安^⑦的意味。鹅的步调从容，大模大样的，正是它的傲慢的性格的表现。我们走近鸡或鸭，这鸡或鸭一定让开逃走，这是表示对人的惧怕。所以我们要捉住鸡或鸭，很不容易。那鹅就不一样，它傲然地站着，看见人走来简直不让。有时非但不让，竟伸过头来咬你一口。这表示它不怕人，看不起人。但这傲慢终究是狂妄的。我们一伸手，就可一把抓住它的头颈，任意处置它。家畜之中，最傲慢的是鹅，最容易捉住的也是鹅。

鹅的吃饭，常常使我们发笑。我们的鹅是吃冷饭的，一日三

---

① 狡猾（jiǎo huá）：crafty

② 顽固（wán gù）：obstinate, stubborn

③ 琐碎（suǒ suì）：trivial, trifling

④ 小心翼翼（xiǎo xīn yì yì）：cautiously, with great care

⑤ 郑重（zhèng zhòng）：serious and solemn

⑥ 厉声呵斥（lì shēng hē chì）：to scold in stern voice

⑦ 局促不安（jú cù bù ān）：to feel constrained and uneasy

餐。它需要三样东西下饭：一样是水，一样是泥，一样是草。先吃一口冷饭，接着吃一口水，然后再到某地方去吃一口泥和草。它的吃法，一点儿也不马虎。比如吃了一口饭，如果水盆放在远处，它一定踏着大步走上前去，饮水一口，再踏着大步走到一定的地方去吃泥、吃草，吃过泥和草，再回来吃饭。这样从容不迫地吃饭，必须有一个人在旁侍候①，像饭馆里的服务员一样。因为附近的狗，都知道我们这位鹅老爷的脾气，它吃饭的时候，狗就躲在篱②边暗中观望，等鹅吃过一口饭，去吃水、吃泥、吃草的时候，狗就敏捷地跑上来吃它的饭。没有吃完，鹅老爷偶然返回得早，就伸长头颈去咬狗，并且厉声叫骂，狗立刻逃往篱边，蹲着静候。看它再吃了一口饭，再走开去吃水、吃泥、吃草的时候，狗又敏捷地跑上来，这回就把它的饭全部吃完，扬长而去③了。等到鹅再来吃饭的时候，饭罐④已经空空如也，鹅便大叫，似乎责备主人给它的饭太少。这时我们便给它添饭，并且站着侍候。因为邻近狗很多，一只狗刚刚离去，另一只狗又来了；邻近的鸡也很多，也常悄悄地来偷吃鹅的饭。我们便将饭罐和水盆放在一起，免得它走远去。然而，它所必需的美味，泥和草，所在的地点远近不定。为了找这美味，它仍是要走远去的。因此，鹅的吃饭，非有一人侍候不可。真是架子十足⑤的！

鹅，不管它如何高傲，我们始终要养它。因为它对我们，物质上和精神上都有贡献。物质上的贡献，是生蛋。它每天或隔天

---

① 侍候（shì hòu）：to serve upon
② 篱（lí）：hedgerow
③ 扬长而去：to go away haughtily
④ 饭罐（fàn guàn）：food container
⑤ 架子十足：air of greatness, pompous, arrogant

生一个蛋，篱边特地放一堆稻草，鹅蹲伏在稻草中，便是要生蛋了。它生完蛋，就起身，大步走进屋里去，大声叫开饭。这时候孩子们把蛋热热地捡起，藏在背后拿进屋子来，说是怕鹅看见了要生气。鹅蛋真是大，有鸡蛋的四倍呢！蛋积得多了，就拿来制盐蛋，炖一个盐鹅蛋，一家人吃不完！工友上街买菜回来说："今天菜市上有卖鹅蛋的，要四百元一个，我们的鹅每天挣四百元，一个月挣一万二，比我们做工的还好呢，哈哈，哈哈。"我们也陪他一个"哈哈，哈哈。"望望那鹅，它正吃饱了饭，在院子里跨方步，看野景，似乎更加神气了。但我觉得，比吃鹅蛋更好的，还是它的精神的贡献。因为我们这屋实在太简陋，环境实在太荒凉，生活实在太冷清了。多亏有这一只白鹅，点缀①庭院，增加生气，慰②我寂寥③。

且说我这屋子，真是简陋极了。篱笆之内，土地面积二十方丈④，屋子只占六方丈。这六方丈上，建着三间平屋，每间前后划分为二室，一共有六室，每室平均一方丈。中央一间，前室特别大些，算是餐厅兼客厅；后室比公共汽车还小，作为家人的卧室。西边一间，划分为二，算是厨房及工友室。东边一间，也划分为二，后室是家人的卧室，前室便是我的书房兼卧房。三年以来，我坐卧写作，都在这一方丈内。我的屋子虽然上不漏雨⑤，可是墙是竹子做的，单薄得很。夏天九点钟以后，东墙上炙手可热⑥，室内好比开放

---

① 点缀（diǎn zhuì）：to bring vitality to

② 慰（wèi）：to bring solace to

③ 寂寥（jì liáo）：loneliness

④ 方丈（fāng zhàng）：(unit of area) around 11 square meters

⑤ 漏雨（lòu yǔ）：leaking

⑥ 炙手可热（zhì shǒu kě rè）：hot enough to scald one's hands

了暖气。这时候反使人希望警报^①，可以到六七丈深的地下室去凉快一下呢。

竹篱之内的院子，薄薄的泥层下面尽是岩石，只能种些番茄、蚕豆之类，却不能种树木。竹篱之外，山坡上岩石起伏，极其荒凉。因此这小屋是孤零零的，远远望来，正像一个亭子。我长年坐守其中，就好比一个亭长。这地点离街约有一里，小路弯弯曲曲，不易寻找，来客极少。风雨之日，道路泥泞，环境更加荒凉。这些日子的孤单冷清，至今回想还觉得可怕。

自从这小屋建成之后，我就辞去^②了教职，恢复了战前的居家生活。我对外极少往来，每日只是读书作画，饮酒闲谈而已。我的时间全部是我自己的，这是我的性格要求，也是我认为的幸福状态。然而这幸福必须两个条件：在和平时期，在大城市里。如今在抗战期，在荒村里，这幸福就伴着一种苦闷——寂寥。为避免这苦闷，我便在读书、作画之余，在院子里种豆，种菜，养鸽，养鹅。而鹅给我的印象最深。因为它有那么庞大的身体，那么雪白的颜色，那么雄壮的叫声，那么轩昂^③的态度，那么高傲的脾气，和那么可笑的行为。在这荒凉冷清的环境中，这鹅竟成了一个焦点。凄风苦雨之日，推窗一望，死气沉沉中只有这伟大的雪白的东西，在雨中昂然独步，好像一个武装^④的守卫，使得这小屋有了保障^⑤，这院子有了主宰^⑥，这环境有了生气。

在小屋卖出的前几天，我把这鹅送给了朋友。送出之后的几天

① 警报（jǐng bào）：air raid alarm
② 辞去（cí qù）：to resign
③ 轩昂（xuān áng）：dignified
④ 武装（wǔ zhuāng）：armed
⑤ 保障（bǎo zhàng）：protection
⑥ 主宰（zhǔ zǎi）：Lord of the yard

内，我有一种异样的感觉。这感觉与诀别一个人的时候的感觉完全相同，不过程度较轻而已。原来一切众生，本是同根，凡属血气，皆有共感。所以这禽鸟比这房屋更能触动人的情感，更能使人留恋。现在我写这篇短文，就好比为一个永诀①的朋友立传，写照②。

---

① 永诀（yǒng jué）：to part and never to meet again
② 写照：to paint a portrait of

73. 泡 茶 馆^①

In Teahouses

　　"泡茶馆"是联大^②学生特有的语言。本地原来似无此说法,本地人只说"坐茶馆"。"泡"是北京话。其含义很难准确地解释清楚。勉强解释,只能说是持续长久地沉浸^③其中,像泡泡菜^④似的泡在里面。"泡蘑菇"^⑤、"穷泡",都有长久的意思。北京的学生把北京的"泡"字带到了昆明,和现实生活结合起来,便创造出一个新的语汇。"泡茶馆",即长时间地在茶馆里坐着。本地的"坐茶馆"也含有时间较长的意思。到茶馆里去,首先是坐,其次才是喝茶(云南叫吃茶)。不过联大的学生在茶馆里坐的时间往往比本地人长,长得多,故谓之"泡"。

　　有一个姓陆的同学,是一怪人,曾经徒步旅行半个中国。这人

---

① 本文节选自汪曾祺的散文《泡茶馆》(1984)并简写。

　　汪曾祺:Wang Zengqi(1920—1997),中国现代作家、戏剧家。

② 联大:即西南联大(1937—1946),National Southwestern Associated University,1937年日本侵华战争全面爆发,中国部分高校——北京大学、清华大学、南开大学,迁往长沙、昆明,组建了一所综合性大学。

③ 沉浸(chén jìn):to immerse

④ 泡菜(pào cài):pickle

⑤ 蘑菇(mó gū):mushroom

真是一个泡茶馆的冠军①。他有一个时期,整天在一家熟识的茶馆里泡着。一起来就到茶馆里去,坐下来,泡一碗茶,吃两个烧饼,看书。一直到中午,起身出去吃午饭。吃了饭,又是一碗茶,直到吃晚饭。晚饭后,又是一碗,直到街上灯火阑珊②,才夹着一本很厚的书回宿舍睡觉。

昆明的茶馆共分几类,我不知道。大别起来,只能分为两类,一类是大茶馆,一类是小茶馆。

正义路原先有一家很大的茶馆,楼上楼下,有几十张桌子。因为在热闹地区,坐客常满,人声嘈杂。所有的柱子上都贴着一张很醒目的字条:"莫谈国事"。

这种大茶馆有时唱围鼓③。我很喜欢"围鼓"这个词。唱围鼓的演员、票友好像是不取报酬④的。只是一群有同好的闲人聚拢来唱着玩。但茶馆却可借来招揽⑤顾客,所以茶馆便于闹市张贴告条⑥:"某月日围鼓"。到这样的茶馆里来,一边听围鼓,一边吃茶,也就叫做"吃围鼓茶"。"围鼓"这个词大概是从四川来的,但昆明的围鼓似多唱滇剧。

我要说的不是那种"大茶馆"。这类大茶馆我很少涉足⑦,而且有些大茶馆,后来大都陆续停闭了。我所说的是联大附近的茶馆。

从西南联大新校舍出来,有两条街,都不长。这两条街上至少有不下十家茶馆。

---

① 冠军(guàn jūn):champion
② 灯火阑珊(dēng huǒ lán shān):lights getting dim
③ 围鼓(wéi gǔ):Wei drums
④ 报酬(bào chóu):payment
⑤ 招揽(zhāo lǎn):to attract
⑥ 告条(gào tiáo):notice
⑦ 涉足(shè zú):to visit

从联大新校舍，往东，折向南，街角右手第一家便是一家茶馆。这是一家小茶馆，只有三张茶桌，而且大小不等，形状不一的茶具也是比较粗糙的。除了卖茶，檐①下挂着大串的草鞋和地瓜②，这也是卖的。张罗③茶座的是一个女人。这女人长得很强壮，她生了好些孩子。身边常有两个孩子围着她转，手里还抱着一个孩子。她经常一边奶着孩子，一边为客人冲茶。她的丈夫，他什么事情也不管，但是每天下午却捧了一个大碗喝牛奶。这情况使我们颇为不解。这个妇人，只凭一天卖几碗茶，卖一点草鞋、地瓜，怎么能喂饱了这么多张嘴，还能供应一个懒惰的丈夫每天喝牛奶呢？怪事！中国的妇女似乎有一种天授④的耐力⑤，多大的负担也压不垮⑥。

由这家往前走几步，斜对面，曾经开过一家专门招徕⑦大学生的新式茶馆。这家茶馆的桌椅都是新的。除了清茶，还卖沱茶⑧、香片、龙井。本地茶客从门外过，伸头看看这茶馆的局面，再看看里面坐得满满的大学生，就会另走一家了。这家茶馆没有什么值得一记的事，而且开了不久就关了。

再往前几步，路东，是一个绍兴人开的茶馆。这位绍兴老板不知怎么会跑到昆明来，又不知为什么在这条小小的街上来开茶馆。他至今乡音未改。大概他有一种"独在异乡为异客"⑨的情绪，所以，对待从外地来的联大学生异常亲热。他这茶馆里除了卖清茶，

---

① 檐（yán）：eaves
② 地瓜（dì guā）：sweet potato
③ 张罗（zhāng luo）：to attend to
④ 天授（tiān shòu）：to be born with
⑤ 耐力（nài lì）：endurance
⑥ 垮（kuǎ）：to collapse
⑦ 招徕（zhāo lái）：to attract
⑧ 沱茶（tuó chá）：Tuo tea
⑨ 独在异乡为异客（dú zài yì xiāng wéi yì kè）：a lonely stranger in a foreign land

还卖一点芙蓉糕①、萨其玛②、月饼、桃酥③，都装在一个玻璃匣子里。我们有时觉得肚子里有点缺空而又不到吃饭的时候，便到他这里一边喝茶一边吃两块点心。有一个善于吹口琴的姓王的同学，经常在绍兴人茶馆喝茶。他喝茶，可以欠账④。不但喝茶可以欠账，我们有时想看电影而没有钱，就由这位口琴专家出面，向绍兴老板借一点。绍兴老板每次都是欣然⑤地打开钱柜，拿出我们需要的数目。我们于是欢欣鼓舞，兴高采烈，迈开大步，直奔南屏⑥电影院。

再往前，走过十来家店铺，有一家茶馆生意特别好。从早到晚，人坐得满满的。也许是因为风水好。这家茶馆正对着街，坐在茶馆，两条街上的热闹都看得见。到这家吃茶的全部是本地人，本街的闲人、赶马的、卖柴的、卖菜的。茶馆的墙壁上张贴、涂抹得乱七八糟。但我却于西墙上发现了一首诗，一首真正的诗：

记得旧时好，

跟随爹爹去吃茶。

门前磨螺壳⑦，

巷口弄泥沙。

是用墨笔写在墙上的。这使我大为惊异了。这是什么人写的呢？

每天下午，有一个盲人到这家茶馆来说唱。他打着扬琴，说唱

---

① 芙蓉糕（fú róng gāo）: lotus cake

② 萨其玛（sà qí mǎ）: egg crisp cake

③ 桃酥（táo sū）: walnut cake

④ 欠账（qiàn zhàng）: to run up bills

⑤ 欣然（xīn rán）: with pleasure

⑥ 南屏（nán píng）: name of a cinema

⑦ 磨螺壳（mó luó ké）: to grind shells

着，这是一种曲艺①，但这种曲艺叫什么名称，我一直没有打听着。他唱的是什么？我有一次特意站下来听了一会儿：

……

良田美地卖了，

高楼大厦拆了，

娇妻美妾跑了，

狐皮袍子当了……

我想了想，这是一首劝戒②鸦片的歌，他唱的是鸦片之害。这是什么时候传下来的呢？说不定是林则徐③时代某一忧国之士的作品。但是这个盲人只管唱他的，茶客们似乎都没有在听，他们仍然在说话，各人想自己的心事。到了天黑，这个盲人背着扬琴，走回家去。

进大西门，是文林街，挨着城门口就是一家茶馆。茶馆墙上的镜框里装的是美国电影明星的照片。除了卖茶，还卖咖啡、可可。这家的特点是，进进出出的，除了穿西服和皮夹克的比较有钱的男同学外，还有把头发卷成一根一根香肠④似的女同学。有时到了星期六，还开舞会。茶馆的门关了，从里面传出《蓝色的多瑙河》和《风流寡妇》舞曲。

由这家茶馆往东，不远几步，面南便可折向钱局街。街上有一家老式的茶馆，楼上楼下，茶座不少。

大学二年级那一年，我和两个外文系的同学经常一早就坐在这

---

① 曲艺（qǔ yì）：Chinese folk art forms

② 劝戒（quàn jiè）：to admonish

③ 林则徐：Lin Zexu（1785—1850），中国清朝时期的政治家、思想家、诗人。1839年3月作为钦差大臣赴广州禁烟，6月3日在虎门销毁2万箱鸦片。

④ 香肠（xiāng cháng）：sausage

家茶馆靠窗的一张桌边，各自看自己的书，有时整整坐一上午，彼此不交语。我这时才开始写作，我的最初几篇小说，即是在这家茶馆里写的。茶馆离翠湖很近，从翠湖吹来的风里，时时带有水浮莲①的气味。

回到文林街。文林街中后来新开了一家茶馆。这家茶馆的特点，一是卖茶用玻璃杯，不用盖碗，也不用壶，不卖清茶，卖绿茶和红茶；二是茶桌较少，且覆有玻璃桌面。在这样桌子上打桥牌②，实在是再适合不过了，因此到这家茶馆来喝茶的，大都是来打桥牌的，这茶馆实在是一个桥牌俱乐部。联大打桥牌之风很盛。有一个姓马的同学每天到这里打桥牌。解放后，我才知道他是昆明学生运动的领导人之一。学生运动搞得那样热火朝天，他每天都只是很闲，很热衷地在打桥牌，谁也看不出他和学生运动有什么关系。

或问：泡茶馆对联大学生有些什么影响？

答曰：第一，可以养其浩然之气。联大的学生自然也是贤愚不等③，但多数是比较正派的。那是一个污浊而混乱的时代，学生生活又穷困得近乎潦倒，但是很多人却能自许清高，鄙视庸俗，并能保持绿意葱茏的幽默感，用来对付恶浊和穷困，并不颓丧灰心，这跟泡茶馆是有些关系的。第二，茶馆出人才。联大学生上茶馆，并不是穷泡，除了瞎聊，大部分时间都是用来读书的。联大图书馆座位不多，宿舍里没有桌凳，看书多半在茶馆里。联大同学上茶馆很少不夹着一本乃至几本书的。不少人的论文、读书报告，都是在茶馆写的。有一年一位姓石的讲师的"哲学概论"④期终考试，我就是

---

① 水浮莲（shuǐ fú lián）: water lotus
② 打桥牌（qiáo pái）: to play bridge
③ 贤愚不等（xián yú bù děng）: some are virtuous, some are foolish
④ 哲学概论（zhé xué gài lùn）: An Introduction to Philosophy

把考卷拿到茶馆里去，答好了再交上去的。联大八年，出了很多人才。研究联大校史，搞"人才学"，不能不了解了解联大附近的茶馆。第三，泡茶馆可以接触社会。我对各种各样的人、各种各样的生活都发生兴趣，都想了解了解，跟泡茶馆有一定关系。如果我现在还算一个写小说的人，那么我这个小说家是在昆明的茶馆里泡出来的。

八

异国情调

74. 玄奘的西游[①]

Xuanzang's Pilgrimage to the West

玄奘[②]是唐朝的一位僧人[③]。他读了翻译成汉文的佛经[④]，觉得不满足，想亲自去印度学习佛经的原文，参拜释迦牟尼[⑤]的遗迹[⑥]。他从现在的新疆出发，走的是一条非常艰难的路，要通过寸草不生的沙漠，越过终年积雪的高山，才能到达印度。许多人劝他不要去，他不肯听，自信可以忍受一切苦难，决定动身。那时他二十六岁。

现在的新疆，唐朝时候称作"西域"，那里有许多国家，统称为"西蕃"[⑦]。唐朝禁止百姓出蕃，所以玄奘每到一地，总有官吏[⑧]劝他回头；如果他溜过去了，当地的官吏就会派人去追他。他的志向非常坚定，一次又一次地感动了劝他的人和追他的人，最终他没有被他们送回长安。

---

① 本文根据叶圣陶编写的儿童故事《玄奘的西游》（1934）略作简写。

② 玄奘：Xuanzang（602—664），唐代（618—907）著名高僧，中国最杰出的佛经翻译家。

③ 僧人（sēng rén）：Buddhist monk

④ 佛经（fó jīng）：the Buddhist scripture

⑤ 释迦牟尼（shì jiā mù ní）：Shakyamuni

⑥ 遗迹（yí jì）：historical remains，relics

⑦ 西蕃（xī fān）：the western regions and western border areas in ancient China

⑧ 官吏（guān lì）：government officials

　　玄奘原来有两个青年僧人做伴。他看他们受不了艰苦的生活，就让他们回去了。玄奘正愁没有人引路，忽然遇见了一个胡人①，自愿一路护送他。这胡人又找了一个骑马的老胡人来，说老头儿往来西域三十多趟，熟悉路途，一切可以向他打听。

　　老头儿说："这条路最险恶，热风来的时候，飞沙像山一般压下来，谁也受不了。成群结队②走还常常会迷路，师父一个人，万万去不得。不要拿自己的生命开玩笑啊！"

　　玄奘说："我立志去往西方，不到婆罗门国③，决不转身回去。即使死在半路，也没有什么懊悔！"

　　老头儿说："既然师父一定要去，骑了我的马去吧。我这匹马往来西域十五趟，已经认识路了。"

　　玄奘谢了老头儿。为了不被巡查④的人发现，他和胡人在夜间出发。半夜他们来到一条河边，有一丈多宽。胡人伐木作桥，在上面铺了草和沙，人和马才过了河。

　　晚上，他们展开被褥⑤，在地上休息，彼此相距五十多步。忽然那胡人轻轻地起来了，手里拿着刀，向玄奘走来；走到离玄奘只有十步的距离时，又转身回去，轻轻地睡下了。玄奘明明知道发生了什么，也不在意。

　　第二天早上，胡人说："前面的路更险恶，又没有水草。只有五座烽火台⑥下有水，却必须在夜里经过，才能偷到一点儿水。如果

---

① 胡人（hú rén）：appellation for the people of various nationalities in the northern frontier and western regions in ancient China
② 成群结队（chéng qún jié duì）：a group of
③ 婆罗门国（pó luó mén guó）：Brahman State
④ 巡查（xún chá）：to patrol
⑤ 被褥（bèi rù）：quilt
⑥ 烽火台（fēng huǒ tái）：the beacon tower

被台上的士兵发觉，那就没有命了！我们不如回去吧。"玄奘不肯。胡人又说："那么我不能跟你去了。我有家庭，也不愿意做违法^①的事。"玄奘知道留也留不住，就让他回去了。

分别的时候胡人问道："师父向前走，如果让他们捉住了，怎么办？"

玄奘答道："即使把我的身体切得粉碎，我也决不走回头的路！"说完就一个人骑着马向着寂寞^②的道路前进。

玄奘望见第一座烽火台了，他怕让守卫的士兵看见，就伏在沙沟里，等到夜间，才偷偷地走到水池旁边。在沙漠里旅行的人遇见了水池，那种欢喜是什么都比不了的。他畅快^③地喝了一会儿水，正要取皮袋盛水，突然有一支箭^④飞来，几乎射中了他的膝盖。一会儿，第二支箭又飞来了。他只得高声喊道："不要射我！我是僧人，从长安来的！"

烽火台上的官兵并不难为他，只劝他不要冒险西行，要把他送回去。玄奘执意不肯，官兵也就放了他。

玄奘到第四座烽火台下的时候，正是夜里，又有他所渴望的水池在他面前了！可是，水还没有到嘴里，烽火台上的箭就飞来了。他只得走上前去求见兵官。那个兵官知道了他的来历，不但没有阻止他，还送了他一个大皮袋和一些吃的用的东西。

从第四座烽火台出来，玄奘走了一百多里，找不到一个水源，不知道往哪里走才好。路上，皮袋里的水又不小心全洒了。不认得路怎么走呢？没有一滴水，怎么生活呢？他回转马头，向第四座烽

---

① 违法（wéi fǎ）: illegal
② 寂寞（jì mò）: lonesome
③ 畅快（chàng kuài）: to one's heart's content
④ 箭（jiàn）: arrow

火台走去。

走了十多里，玄奘想："我先前立下志愿，不到婆罗门国，决不向东一步。现在为什么要向东走呢？我宁可西行而死，怎能东行而生！"就又回转马头，向西北方前进。

这时候玄奘四顾茫茫^①，只见无边的沙漠。一阵风起，沙便像急雨一般落下来。到了夜间，不知道什么东西在沙上发光，闪闪烁烁^②地，和天上的星一样繁密^③。这些他都不怕，只是五天四夜没有喝一滴水，口渴得厉害，连神志都有点不清了。他便倒卧在沙中。半夜里，忽然觉得有一阵凉风吹到他身上，仿佛浇了一桶冷水，他才渐渐清醒过来。这时候，马也站起来了。可喜的是，他骑上马勉强走了几里，遇见了青草和泉水，人和马都能舒服地休息一下了。

这里还只是边境^④呢，从这里再往前去，才到西蕃的边境。玄奘又受了许多的痛苦，经历了许多的苦难，才通过了西蕃的好几个国家，越过终年积雪的高山，达到他所向往的地方。他游历了八九十个国度，走遍了北印度、中印度和东西印度。他熟悉了佛经的原文，最后带回来许多原文的佛经。他在外面一共生活了十七年。

玄奘写过一部《大唐西域记》，是他的旅行记。有一部小说叫《西游记》，也写玄奘西游的故事，读起来很有趣味，但是和历史上玄奘真实的经历相差很远。

---

① 四顾茫茫（sì gù máng máng）：to see nothing but emptiness all around
② 闪闪烁烁（shǎn shǎn shuò shuò）：twinkling
③ 繁密（fán mì）：dense
④ 边境（biān jìng）：frontier

75. 致 泰 戈 尔[①]

To Tagore

太戈尔[②]先生：

您准备十月来华，我们快乐极了。这次改期[③]对我们十分合适，因为学校在十月左右都会开课了。惟一不妥[④]的是天气。北京的冬天和印度的很有差别，虽然同样的令人愉快。您来时当然要带备全副冬装[⑤]才好。我们将在您居住的地方适当地装上暖气[⑥]。

我已答应了讲学社[⑦]，在您逗留[⑧]中国期间充任您的旅伴和翻

---

① 本文节选自徐志摩致泰戈尔的两封书信并简写，英文注释参考徐志摩书信原文（英文）。泰戈尔（Rabindranath Tagore，1861—1941），印度著名诗人、哲学家。泰戈尔于1924年4月12日抵达上海，开始了为期一个月的访华，他先后在上海、南京、北京发表演讲，在中国引起广泛关注。
徐志摩：Xu Zhimo（1897—1931），中国现代诗人，散文家、翻译家。

② 太戈尔：Tagore，现译为泰戈尔

③ 改期（gǎi qī）：reschedule

④ 不妥（bù tuǒ）：drawback

⑤ 全副冬装（quán fù dōng zhuāng）：all winter outfits

⑥ 装暖气（zhuāng nuǎn qì）：to install heating

⑦ 讲学社（jiǎng xué shè）：Lecture Association

⑧ 逗留（dòu liú）：sojourn

译。我认为这是一个莫大的殊荣①。虽然自知力薄能渺②，但我却因有幸获此良机，得以随侍③世上一位伟大无比的人物而难禁④内心的欢欣雀跃⑤。

我算是替您作讲台翻译的人。但要为一个伟大诗人作翻译，这是何等的僭妄⑥！这件事若是能做得好，人也可以试把尼亚格拉大瀑布⑦的澎湃激越⑧或夜莺⑨的热情歌唱迻译⑩为文字了！还有比这更艰困的工作或更不切实际的企图⑪么？不过安排总是要做一点的，因为听众不容易听懂英语。您能明白其中的困难的，是不是？人家告诉我，您通常在演说之前把讲稿拟好⑫。要是我所闻不差而您又体谅⑬我的浅陋⑭，盼望能把预备了向我国听众演说的讲稿寄一份来，这样我的工作就不致太困难了。我会把讲词先译成中文，那么即使在您演讲中我无能传送原文美妙动人的神韵⑮，至少也可以做到表达

---

① 殊荣（shū róng）：privilege
② 力薄能渺（lì bó néng miǎo）：incompetency
③ 随侍（suí shì）：to wait upon
④ 禁（jīn）：to repress
⑤ 欢欣雀跃（huān xīn què yuè）：joy
⑥ 僭妄（jiàn wàng）：overwhelming
⑦ 尼亚格拉大瀑布（ní yà gé lā dà pù bù）：Niagara
⑧ 澎湃激越（péng pài jī yuè）：the grand roars
⑨ 夜莺（yè yīng）：nightingale
⑩ 迻译（yí yì）：to transcribe
⑪ 不切实际的企图（bù qiè shí jì de qǐ tú）：highly impractical attempt
⑫ 把讲稿拟好（bǎ jiǎng gǎo nǐ hǎo）：to write out speech
⑬ 体谅（tǐ liàng）：to be considerate of
⑭ 浅陋（qiǎn lòu）：作者自谦，说自己见闻不广，不够博学
⑮ 原文……神韵（shén yùn）：the original charm and beauty

清楚流畅①。盼早获覆音②。此候
健康

徐志摩敬启
一九二三年七月二十六日
北京石虎胡同七号
松坡图书馆

太戈尔先生台鉴③：

现在已是圣诞佳节了，我早就应该给您写信。但我的疏惰④，当
内省之际⑤，有时连自己都会大吃一惊。有一位英国友人去年一月写
信给我说，他若要等到年底收我的复信，他也不会感到惊奇！他知
道我的习性⑥。

尊函险遭邮误⑦，在十月下旬才到北京，使我们等到急不可
耐⑧。听到你和令郎⑨都在夏季抱疾⑩，因此今年不能启程⑪的消
息，我们不胜怅怅⑫，然而您又满怀好意地答应了明春来华访问，
真使我们欢欣感谢。印度对于这里文学界的动态，可能知之不

---

① 清楚流畅（qīng chǔ liú chàng）：articulate and intelligible
② 盼早获覆音（pàn zǎo huò fù yīn）：to expect to hear from you as soon as possible
③ 台鉴（tái jiàn）：书信称呼，用于收信人姓名之后，表示尊敬
④ 疏惰（shū duò）：neglect and laziness
⑤ 内省之际（nèi xǐng zhī jì）：on reflection
⑥ 习性（xí xìng）：habit
⑦ 尊函险遭邮误（zūn hán xiǎn zāo yóu wù）：letter nearly miscarried
⑧ 急不可耐（jí bù kě nài）：to grow anxious
⑨ 令郎（lìng láng）：(honorific) your son
⑩ 抱疾（bào jí）：to be ill
⑪ 启程（qǐ chéng）：to depart
⑫ 不胜怅怅（bù shèng chàng chàng）：very sorry

详①。这里几乎所有具影响力的杂志都登载②有关您的文章，也有出特刊③介绍的。你的英文著作已大部分译成中文，有的还有一种以上的译本。无论是东方的或西方的作家，没有一个像您这样在我们这个年轻国家的人心中，引起那么广泛真挚④的兴趣。也没有几个作家，像您这样把生气勃勃⑤和无边的鼓舞⑥力量给我们。您的影响使人想到春回大地的光景。我国青年刚摆脱⑦了旧传统，他们像花枝上鲜嫩的蓓蕾⑧，只候南风的怀抱⑨以及晨露⑩亲吻，便会开一个满艳⑪；而您是风露之源，您的诗作替我们的思想与感情加添了颜色。如果作家是一个能以语言震撼读者内心并且提升读者灵魂的人物，我不知道还有哪一位比您更能论证这一点⑫的。这说明我们为什么这样迫切地⑬等候您光临⑭。我们相信您的出现会给这一个黑暗、怀疑和烦躁动乱⑮的世代带来安慰、冷静和喜乐，也会进一步加强我们对伟大事物和生活的信心与希望。这信心和希望是已经通过您的助力而注入⑯了我们的

---

① 知之不详（zhī zhī bù xiáng）：not well informed
② 登载（dēng zǎi）：to publish
③ 特刊（tè kān）：special issue
④ 真挚（zhēn zhì）：genuine
⑤ 生气勃勃（shēng qì bó bó）：vitality
⑥ 鼓舞（gǔ wǔ）：inspiration
⑦ 摆脱（bǎi tuō）：to emancipate
⑧ 鲜嫩的蓓蕾（xiān nèn de bèi lěi）：tender buds
⑨ 怀抱（huái bào）：embrace
⑩ 晨露（chén lù）：morning dew
⑪ 满艳（mǎn yàn）：bright-colored
⑫ 论证（lùn zhèng）：to illustrate
⑬ 迫切地（pò qiè de）：eagerly
⑭ 光临（guāng lín）：presence
⑮ 动乱（dòng luàn）：turmoil
⑯ 注入（zhù rù）：to find its way into

心怀①。

中国近日尚算宁静②,报纸上关于中国政治的报道不足深信③,这种情形在其他地方也是如此。这些报道性的消息即使不是字字谎言，也往往是一些夸张之谈④。

我们肯定，您明春来华会享受旅游之乐。请尽早让我知道您的船期以及其他您认为我们该为您安排的一切事务。现在我等候您寄来讲稿，以便先行迻译。

专此敬候

钧安⑤

徐志摩敬启

一九二三年十二月二十七日

北京城西石虎胡同七号

---

① 心怀（xīn huái）：mind
② 尚算宁静（shàng suàn níng jìng）：relatively peaceful
③ 不足深信（bù zú shēn xìn）：not trustworthy
④ 夸张之谈（kuā zhāng zhī tán）：exaggerations
⑤ 钧安（jūn ān）：书信后对尊者和长者的祝福语，意思是一切平安

76. 欧 行 日 记①

Diary of Journey to Europe

　　这部日记，其实只是半部之半。还有四分之三的原稿，因为几次的搬家，不知散失到什么地方去，再也不能找到。因此，对于这半部之半的"日记"，不免格外②珍惜。

　　写的时候是一九二七年，到现在整整隔了七年。

　　这里面，有许多私生活的记载，有许多私话，却都来不及将他们删去③了。

　　但因此，也许这部旅行日记，便不完全是记行程④，其中也杂着些具有真挚⑤的情感的话。绝对不是着意⑥的经营⑦，从来没有装腔

---

① 本文节选自郑振铎《欧行日记》（1934）并简写。
　郑振铎：Zheng Zhenduo（1898—1958），中国现代作家、文学史家。
② 格外（gé wài）：especially
③ 删去（shān qù）：to delete
④ 行程（xíng chéng）：itinerary
⑤ 真挚（zhēn zhì）：sincere
⑥ 着意（zhuó yì）：intentional
⑦ 经营（jīng yíng）：management, plan

作势①的描叙②——因为本来只是写给一个人看的。

二十三年③九月八日作者自记于上海

五月二十一日

下午二时半，由上海动身。这次欧行，连我自己也没有想到会这么快。七天之前，才有这个动议④，才去预备行装⑤。中间，因为英领事馆⑥领取护照的问题，又忙了几天，也因为领护照的麻烦，曾决定中止这次旅行。然而，却终于走了。

这次欧行，有一点小希望。

（一）希望把自己要研究的文学，作一种专心的研究。

（二）希望能在国外清静的环境里，做几部久欲写而未写的小说。

（三）希望能走遍各国大图书馆，遍阅⑦其中奇书及中国所罕见⑧的书籍，如小说、戏曲之类。

（四）希望多游历欧洲古迹名胜⑨，修养自己的身心。

一个星期以来，即自决定行期以来，每一想及将有远行，心里便如有一块大铅⑩，重重地压住，说不出如何的难过。然而，表面上

---

① 装腔作势（zhuāng qiāng zuò shì）：pretentious
② 描叙（miáo xù）：description and narration
③ 民国二十三年，即1934年。
④ 动议（dòng yì）：motion
⑤ 行装（xíng zhuāng）：baggage, luggage
⑥ 领事馆（lǐng shì guǎn）：consulate
⑦ 遍阅（biàn yuè）：to read in an exhaustive manner
⑧ 罕见（hǎn jiàn）：rare
⑨ 古迹名胜（gǔ jì míng shèng）：scenic spots and historical sites
⑩ 铅（qiān）：lead

却不敢露出这样的情绪①来，因为箴②和祖母、母亲已经暗地里在难过了。所以，昨夜在祖母处与大家闲谈告别，不得不显出十分高兴，告诉他们种种轻快的旅行中事，使他们可以宽心③些。

午饭真的吃不进。吃了午饭不久，便要上船了。

渐渐地，船开始移动了。别了，亲友们！别了，箴！别了，中国，我爱的中国！至少要一二年后才能再见了。

码头渐渐离开船边，码头上的人渐渐小了。我几乎哭了出来，热泪在眼眶中。远了，更远了，而他们还在挥手。我的手挥舞得酸④了，而码头上的人也渐渐地散了，码头也不见了！两岸除了绿草黄土，别无他物。几刻钟后，船便出了黄浦江。

真的离了中国了，离了中国了！

中国，我爱的中国，我们再见了！再见时，我将见你是一个光荣已完全恢复⑤的国家，是一个一切都安宁，自由，快乐的国家！我虽然离了你，我的全心都在你那里，决不会一刻忘记的。我虽离开你，仍将为你而努力！

五月二十二日

早上，起床很晚，他们都已吃过早茶了。匆匆洗了脸。早茶是牛奶、咖啡和几片面包。

午饭在十点，吃的菜比晚餐好，一样果盆⑥，一盆鸡蛋，一盆面和烧牛肉，再有水果、咖啡。仍有两瓶酒，我们分一瓶给邻桌的军

---

① 情绪（qíng xù）: mood, emotion
② 箴（zhēn）: name of the author's wife
③ 宽心（kuān xīn）: to set one's mind at rest
④ 酸（suān）: aching and tired
⑤ 恢复（huī fù）: to restore
⑥ 盆（pén）: dish, plate

官们。

下行李舱去看大箱子，取出了几本书来。

下午四时吃茶，只有牛奶或咖啡及面包。

没有太阳，也不下雨，天气阴阴的，寒暖恰当[1]。我们在甲板[2]上散步。船已入大海，偶然有几只船及小岛相遇。此外，便是水连[3]天，天接[4]水了。

船上有小鸟飞过，几个水手去追它。它飞入海中，飞得很远很远，不见了。我们很担心它会溺死[5]在海中。

晚餐是一盆黄豆汤，一盆生菜、牛肉，一盆炒豆荚[6]，一盆布丁。其余的和昨天一样。生菜做得极好。箴是最喜欢吃生菜的，假定她也在这里，吃了如此的好生菜，将如何的高兴呢！

餐后，我们放开了帆布[7]的躺椅，躺在上面闲谈着。什么话都谈。我们忘记了夜色已经渐渐的灰暗了，墨黑了。偶然抬头望着，天上阴沉沉的，一粒星光也不见。海水微微起伏着，小浪沫飞溅[8]着。远远的有一座灯塔，隔一会儿放一次光明。有一种神秘的伟大，压迫着我。

在船上已经过了三十多个小时了，还一点也没有觉得旅行的苦。据船上的布告[9]，自开船后到今天下午二时，恰恰一天一夜，共走了二百八十四英里，就是离开上海已二百八十四英里了！后天（二十四号）早上六时，才可到达香港。

---

① 恰当（qià dàng）：appropriate
② 甲板（jiǎ bǎn）：deck
③ 连（lián）：to meet
④ 接（jiē）：to connect
⑤ 溺死（nì sǐ）：to drown
⑥ 炒豆荚（chǎo dòu jiá）：fried peasecod
⑦ 帆布（fān bù）：canvas
⑧ 飞溅（fēi jiàn）：to spatter
⑨ 布告（bù gào）：notice

五月二十五日

早起，天气甚好。海水一无波浪，水平如镜，不似在大海中，似在西湖。波间时有小鱼，飞于水面。燕子亦在水面飞着，追着小鱼之类的食物。有时不愿意飞了，便张开双翼，平贴于水面，在水面随波上下休息着。大海中除了天与海外，一无所见。

五月二十六日

上午，在甲板上坐着，开始读法文，向一个红鼻子的法国军官请教。他肯细心的教。我应该记着，他是我第一个法文教师呢！吃饭时，他就坐在我们邻桌。那些军官们都很客气。我们的同伴各都找到了一个、两个法文教师，且都在他们之中找着。

夜，写了一篇《海燕》①。

五月二十八日

昨夜有微雨。上岸去游，看西贡②风物。出了码头不久，即至大街。街上开店者多为广东人，招牌③亦多用中国字，骤④见之，不相信是走在法国人统治的西贡道上。

下午，见到了礼拜堂，总邮局及其他法国人公共场。这时的西贡，是法人的西贡了，与昨夜的完全不同。昨夜的西贡，无异于上海，无异于北京。今日的却大不相同了，直是一个小规模的巴黎城了。

---

① 《海燕》（hǎi yàn）：*Petrel*
② 西贡（xī gòng）：Saigon
③ 招牌（zhāo pai）：shop sign
④ 骤（zhòu）：suddenly

六月一日

早起，洗了一个澡，换了一身衣服。将到新加坡了，大家都立在甲板上。遇三个华侨，他们是复旦学生，预备回家，他们的家即在新加坡。

六月五日

连日被印度洋的波浪，颠簸①得头脑浮涨②，什么事也不能做，连法文也不念了，只希望早日到科仑布③。怕晕船④，终日坐在甲板上——除了吃饭的时候。走路时，两足似乎不踏在实地上，只是飘飘的、浮浮⑤的，如在云雾中。到现在才觉得海行并不快乐！下午，船上又宣布：明日下午二时可到科仑布，这比预定的早到一天。我们是如何的高兴呀！

六月七日

晨起，船已开行，大浪起伏，船甚颠簸。下午狂风，甲板上几乎立不住。看布告板上所示，我们离亚丁尚有二〇三〇哩，至少印度洋上生活再要过六天以上。

终日是黑色的海，重浊⑥的天，真是太单调了。我甚至不敢去望海水，只好常闭着眼。有人说，"清闲是福"。我在此，连书都不能看，字都不能写，终日躺在椅上闭目养神，真是清闲极了。然而，我觉得

---

① 颠簸（diān bǒ）：to rock, to pitch and roll
② 浮涨（fú zhàng）：dizzy
③ 科仑布（kē lún bù）：Kuala Lumpur
④ 晕船（yùn chuán）：seasick
⑤ 浮（fú）：floating
⑥ 重浊（zhòng zhuó）：cloudy

无边①的厌倦。吃了早点，等着早餐的铃声。吃了早餐，又要等着吃午饭的铃声。吃了晚餐后，再盼早早地到了九点、十点，好去睡。并不是为吃、为睡，为的是好将这一日度过！然而这其间的一分一秒、一点两点，是如何的慢呀！幸而，还不至大晕船，饮食还照常。

六月十日

孤舟——舟是不小，比之于大洋，却是一叶之于大江。奔驰于印度洋上，有的是墨蓝的海水，海水，海水。第一天，第二天，第三天，一直如此。没有片帆②，没有一缕③轮烟，连水中的小岛也没有。呵，我们是在大海洋的中央了。我坐在甲板上，船栏外便是那墨蓝色的海水，海水，海水。闭了两眼，一张眼便又看见那墨蓝色的海水，海水，海水。我不愿看见，但它永远是送上眼来。到舱中躺下，舱洞外，又是那奔腾而过的墨蓝色的海水，海水，海水。一切是那样的无生趣，无变化。

六月十四日

约在六点钟，便到了亚丁。船停在离岸很近的海中，并不靠岸。海面上很清静，并没有几只船停泊着。亚丁给我们的第一个印象便是赤裸④的、奇形的黄色山。一点树木也不见。那山形真是奇异，如刀、如剑，如门户，列⑤在这阿拉伯的海滨⑥。山前是好些土耳其式的房子。我们以前所见的、所经过的地方，不是中国式的，便是半西

---

① 无边（wú biān）：endless
② 片帆（piàn fān）：a single sail
③ 缕（lǚ）：wisp
④ 赤裸（chì luǒ）：bare
⑤ 列（liè）：to line up
⑥ 海滨（bīn）：coast

式的，如今触目①都是新奇的东西，我们是到了"神秘的近东"了。

六月十五日

现在是入红海了，一面是非洲，一面是亚洲。船正向北行。

昨日日记上忘记了：亚丁的骆驼极多，就等于北京的驴子，驾车的是它们，当坐骑的也是它们。身体似较北京所见者为小。水车来了，驾着它的又是一只骆驼。骆驼车与在西贡、科仑布所见的牛车，都是我们所不习见的。

六月十七日

起床很早。午饭后，写了一篇《阿拉伯人》。因为明天要寄到上海，所以不得不赶快写。

船上有布告，说明天到苏彝士运河②时，有医生上来验③旅客们，同伴中有一二人很惊惶。傍晚，又饱看了一次落日。拍了两张相片。

六月十九日

午餐后，不知不觉已停泊在苏彝士了。

水与山间是土耳其式的房子。

忽闻铃声，说是医生要来验看了。大家坐在餐厅里等着，来的人只有一半。一位军官说，不过是看看各人的面貌而已。等了许久，医生连来也不来。我们再上甲板时，卖杂物者④纷纷而至⑤。我

---

① 触目（chù mù）：to meet the eye
② 苏彝士运河（sū yí shì yùn hé）：the Suez Canal
③ 验（yàn）：to check
④ 卖杂物者（mài zá wù zhě）：small vendors selling sundries
⑤ 纷纷而至（fēn fēn ér zhì）：to come one after another

们买了许多邮片①，有金字塔、狮身人面兽、埃及的古迹、沙漠的黄昏、雄伟的回教建筑，我买了三十多法郎的邮片。

下午二时半，船进运河口。西边是许多建筑物，东岸是一片沙漠，沙漠后是一座并不高的黄色山。

船行极慢，河道很窄，只容一船可过。闻上午通欧洲往东船只，下午通远东往西船只，二船相遇，一船须在宽阔处或湖上等候。

午茶后，天气益热，这是途中最热的一天。但晚饭后，天气却大凉爽。落日正下沙漠，映②在一带茂林③之后，很有诗意。

六月二十一日

上月的今日正是上船的时候。啊！不觉的与亲爱的诸亲友相别，已整整一个月了！在这一个月中，我是很舒适的、很快乐的、很平安的在船上。他们是怎样？愿上帝祝福他们，使他们在这一月以及以后都舒适，快乐，平安！

船在地中海的无际无边的海天中，大约是"已"或"将"过希腊岸边吧。

六月二十五日

今天船到马赛了。

啊，初旅欧洲，初旅异国，那心脏还会不鼓跃④得很急么？那

---

① 邮片（yóu piàn）：postcard
② 映（yìng）：to reflect
③ 茂林（mào lín）：dense woods
④ 鼓跃（gǔ yuè）：to beat, to pound

时心境，真似初到上海与北京时的心境。彷徨①而且踌躇②。然而只好挺直了胸③，去迎接这些全新的环境与不可知④的前面。我们到头等舱取护照，那检察官坐在那里，一个个的唱名⑤去取。

回到甲板上，许多接客的人都向船上挥手，我们船上的人也向他们挥手。他们是回到祖国了！是被拥抱于亲人的欢情中了！我们睁开了眼，要找一个来接我们的人，然而一个也不见。有几个中国人，在码头上立着，我们见了很喜欢，然而他们却向别的人打着招呼。

看见一个个同舟者都提了行李，在梯子间上上下下，而我们倚在梯口，望着他们走。一个中国人走来，对我说道："你是中国人么？有一位陈女士在哪里？"我立刻把陈女士介绍给他，同时问道："你是曾先生么？"不用说，当然是他。现在是有一个来接的人了。于是，曾先生去找运行李的人。于是，我们的行李，一件件运上岸。经过海关时，关员并不开看，仅用黄粉笔写了一个"P"字。我们与他约定下午六时在车站见面。我们雇了汽车到大街上去。马赛的街道很热闹。在一家咖啡馆里坐了一会，买了一份伦敦《太晤士报》⑥看，一个月来，与中国隔绝⑦的我们，现在又可略略得到些国内消息了。十一时半，到车站旁边一家饭馆午餐，菜好，价仅十法郎。餐后，同坐电车到植物园。由植物园转到朗香博物院（Musée de Ronchamp）。五时半出园。六时，到车站，在车站的食

---

① 彷徨（páng huáng）：wandering
② 踌躇（chóu chú）：hesitant
③ 挺直了胸（tǐng zhí le xiōng）：with shoulders thrown back
④ 不可知（bù kě zhī）：unknowable
⑤ 唱名（chàng míng）：to roll call
⑥ 《太晤士报》（tài wù shì bào）：The Times
⑦ 隔绝（gé jué）：to be isolated from

堂吃了晚餐，很贵，每人要二十法郎。

七时四十八分开车。

六月二十六日

昨夜，在火车上，坐着很适意，然而整整一夜，

将近十时，我们到了巴黎了！

坐了 Taxi 到 Rue de la Sorbonne 的 Hotel Garson，已定好房间，每日房租十五法郎。房子还好。

休息了一会，到万花楼吃饭，这是一个中国菜馆，一位广东人开的。一个多月没有吃中国饭菜了，现在又见着豆角炒肉丝，蛋花汤，很高兴。晚饭也在万花楼吃。

巴黎的第一天是如此草草地过去了，什么也没有见到。

六月二十七日

上午，天气阴阴的，像要下雨的样子。

在巴黎，现在是夏天，是上海、北京最炎热的仲夏①，然而满街都是戴呢帽②的人。巴黎的气候是那样的凉爽呀！然而阔人③们，中产以上的家庭，以及学生们，还口口声声说要"避暑"④，"到海边去"。惯于受热夏的我们，听了未免大笑。巴黎已是我们的夏天避暑地了，何必再到海边去！仲夏，戴了呢帽，还要说"避暑"，在没有享过"避暑"之福的人看来，真是太诧异了。"避暑"这个名词在这里已变成了另一个意义了。

---

① 仲夏（zhòng xià）：midsummer
② 呢帽（ní mào）：woolen hat
③ 阔人（kuò rén）：the rich
④ 避暑（bì shǔ）：summer retreat

78. 二　马

Mr. Ma and His Son

～～～～～～

　　马先生的名字叫马则仁，年轻的时候，在教会②的英文学校读过书。有了儿子以后，他把儿子马威，送到一个教会学堂③里去读书。没事的时候，马先生常到学堂去看儿子，一来二去，被伊牧师说动了心④，入了基督教。

　　马先生的哥哥在英国做古玩⑤生意，隔三五个月总给兄弟寄点钱来，有时候也托⑥他在北京搜寻⑦点货物。后来，哥哥死在了英国，留下遗嘱⑧，叫马先生来伦敦继续他的买卖⑨。

　　伊牧师在中国二十多年，这时候，回英国也二三年了。马先生给伊牧师写了封长信，问他到底应不应该去英国。伊牧师自然乐

---

① 本文节选自老舍的长篇小说《二马》（1929）并简写。
② 教会（jiào huì）：church
③ 学堂（xué táng）：school
④ 说动了心（shuō dòng le xīn）：to be convinced
⑤ 古玩（gǔ wán）：antiques
⑥ 托（tuō）：to entrust
⑦ 搜寻（sōu xún）：to search for
⑧ 遗嘱（yí zhǔ）：will
⑨ 买卖（mǎi mai）：business

意有中国教友①到英国来。他回了马先生一封信，叫他们父子一定要来英国。

于是，马先生带着儿子到上海，买了两张二等船票，坐着轮船就到了英国。

英国海关的小官儿们，他们对本国人是极和气的，一边查护照，一边说俏皮话②，遇见女子，他们的话是特别的多。对外国人的态度，就不同了，有时候也微微一笑，笑完了准是③不许你登岸。老马先生有他哥哥的几件公文④在手，小马先生有教育部的留学证书⑤，于是平平安安地过去，一点麻烦没有。验完护照，跟着去验身体。两位马先生都没有病，于是又平安地过了一关。大夫笑着告诉他们：在英国多吃点牛肉，身体还要更好。这次欧战，英国能把德国打败⑥，就是英国兵天天吃牛肉的缘故⑦。身体检查完了，父子又把箱子、盒子都打开，叫人家查验东西。幸而⑧他们既没带着鸦片⑨，又没带着军火，只有马先生的几件绸子衣裳和几筒⑩茶叶，上了十几镑的税⑪。种种手续⑫办完，马老先生差点没晕过去，心里说，早知道这么麻烦，要命也不上外国来！

下了船就上火车，马老先生什么没说，两眼一闭，又睡了。马

---

① 教友（jiào yǒu）：parishioner

② 俏皮话（qiào pí huà）：wisecrack

③ 准是（zhǔn shì）：surely

④ 公文（gōng wén）：official document

⑤ 留学证书（liú xué zhèng shū）：foreign student certificate

⑥ 打败（dǎ bài）：to defeat

⑦ 缘故（yuán gù）：cause, reason

⑧ 幸而（xìng ér）：fortunately

⑨ 鸦片（yā piàn）：opium

⑩ 筒（tǒng）：can

⑪ 税（shuì）：duty

⑫ 手续（shǒu xù）：procedures

威看着窗外，高高低低，没有一处是平的，看哪儿，哪儿是绿的。火车越走越快，高低不平的绿地，变成一片绿浪，远远的有些牛羊，好像绿浪上飘着的各色花儿。

绿地越来越少了，楼房渐渐多起来。过了一会儿，车走得慢多了，车道两旁都是大街了。汽笛响了两声，车进了利物浦车站。

马老先生还睡着。马威把父亲推醒①。马威正要往车外走，伊牧师跳上来了。"你们来得真快！海上没受罪？"伊牧师问马氏父子。

马老先生慢慢地下了车。

"伊牧师好？"他对伊牧师说，"伊太太好？伊小姐好？"

伊牧师没等马先生问完了好，就说："马威！把箱子搬到这边来！除了那只手提箱，你拿着，剩下的全搬过来！"

马威随着伊牧师把箱子全搬到行李房去，伊牧师在柜台上把单子②写好，问明白了价钱，然后，向马老先生说："给钱，今天晚上，箱子什么的就全给你们送了去。"

马老先生给了钱，有点不放心："箱子丢不了哇？"

"没错！"伊牧师看了老马一眼，向马威说："你们饿不饿？"

"不——"马老先生赶紧把话接过来，伊牧师没等他把"饿"字说出来，就说："你们来吧！随便吃一点东西。不饿？我不信！"

马老先生不好意思再客气，低声和马威用中国话说："他要请客，别驳他的面子③。"

站台外边的大玻璃棚④底下，有两三家小酒馆，伊牧师领着他们进了一家。他挑了一张小桌，三个人围着坐下，然后问他们吃什

---

① 推醒（tuī xǐng）: to shake sb. to wake up
② 单子（dān zi）: form
③ 驳他的面子（bó tā de miàn zi）: against his will, not to give him the honor
④ 棚（péng）: shed

么。马老先生依然说不饿，可是肚子里直叫唤①。马威没有他父亲那样客气，可是初来乍到②，不知道要什么好。伊牧师看出来了，问是没用，于是出了主意："这么着③好不好？ 每人一杯啤酒，两块火腿面包。"说完了，他便走到柜上去要。马威跟着站起来，帮着把酒和面包端过来。

"我平常不喝酒，"伊牧师把酒杯端起来，对他们说："只是遇着朋友，爱来一杯半碗的喝着玩儿。"他在中国喝酒的时候，总是偷偷的不叫教友们看见，今天和他们父子一块儿喝，不得不这么说明一下。一气下去了半杯，对马威开始夸奖酒馆的干净，然后夸奖英国的有秩序，又问："马威，晕船没有？"

"倒不觉得怎么的，"马威说，"父亲可是始终没起来。"

"马先生！你还说不饿！马威，再去给你父亲要杯啤酒，啊，也再给我来一杯，爱喝着玩儿。马先生，我已经给你们找好了房，我带你们去，你得好好的歇一歇④！"

三个人都吃完了，伊牧师叫马威把酒杯和碟子都送回去，然后对马老先生说："一个人一个先令。不对，咱们俩还多喝一杯酒，马威是一个先令，你是一个零六，还有零钱？"

老马先生真没想到，心里说：几个先令的事，你作牧师的还不花！但他张罗⑤着要会伊牧师的账⑥。

"不！不！到英国按着英国法子办⑦，自己吃自己，不让！"伊

---

① 叫唤（jiào huan）：to make noise
② 初来乍到（chū lái zhà dào）：newly arrived
③ 这么着（zhè me zhe）：in this way
④ 歇一歇（xiē yi xiē）：to take a rest
⑤ 张罗（zhāng luo）：to arrange
⑥ 会……账（huì zhàng）：to pay the bill for
⑦ 按着（àn zhe）……法子（fǎ zi）办：to follow the practice of

牧师说。

三个人出了酒馆，伊牧师掏出六个铜子^①来，递给马威："去，买三张票，两个铜子一张。说：大英博物馆，三张，会不会？"

马威只接过两个铜子，自己掏出四个来，往伊牧师指着的那个小窗户去买票。把票买来，伊牧师乐了："好孩子！明白怎么买票了吧？"说着，掏出一张小地图："马威，给你这个。看，咱们现在是在利物普^②街。看见这条红线没有？再走四站就是博物院。这是伦敦中央地道火车。记着，别忘了！"

伊牧师领着二马下了地道。虽然伊牧师六十多岁了，腰板还挺得笔直^③，他穿过大院，到了三十五号，这里是温都寡妇的房子。

温都先生死了十多年了。他只给温都夫人留下一处小房子和一些股票。温都寡妇的女儿玛丽，很早离开了学校，在外面卖帽子。她们的房子不大，三层小楼，一共也就七八间房。

伊牧师慢慢地说道："温都太太，楼上的屋子还闲着吗？"

"可不是吗？"她一手抱着狗说。

"还想租人吗？"牧师问道。

"有合适的人才敢租。"她回答道。

"有两位朋友，急于找房。我知道他们确实很可靠^④。两个中国人——"说到"中国"两个字，他将声音放低到她刚好能听见："两个极老实的中国人。"

温都太太问了无数的问题，把她从小说、电影、戏剧和传教士

---

① 铜子（tóng zǐ）: copper coin
② 利物普（lì wù pǔ）: Liverpool
③ 腰板挺得笔直（yāo bǎn tǐng de bǐ zhí）: to straighten one's back
④ 可靠（kě kào）: reliable

造的谣言里所得来的中国的事，问了个水落石出①。

就这样，伊牧师为马家父子安排好了在伦敦的住处。

马威和玛丽，不一定有什么特别的缘分，也不是爱神把他和她的命运连在了一起。她不过是西洋女子中的一个，可是，马威头一个见的正好是她。一见面，他心里就惊讶、羡慕，又怜爱又痴迷②，好像头一次喝酒的人，一杯下去，脸上便立刻红起来了。

可是，在与玛丽相处中，她冷淡的神气、言语，却叫马威的爱慕之情凉了好多。

或者，玛丽不见得③是讨厌他。她说"再见"的时候，的确是笑着，眼睛还向他一眨。她不过是不喜欢中国人罢了！马威想：等着，走着瞧，相处久了叫她知道中国人到底是怎么回事！何必主动讨好她呢。

马威最近经常拿着本书到公园去，这里是玛丽上下班的必经之路。马威总是在公园里找个清静没人的地方一坐，把书打开念，念得眼睛都花④了，可是不知道念的是什么。

马威吃饭也不香，喝茶也没味，连跟人们打招呼都不太愿意。玛丽！只有见了玛丽，马威的心里才好受！这就叫做恋爱吧？每次见了玛丽，马威的脸便红了。他害怕被父亲看出来。最好谁也别看出来！

玛丽！真是她！玛丽下了班，在街那边走呢！他心跳得快了，腿好像在发抖。追上她！但是，追上以后跟她说什么呢？请她吃

---

① 水落石出（shuǐ luò shí chū）：When the water recedes, the rocks appear. It means that everything is clear.

② 痴迷（chī mí）：obsessed

③ 不见得（bù jiàn dé）：not necessarily

④ 花（huā）：blurred

饭？现在已经三点了，哪能还没吃午饭！请喝茶，太早！万一她有要紧事呢，耽误了她怎么办……万一她不理我呢？

都快赶上她了，马威的勇气没有了，他站住了，眼看着玛丽跑了！

英国人有歇夏的习惯，在夏天出去度假。温都母女歇夏去了，留下马先生和马威父子俩在家里。这天，马先生走到了玛丽的房门口，门开着，好像是谁在里面低声哭呢。

原来是马威！

马先生一时僵①在那儿了。马威猛地站起来，羞得满脸通红。马先生没有狠心去指责儿子，然而他又不好不说点什么，最终，马先生看了马威一眼，慢慢地往楼上走。

"父亲！你不用不放心我！我和她没关系！前些日子……我疯了！现在好了！我上她屋里去，表示我最后的决心！我再也不理她了！她看不起咱们，没有外国人看得起咱们的。"

马威不是个傻子，他是个新青年，新青年最高的目的是为国家社会做点事。这个责任比什么都重要！为老中国丧了命，比为一个美女死了，要高尚千万倍！为爱情牺牲只是在诗料②上增加了一朵小花，为国家死是在中国史上加上极光明的一页。

马威的方法是简单的：用身体的劳动来抵抗③精神的抑郁④。玛丽看着他的脸红润润的，手臂上的肌肉也一天比一天粗，眼睛分外的亮，有时便也主动地跟他搭话⑤。因为外国女人爱健壮的小伙子，

---

① 僵（jiāng）：frozen
② 诗料（shī liào）：subject or material for poems
③ 抵抗（dǐ kàng）：to resist
④ 抑郁（yì yù）：depression
⑤ 搭话（dā huà）：to start a conversation with

马威便故意的跳动，吃完早饭，一跳三层楼梯，上楼去念书。在街上遇见她，只是把手一扬，一阵风似的走下去。

新年的第一天，马威吃过早饭，决定去远处走一走，给新年一个勇敢的起始。在街上，他遇见了伊牧师的女儿凯瑟琳。

"马威，"凯瑟琳看着他的脸说，"你怎么不高兴呢？"她的声音非常的柔和。

马威叹了口气，看了她一眼："叫我从何处说起？姐姐，我爱玛丽，她不爱我，可是我忘不了她！"

"玛丽不是已经和华盛顿订婚①了吗？"凯瑟琳②慢慢地说。

"咱们找个地方坐一会儿，好不好？"马威说。

他们两人准备去一家中国饭馆，却在路上遇见了凯瑟琳的哥哥保罗。保罗警告马威说："马威，我告诉你，和我们的姑娘一块玩，小心挨我们英国男人的拳头。"马威没说话，脸气得慢慢红起来，两人打了一架，马威不但敢打，而且打胜了。

马威回到了温都太太家，玛丽看着马威，觉得他有点可爱。他的领子歪着③，头发有些乱，特别的显出男性的力量、胆子、肌肉④，他不再像一个讨厌的中国人，而像一个英雄、武士。

马威对玛丽一个字一个字地说："玛丽，你知道，我爱你！"

玛丽说："你我？不可能的事！"

"为什么？我是个中国人？爱情是没有国界的！我知道你们看不起中国人，你们提到中国人的时候，总会联想到暗杀、毒药……但是，你难道看不出来，我和你们想的不一样吗？我知道你们关于

---

① 订婚（dìng hūn）：to be engaged
② 凯瑟琳（kǎi sè lín）：Catherine
③ 歪着（wāi zhe）：askew
④ 肌肉（jī ròu）：muscle

中国人的知识是由造谣的报纸和胡编①的小说里得来的。我也知道你已经和华盛顿订婚，我只求你做我的好朋友，我只要你知道我爱你。"马威好像不能再说，他的心要跳出来。

　　……

　　伦敦是多么惨淡②呀！当人们还都睡得香甜的时候，电灯、煤气灯亮着，孤寂地亮着！再过一两点钟，伦敦就又活了。可是，马威不等着看了，他准备回国了。

　　"再见！伦敦！"

---

① 胡编（hú biān）: to fabricate
② 惨淡（cǎn dàn）: bleak

79. 赛珍珠会见记[①]

Interview with Pearl Buck

———— ❧⚜❧ ————

　　三十一年[②]五月二十日的晚间，笔者在纽约第一次会见了赛珍珠[③]女士（Pearl S. Buck）。除了四十分钟单独的谈话外，我们在一顿中国饭的前前后后，由七点钟一直谈到了十一时，我发现了她确是一位中国的真正朋友。

　　她首先告诉我，她目前组织东西文化协会（East and West Association）的意义。她说这个会丝毫没有政治的背景，完全为增进[④]东方与西方的民族间的相互谅解[⑤]。这次大战以后，全世界的情形，都要大改变了。如果各国仍旧存有民族歧视[⑥]的观念，世界上

———————————

① 本文选自严仁颖《旅美鳞爪》（*Travel Writings From America*,1942）。

　　严仁颖：Yan Renying（1913—1953），早年参加话剧演出，后担任天津《大公报》记者。1941年11月赴美国学习，并担任《大公报》驻美记者。在美国期间，访问白宫，采访罗斯福夫人、赛珍珠等名人。他写的人物专访，发表于《大公报》。

② 即1942年。

③ 赛珍珠（sài zhēn zhū）：Pearl S. Buck（1892—1973），美国作家，创作了《大地》等作品，1938年获诺贝尔文学奖。1892年赛珍珠随父母来到中国，在中国生活近40年，于1934年回到美国。

④ 增进（zēng jìn）：to promote

⑤ 相互谅解（xiāng hù liàng jiě）：mutual understanding

⑥ 歧视（qí shì）：discrimination

就没有和平可言。尤其中美两大民族，在这大战的时期里，互相的了解，极为重要。东西文化协会的目的，就是设法在中美两大民族之间，建一座桥梁。她在谈话中，再三托记者向读者致意①。中国同胞一切对于美国人民的印象以及需要，她都急于愿意知道。

关于东西文化协会目前的工作，在使美国各界、各阶级②，对东方各民族都有较深的认识。最近想在各美国妇女团体、工人团体、学校，先作一些文化介绍的工作。希望能利用电影比较各民族的同一种的生活，如用电影把各东方民族的日常生活逐一③比较介绍，使一般美国老百姓对于东方的文化渐渐认识清楚；其次，在各电台播送东方文化节目，如音乐、歌咏、戏剧，引起美国社会的注意。现在美国各方对于中国问题都非常注意，大家都想做一些事情。美国政府今年要拿出大量的金钱推动对东方有关的事项。但东西文化协会不同，凡是美国政府或其他机关已经做过的工作，东西文化协会不再做。

东西文化协会下一步的工作，希望在中国重庆以及东方各大城，都能有同样的协会成立，然后彼此相互取得联络④，作一些民间感情的沟通⑤。但是，赛珍珠女士再三的提醒我，她希望这种协会，决不要卷入政治的漩涡⑥。所以她不希望这种协会，由政府或政党来主持。她希望由真正的民众机关出来一些朋友组织这种协会，在重庆张伯苓⑦校长，《大公报》的同人，都是她理想的人物。随即谈到

① 致意（zhì yì）：to give one's regards
② 阶级（jiē jí）：class
③ 逐一（zhú yī）：one by one
④ 联络（lián luò）：liaison
⑤ 沟通（gōu tōng）：communication
⑥ 漩涡（xuán wō）：whirlpool
⑦ 张伯苓：Zhang Boling（1876—1951），中国近现代教育家，南开大学创始人，校长。

East & West Association 会名，翻译成"东西文化协会"，并不好听，她不大赞成"东西"这两字，她征求笔者的意见，笔者一时也没有想到更好的译名。

把东西文化的问题谈完，我们开始个人的交谈。这位中国朋友，喜欢中国的程度，恐怕比一些中国同胞还要多。在她的作品里，《大地》（*Good Earth*）和《龙子》（*Dragon Seed*）都是美国销路①最广的书，这两本都是以中国作背景的。《大地》曾经制成影片，笔者问她对那部电影满意否？她说大体不差，并不满意。因为，她说，如果演员用中国人更要好一些。《龙子》不久也要搬上银幕②，她希望有较大的还要好的成绩。但是这次演员还不是中国人，另听说海蒂·拉玛③要做这个片子的主角。她的作品在欧洲，销路最多的并不是《大地》和《龙子》。在苏联，《母亲》（*Mother*）销路最好。在瑞士，《奋斗的安琪儿》（*Fighting Angel*）销路最多。前一本书是写她的母亲，后一本是描写她的父亲的。

这位中国的朋友，和中国发生关系，并不由她始。她的父亲在1880年就到了中国，在中国将近五十年，是一位传教士，曾在镇江、丹阳等地教会服务，以后他死在江西境内，葬在那里。赛珍珠的母亲，死在镇江，埋葬在镇江。她去中国时，生仅三月，她在中国的中部生长成人，她眷爱④中国的一切，尤其喜欢中国的中部农村，那是她的第二故乡。

她赞美中国的道德，对于我们相互间的"人情"（humanity），认为是对人类的一种大贡献。她在一九三四年回到她的祖国来了，

---

① 销路（xiāo lù）：market
② 银幕（yín mù）：screen
③ 海蒂·拉玛（hǎi dì lā mǎ）：Hedy Lamarr
④ 眷爱（juàn ài）：to care and love

她回国的目的，是在看一看她自己祖国的真面目。她诚恳地告诉我：她失望了，在中国所听见的美国的一切并不是事实。她说她对美国的许多事情表示失望。她举了几个例子：第一，在中国时，她以为中国人喜欢吐痰，美国人是不吐痰的，结果到美国后，发现美国人也随地吐痰。第二，她以为美国人每一家都有间很大的浴室，并且都有一个很好的洗澡盆，但是事实上，在美国许多家里，并没有洗澡盆。第三，美国的男女之间，有些地方非常的不平等，不平等的程度要比中国还要厉害。第四，她说在美国人与人之间缺少真情，缺少合作，远非中国人那样融洽①。她说所有在中国的白种人，都得到一种优越的特殊待遇，不论官方和人民都一样。但中国人来到美国，是得不到这种特殊待遇的。她说这是一种不平等，也就是中国人伟大的地方。

因此，她已经动笔在写她的新著。这本书不是描写中国的书，也不是一本小说，而是描写美国社会的一本书。不过这本书是写给中国朋友的，但其目的是给美国人看的。

当我问到她家庭生活的时候，她告诉我她有一个很大的家庭。她的后夫华斯（Walsh）先生有一子二女，都已结婚，她已经有四个孙子女。她自己只有一个女儿，但她有5个养子和养女，所以家里非常热闹。每天早晨，八时十分是她全家早餐的时候。早餐后，小孩子们都上学去，她料理②一些家事，然后由九时到一时，是她工作的时间。她有三个私人秘书，在她家里助理她一切文书的事情。一时孩子们回来了，大家都吃午饭。饭后，二时到四时，是她给各方朋友写回信的时候。四时后，她和孩子们在操场游戏，一直

---

① 融洽（róng qià）：harmonious
② 料理（liào lǐ）：to take care of

到晚她的先生回来的时候，大家一同晚餐。晚餐后，是他们夫妇谈话的时间。她现在住在Buck County乡间。她要把今后十年的辰光，全部放在东西文化协会里，为人类做一些贡献。

我们谈话之后，我又和她的先生华斯先生谈了十几分钟的话。华斯是《亚洲》杂志的主笔，John Days出版公司的经理，林语堂和赛珍珠的几本书，他的出版公司功劳匪浅①。他告诉我，《亚洲》杂志每期有两本送到华盛顿大使馆，航空寄到中国。他又告诉我林语堂的第六本新书，已经开始排印。他最近又得到一本宝贵的著作，是一个印度人在印度写的。

他们夫妇住在乡间，每星期三来纽约一次。在十一点的时候，赛珍珠女士提议他们要先回乡去了，我们便结束了谈话。赛珍珠女士虽然是近五十的人，但看上去很像三十几岁，我忘不掉这位富有朝气的中国真朋友。

---

① 功劳匪浅（gōng láo fěi qiǎn）：great contribution

80. 再别康桥①

The Second Adieu to Cambridge

———❦———

轻轻的我走了，
正如我轻轻的来；
我轻轻的招手，
作别②西天的云彩。

那河畔③的金柳④，
是夕阳中的新娘；
波光里的艳影⑤，
在我的心头荡漾⑥。

---

① 《再别康桥》是徐志摩的代表作之一，创作于 1928 年 11 月，1928 年 12 月发表于《新月》杂志。康桥，即 Cambridge，现译为剑桥。
② 作别（zuò bié）：to farewell
③ 河畔（hé pàn）：riverside
④ 柳（liǔ）：willow
⑤ 艳影（yàn yǐng）：graceful reflection
⑥ 荡漾（dàng yàng）：to ripple, to stir

软泥上的青荇①,
油油的在水底招摇②;
在康河的柔波里,
我甘心做一条水草!

那榆荫③下的一潭,
不是清泉,是天上虹,
揉碎在浮藻④间,
沈淀⑤着彩虹似的梦。

寻梦?撑一支长篙⑥,
向青草更青处漫溯⑦,
满载一船星辉,
在星辉斑斓⑧里放歌⑨。

但我不能放歌,
悄悄是别离的笙箫⑩;

---

① 青荇(qīng xìng):green weeds
② 招摇(zhāo yáo):to sway
③ 榆荫(yú yìn):the shade of elms
④ 浮藻(fú zǎo):the floating weeds
⑤ 沈淀(chén diàn):沈,同沉。to sink
⑥ 篙(gāo):a pole
⑦ 漫溯(màn sù):to row upstream
⑧ 斑斓(bān lán):starry gleam
⑨ 放歌(fàng gē):to sing aloud
⑩ 笙箫(shēng xiāo):flute

夏虫也为我沈默^①。

沈默是今晚的康桥！

悄悄的我走了，

正如我悄悄的来；

我挥一挥衣袖，

不带走一片云彩。

十一月六日中国海上

The Second Adieu to Cambridge

By XU Zhimo

Trans. ZHAO Yanchun

Quietly I go away,

Just like quietly came I;

Quietly I wave adieu

To clouds in the western sky.

The golden willow riverine,

Is the sun-gilded bride;

Her reflection downstream,

Stirs my heart from side to side.

---

① 沈默（chén mò）：沉默，to keep silence

The glossy weed on the mud,

Sways under water, freely free;

In soft waves of Cambridge,

A duckweed I wish to be.

That pool in the shade of elms,

Holds no water but a rainbow beam;

Shattered mid the floating weeds,

Sinks my rainbow-like dream.

To seek a dream? With a long pole,

Upstream to the greener weeds I row;

Star beams all over the boat,

I sing aloud in the starry glow.

But I can't sing aloud,

The parting flute I play light;

The summer insects keep mute for me,

Mute is my Cambridge tonight.

Quietly I go away,

Just like quietly came I;

I wave and wave my sleeve,

No cloud I'll take home from the sky.

图书在版编目（CIP）数据

中国文学故事80篇 / 陈晓兰，阚怀未主编. — 上海：
文汇出版社，2023.6

ISBN 978 - 7 - 5496 - 3966 - 3

Ⅰ.①中⋯　Ⅱ.①陈⋯ ②阚⋯　Ⅲ.①汉语—对外汉
语教学—语言读物　Ⅳ.①H195.5

中国国家版本馆CIP数据核字（2023）第059748号

中国文学故事 80 篇
Eighty Chinese Literary Stories

主　　编 / 陈晓兰　阚怀未

责任编辑 / 陈　屹
封面装帧 / 张　晋

出 版 人 / 周伯军

出版发行 / 文匯出版社
　　　　　上海市威海路755号
　　　　　（邮政编码200041）
经　　销 / 全国新华书店
排　　版 / 南京展望文化发展有限公司
印刷装订 / 启东市人民印刷有限公司
版　　次 / 2023年6月第1版
印　　次 / 2023年6月第1次印刷
开　　本 / 890×1240　1/32
字　　数 / 380千字
印　　张 / 15.375

ISBN 978 - 7 - 5496 - 3966 - 3
定　　价 / 68.00元